IT-Verkaufsberatung in der Praxis

 **Alex Rammlmair** arbeitet seit über 20 Jahren in der IT. Dabei hat er sowohl als Entwickler und IT-Verkäufer in 30 Ländern als auch als Projektleiter und Manager direkte Erfahrungen auf beiden Seiten des Verhandlungstisches von IT-Projekten gemacht. Heute berät er Kunden und Anbieter zum Thema »Soft Skills for IT People«.

Alex Rammlmair

IT-Verkaufsberatung in der Praxis

Wie Sie als IT-Spezialist Ihre Ideen und Produkte erfolgreich vermarkten

dpunkt.verlag

Alex Rammlmair
alex.rammlmair@ax-xo.com

Lektorat: Christa Preisendanz
Copy-Editing: Ursula Zimpfer, Herrenberg
Herstellung: Birgit Bäuerlein
Umschlaggestaltung: Helmut Kraus, www.exclam.de
Druck und Bindung: M.P. Media-Print Informationstechnologie GmbH, 33100 Paderborn

Bibliografische Information der Deutschen Nationalbibliothek
Die Deutsche Nationalbibliothek verzeichnet diese Publikation in der Deutschen Nationalbiblio-
grafie; detaillierte bibliografische Daten sind im Internet über http://dnb.d-nb.de abrufbar.

ISBN 978-3-89864-793-9

1. Auflage 2012
Copyright © 2012 dpunkt.verlag GmbH
Ringstraße 19 B
69115 Heidelberg

5 4 3 2 1 0

Inhaltsverzeichnis

1	**IT is different**	**1**
1.1	Ist dieses Buch etwas für Sie?	1
1.2	Der Verkaufsberater als Rallyepilot	3
1.3	Verkaufen nervt!	8
1.4	Was ist am IT-Verkauf so besonders?	12
1.5	Begriffe und Definitionen	19

2	**Problemanalyse – woran scheitern IT-Verkaufsprojekte?**	**23**
2.1	Von welchen Problemen sprechen wir überhaupt, Herr Kunde? . . .	23
2.2	Warum verstehen Anbieter die Gründe der Kunden nicht?	28
2.3	Unser Kunde und sein unbekanntes Problem	30
2.4	**1. Problemfeld:** Der Mehrwert des Produktes rechtfertigt die Kosten nicht	32
2.5	Verkaufshindernis 1: Der Kunde erkennt nicht genügend Mehrwert	33
2.6	Verkaufshindernis 2: Ihr Kunde kann den Mehrwert nicht bewerten	42
2.7	Verkaufshindernis 3: Der Kunde fühlt sich von Ihrem Angebot nicht angesprochen	48
2.8	**2. Problemfeld:** Das Risiko des Kunden ist zu hoch	57
2.9	Verkaufshindernis 4: Persönliche Projektrisiken des Entscheidungsträgers	59
2.10	Verkaufshindernis 5: Risiken für die betroffenen Bereiche	67

2.11 Verkaufshindernis 6:
Risiken für das Unternehmen 75

2.12 Management des Kundenrisikos als Kernkompetenz des
IT-Beraters 79

2.13 **3. Problemfeld:**
Interessenkonflikte zwischen Kunden und Anbieter 81

2.14 Verkaufshindernis 7:
Konflikte im Projekt 86

2.15 Verkaufshindernis 8:
Konflikte in der Partnerschaft 90

2.16 Verkaufshindernis 9:
Konflikte in der gemeinsamen Zukunft 95

2.17 **4. Problemfeld:**
Der Verkaufsprozess wird ungeschickt geführt 98

2.18 Verkaufshindernis 10:
Unklare Ziele 102

2.19 Verkaufshindernis 11:
Keine Verkaufsstrategie 108

2.20 Verkaufshindernis 12:
Ungeschickte Gesprächsführung 113

2.21 **Problemanalyse:**
Zusammenfassung und Ausblick 118

3   Der Verkaufsprozess   121

3.1 Der Verkaufsberater als Stratege und Routenplaner 121

3.2 Ihre individuelle Verkaufsstrategie 126

3.3 Eine Strategie mit Flügeln 128

3.4 Die besten Strategien entwickeln – das Elefanten-Reiter-
Modell 139

3.5 Der Reiter – die rationelle Komponente 141

3.6 Der Elefant – die emotionale Komponente 148

3.7 Spezielle Verkaufsprozesse 156

3.8 Wenn der Verkaufsberater den Kontakt beginnt 157

3.9 Der unternehmensinterne Überzeugungs- und
Verkaufsprozess 165

3.10 Unterschiede im Verkauf:
Große Unternehmen im Vergleich zu kleinen und
mittleren Unternehmen 170

3.11 Unterschiede im Verkauf:
IT-Unternehmen im Vergleich zu Nicht-IT-Unternehmen 174

3.12 Unterschiede im Verkauf:
IT-Produkte im Vergleich zu IT-Dienstleistungen
(inkl. Entwicklung von Individualsoftware) 176

4   Werkzeuge für den IT-Verkaufsberater   181

4.1 Werkzeug 1:
Gutes Timing im Verkaufsprozess 182

4.2 Werkzeug 2:
Kundennutzen darstellen 185

4.3 Werkzeug 3:
Fragetechnik für Verkaufsberater 201

4.4 Werkzeug 4:
»Agile« Projektpläne 208

4.5 Werkzeug 5:
Mit Einwänden umgehen 214

4.6 Werkzeug 6:
Stakeholder-Management 223

4.7 Werkzeug 7:
Verhandlungstipps für Verkaufsberater 236

4.8 Werkzeug 8:
»Zu teuer!« 249

5   Übungen   255

5.1 Übung 1:
Mobile Apps 255

5.2 Übung 2:
IT-Helpdesk-Software 263

5.3 Übung 3:
E-Collaboration 267

5.4 Ziel in Sicht! 276

Literatur   277

Index   279

1 IT is different

1.1 Ist dieses Buch etwas für Sie?

Vielleicht stehen Sie gerade in der Buchhandlung, haben dieses Buch aufgeschlagen und fragen sich, ob darin etwas steht, was für Sie nützlich ist.

Damit haben Sie und ich, der Autor, ein Dilemma:

Denn diese Fragen können nur Sie selbst beantworten.

Egal, wie gut dieses Buch – objektiv beurteilt – auch sein mag und für wie gut ich selbst es halte – ob es gerade Ihnen etwas nützt, bleibt ungewiss, bis Sie selbst eine Bewertung finden.

In diesem Sinne ist es wie mit IT-Systemen – egal, wie technisch gut sie sein mögen –, nur der Kunde kann den Wert bestimmen.

Das bedeutet allerdings für Sie, dass Sie das Buch zuerst lesen müssen, um das festzustellen.

Zumindest ein paar Seiten davon. Am besten jetzt gleich.

Die gute Nachricht für Sie:

Wenn Sie auch nur einen einzigen wirklich guten Tipp in diesem Buch finden, der Ihnen dabei hilft, einen Auftrag zu realisieren, den Sie ansonsten nicht gewonnen hätten, dann hat sich die Investition für Sie vermutlich viele Male gelohnt.

Um die Zeit, die Sie investieren, für Sie möglichst anregend zu gestalten, finden Sie viele Praxisbeispiele, Falldarstellungen und lebendige Dialoge aus Verkaufsgesprächen.

Für wen ist dieses Buch geschrieben:

Für alle IT-Profis, die wissen, dass gute Arbeit auch gut verkauft werden muss. Zweitklassige Leistung, erstklassig verkauft, ist regelmäßig erfolgreicher als erstklassige Arbeit, zweitklassig verkauft. Das mag unfair sein – es ist trotzdem so.

Besonders wichtig ist dieses Buch daher für Sie als:

- Unternehmer und Selbstständiger in der IT-Branche. Egal ob Sie IT-Spezialist, Berater oder Projektleiter sind oder ob Sie ein Produkt entwickelt haben: Der Erfolg des Unternehmens hängt direkt mit Ihrem Erfolg als Verkaufsberater zusammen.
- »Presales Consultant« und Vertriebsingenieur für komplexe IT-Leistungen. Sie haben die Aufgabe des IT-Verkaufsberaters bereits zu Ihrem Beruf gemacht und suchen nach neuen Impulsen.
- Unternehmerisch denkende Mitarbeiter innerhalb von Organisationen, die sich und ihre Ideen innerhalb des Unternehmens erfolgreich platzieren wollen. Dort heißen die Kunden eben Vorgesetzte, Abteilungsleiter, Projektleiter, Marketingvorstand und dergleichen. Gut entwickelte Fähigkeiten als IT-Verkaufsberater werden Ihre Karriere stark unterstützen.

Dieses Buch hilft Ihnen besonders gut, wenn es Ihnen mehr ums Beraten als ums Verkaufen geht. Deswegen heißt der Titel auch »IT-Verkaufsberatung« und nicht »IT-Verkauf«. Wenn Sie nach der magischen Formel suchen, wie Sie mit neuen Kunden rasch in Kontakt kommen und dort ebenso rasch einen Auftrag abschließen, werden Sie hier nicht fündig. Ebenso wird dieses Buch Sie nicht glücklich machen, wenn »schnelle Termine, schnelle Abschlüsse, schnelle Provisionen« Ihr Motto ist.

Die hier vorgestellten Werkzeuge und Methoden zielen in erster Linie darauf ab, Probleme des Kunden zu verstehen und mit ihm gemeinsam Lösungen zu entwickeln. Das ist ein intensiver und oft langer Prozess, in den Sie sich stark einbringen. Damit werden Sie es Ihren Kunden leicht machen, geplante Projekte auch wirklich zu starten und Sie dabei zum bevorzugten Partner vor dem Wettbewerb zu küren.

Es geht also neben dem »Verkaufen« um das »Beraten«. Oder präziser formuliert: um das Verkaufen *über* das Beraten. Die klassischen Ingenieurtätigkeiten wie »Tüfteln«, »Analysieren« und »Lösungen entwickeln« sollten Ihnen daher Spaß machen.

Denn selbst wenn Sie bei der technischen Implementierung nicht aktiv beteiligt sein sollten, werden Sie feststellen, dass bei umfangreichen, komplexen IT-Projekten bereits das »Verkaufsprojekt« alle diese Fähigkeiten erfordert.

Speziell hilfreich wird dieses Buch für Sie sein, wenn Sie keine reine, klassische Karriere als Verkäufer im IT-Bereich anstreben, sondern sich auch weiterhin durch fachliche Expertise im IT-Bereich positionieren wollen, um Ihren Kunden bessere Beratungsleistung zu bieten.

Die meisten der in diesem Buch vorgestellten Methoden und Werkzeuge sind auch aus dem Grund ausgewählt worden, dass sie sich ohne intensives Training gut anwenden lassen. Denn als IT-Profi, der regelmäßig Zeit mit technischen Inhalten und der Umsetzung seiner Projekte verbringt, werden Sie wenig Zeit finden, nebenbei laufend Verkaufstechniken zu trainieren.

Sollten Sie bereits umfangreiche Verkaufserfahrung haben, jedoch neu in die IT-Branche einsteigen und Ihre technischen Kollegen dabei unterstützen, dann werden die vielen Praxisbeispiele aus dem IT-Umfeld Ihnen diesen Umstieg sehr erleichtern.

Sie sind immer noch da?

Hervorragend.

Dann wollen wir uns mit dem Hauptdarsteller und seiner Rolle beschäftigen: mit Ihnen als Verkaufsberater. Dabei erhalten Sie gleich einen guten Überblick, was Sie im Rest des Buches erwartet.

1.2   Der Verkaufsberater als Rallyepilot

Stellen Sie sich vor, Sie sind Rallyepilot. Mit Ihrem Geländewagen oder Ihrem Motorrad gehen Sie an den Start.

Sie haben eine lange, beschwerliche Reise vor sich, viele Hunderte, vielleicht sogar Tausende Kilometer lang. Sie sind alleine mit Ihrem Fahrzeug unterwegs. Das heißt, Sie sind Fahrer, Routenplaner, Navigator und Mechaniker in einer Person. Natürlich sind Sie topfit, gut vorbereitet und bestens organisiert. Sie haben eine Route im Kopf und Sie haben sich Gedanken darüber gemacht, in welche Teilstrecken Sie diese aufteilen wollen. Es ist Ihnen aber auch klar, dass im Endeffekt immer irgendetwas anders kommen wird, als Sie es geplant haben.

Sie erwarten also eine ganze Reihe von möglichen Schwierigkeiten: Reifenpannen, wilde Tiere, Probleme an der Grenze, Krankheit, extreme Wetterbedingungen, Ihre eigenen Fahrfehler. Hoffentlich treten nicht alle davon ein, aber mit einigen werden Sie sich auf alle Fälle herumschlagen müssen.

Mehrere Male werden Sie daher Ihren Plan ändern, weil sich die Situation verändert hat: Dort, wo Sie fahren wollten, ist vielleicht eine Brücke eingestürzt. Vielleicht gibt es an einer Furt Überschwemmungen oder ein Gebiet erscheint Ihnen wegen Banditen zu gefährlich. Vielleicht haben Sie auch falsch geplant und erkennen irgendwann auf der Reise, dass Sie bestimmte Gebiete großräumig umfahren müssen.

Zu guter Letzt kann es passieren, dass der Veranstalter per Funk mitteilt, dass sich das Ziel geändert hat, da aufgrund politischer Veränderungen es nötig war, den Endpunkt der Rallye kurzfristig zu verlegen.

All das hält Sie nicht davon ab, an den Start zu gehen. Sie wollen das Rennen für sich entscheiden.

Willkommen auf der Verkäufer-Rallye!

Der talentierte Verkaufsrallyepilot

Auch wenn keine 10 Pferde Sie je zu einer wirklichen Rallye schleppen könnten – das Bild eignet sich gut, um die unterschiedlichen Rollen des Verkaufsberaters zu illustrieren, denn es gibt viele Ähnlichkeiten zum IT-Verkauf:

- **Multitalent**
  Sie müssen während der Rallye viele Jobs machen können. Sie müssen Fahrer, Routenplaner, Navigator und Mechaniker sein.

  Alle diese Rollen gibt es im Verkaufsprozess ebenso – auch wenn sie dort anders heißen: Berater, Stratege, Planer und Problemlöser. In manchen Fällen gibt es jemand im Team, der Sie unterstützen kann – meist müssen Sie selbst Hand anlegen.

- **Flexible Strategien**
  Als Rallyepilot ist es wichtig, dass Sie eine gute Route finden und die Reise planen. Gleichzeitig können Sie sicher sein, dass im Laufe des Projektes immer wieder neue Erkenntnisse einige der schönen Pläne über den Haufen werfen werden und Sie dann flexibel umdisponieren müssen.

  Genauso benötigen Sie als Verkaufsberater eine effektive Strategie für Ihren Verkaufsprozess, die Sie jedoch jederzeit flexibel an die neuen Erkenntnisse anpassen können.

- **Pannen mit einplanen**
  Unvorhergesehene Schwierigkeiten sind für Sie als Rallyepilot lästig, aber zu erwarten. Davon auszugehen, dass keine unangenehmen Überraschungen passieren, ist naiv. Es ist besser, Sie sind übervorbereitet und haben mehr Werkzeuge und Ersatzteile mit als nötig, als dass Sie mitten im

Gelände hängen bleiben, weil Sie keine Lösung für das plötzliche Problem auf Lager haben.

Genauso haben Sie als Verkaufsberater einen passenden Werkzeugkoffer. Gut ausgerüstet und mit dem nötigen Können sind Sie bei Pannen schnell wieder flott.

Weitsicht

Sie sind beim Fahren gewaltig im Vorteil, wenn Sie die vor Ihnen liegenden Probleme möglichst früh erkennen und vor allem richtig einschätzen. Dann können Sie angemessen darauf reagieren und versuchen nicht, die falschen Probleme in den Griff zu bekommen.

Genauso gibt es im Verkaufsprozess eine ganze Menge von Hindernissen, die Sie aus dem Rennen werfen können, wenn Sie keine Lösung dafür finden. Nicht alle davon lassen sich leicht erkennen und richtig zuordnen. Hier trennt sich der Profi vom Amateur.

Können

Auf so einer langen Reise passiert jedem Teilnehmer einige Fehler, auch dem besten Profi. Gleichzeitig gilt: Je seltener Sie Ihren Wagen in den Graben fahren, desto schneller kommen Sie voran.

Das Gleiche gilt für Sie als Verkaufsberater auf dem »Fahrersitz«. Wenn Sie geschickt sind und sich dem Ziel konstant nähern sowie den Hindernissen taktisch klug ausweichen, haben Sie gute Chancen, zum Schluss den Cup zu gewinnen. Falls nicht, werden Sie vom Kunden vor die Tür gesetzt.

Mit Veränderungen umgehen können

Wenn der Veranstalter während der Rallye die Rahmenbedingungen ändert, ist das lästig. Er macht es meist nicht, um Sie zu nerven, sondern weil er die Rallye retten will. Besser, Sie fahren einen Umweg als mitten durchs Bürgerkriegsgebiet.

Ebenso kann es im Verkaufsprozess vorkommen, dass der Kunde mitten im Projekt erkennt, dass er ganz woanders hin will. Das kommt sogar recht häufig vor. Wenn Sie damit gut umgehen können, beweisen Sie Klasse.

Durchhalten ist wichtiger als Geschwindigkeit

Um als Erster anzukommen, müssen Sie erst einmal ankommen.

Von den vielen Fahrzeugen am Start kommen in der Regel nur einige überhaupt am Zielort an. Es nützt Ihnen nichts, die ganze Zeit das Rennen anzuführen, wenn Sie kurz vor dem Ziel aufgeben müssen. Ankommen ist daher wichtiger, als schnell zu sein.

Dasselbe gilt auch bei Verkaufsprojekten. Wenn Sie sich darauf konzentrieren, bis ans Ende zu kommen, dann werden Sie feststellen, dass Sie dort nicht mehr viel Konkurrenz vorfinden werden. Diese zu schlagen, ist dann wesentlich einfacher, als zu versuchen, ständig vor dem ganzen Feld zu liegen.

Als Verkaufsberater schlüpfen Sie in viele Rollen

Um diese Anforderungen herum sind mehrere Rollen definiert, in die der Rallyepilot und der Verkaufsberater ständig schlüpfen – rund um diese Anforderungen ist dieses Buch aufgebaut:

Der Routenplaner
Wenn Sie keine Route geplant haben, brauchen Sie gar nicht erst an den Start gehen. Wer einfach mal drauf los fährt und erst dann auf die Karte schaut, wenn es nicht mehr weitergeht, wird nicht weit kommen.

Das Wichtigste für den Rallye-Routenplaner ist die Einstellung, dass er zwar ständig die jeweils beste Route plant, diese aber immer wieder verändern kann, weil während der Fahrt neue Informationen auftauchen. Spätestens, wenn Sie vor der überschwemmten Furt mit den Krokodilen stehen, wissen Sie, dass Sie woanders übersetzen müssen.

Ebenso hat der Verkaufsberater immer eine gute Strategie und eine Route parat, wie er sein Verkaufsprojekt anlegt und durchziehen will. Der erfahrene Berater stellt sich jedoch darauf ein, diese Route immer wieder neu zu überdenken und umzukrempeln, sofern es die Umstände erfordern.

Wie Sie eine robuste und flexible Strategie als Verkaufsberater entwickeln, die mit Ihrem Projekt mit wächst, erfahren Sie in Kapitel 3 »Der Verkaufsprozess«.

Der Navigator
Die beste Route hilft Ihnen nichts, wenn Sie keine Orientierung haben und nicht einschätzen können, ob Sie noch auf dem richtigen Weg sind.

Hindernisse müssen Sie rasch erkennen und einschätzen können. Ist das Gelände vor Ihnen gut passierbar – oder machen Sie lieber einen Umweg und suchen eine bessere Straße?

Die wichtigste Fähigkeit des Navigators ist, die Dinge so zu sehen, wie sie wirklich sind. Wo der Anfänger einen guten Platz für ein Camp sieht, erkennt der Profi die Gefahr, die plötzliche Regenfälle und Sturzbäche an dieser Stelle auslösen können.

Genauso muss der Verkaufsberater rasch erkennen, wenn Probleme auftreten und diese richtig einschätzen. Wenn der Kunde verunsichert ist, mag das am hohen Preis liegen, am unklaren Produktnutzen oder am risikoreichen Umsetzungsprozess. Der erfahrene Berater erkennt die richtige Ursache und Wirkung und stellt eine passende Lösung zur Verfügung.

Wie Sie als Verkaufsberater die Tücken und Schlaglöcher des Verkaufsprozesses schnell und korrekt einschätzen können, werden Sie ausführlich in Kapitel 2 »Problemanalyse« kennenlernen.

Der Mechaniker

Es ist natürlich am besten, wenn Sie Unfälle und Schäden von vornherein vermeiden. Gleichzeitig ist es unrealistisch, dass Sie die ganze Rallye ohne Schäden durchstehen. Falls also wirklich etwas passiert, müssen Sie in der Lage sein, rasch eine Lösung zu finden und sei es nur eine behelfsmäßige, die Sie bis zum nächsten Stützpunkt bringt.

Das Wichtigste für den Mechaniker ist sein prall gefüllter Werkzeugkoffer, aus dem er alle wichtigen Werkzeuge gut beherrscht.

Auch als Verkaufsberater landen Sie manchmal sogar mit der besten Strategie im Graben. Dann müssen Sie rasch das richtige Verkaufsberater-Werkzeug aus Ihrer Kiste holen und das aktuelle Problem lösen.

Welche Werkzeuge Sie auf jeden Fall dabei haben sollten und wie Sie damit umgehen, erfahren Sie in Kapitel 4 »Werkzeuge«. Andere nützliche Tools lernen Sie in jedem der Kapitel kennen.

Der Fahrer

Letztendlich erreichen Sie das Ziel nur, indem Sie Kilometer für Kilometer dem Zielort näher kommen. Dazu müssen Sie diszipliniert sein, flexibel, geschickt und ein Teamplayer.

All das kann Ihnen dieses Buch nicht abnehmen, denn der wichtigste Teil im Verkaufsprozess sind Sie – und das ist gut so.

Ein paar Tipps bekommen Sie natürlich mit – diese erhalten Sie in Kapitel 2 »Problemanalyse« –, auf weitere Methoden werden Sie in Kapitel 4 »Werkzeuge« stoßen.

Finden Sie sich in Ihrer neuen Rolle wieder? Wie Sie an dieser Stelle vermutlich bereits bemerkt haben, lege ich viel Wert auf den Beraterteil der Verkaufsberatung. Warum überhaupt?

Ganz einfach. Weil ...

1.3   Verkaufen nervt!

Bücher über den Verkauf an sich, über den Beruf des Verkäufers, über die erfolgreiche Einstellung und über eine Vielzahl von Verkaufssystemen und -methoden gibt es jede Menge.

Meine eigene Erfahrung: Mit ungefähr sechzig davon habe ich mich intensiv beschäftigt und viele Trainings besucht. Vieles, was ich dabei erfahren habe, habe ich auch ausprobiert. Einiges davon hat funktioniert – vieles nicht.

Was all diese Trainer und Autoren gemeinsam hatten: Sie haben versucht, mich als Leser oder Trainingsteilnehmer für den Verkauf zu motivieren und mich davon zu überzeugen, dass Verkäufer ein ehrenwerter und erstrebenswerter Beruf ist. Oft habe ich mich daher gefragt, ob ich mich vielleicht einfach nicht zum Verkäufer eigne – denn trotz aller Tricks und aller Selbstmotivation habe ich ständig unangenehme Erfahrungen gemacht.

Ich bin daher regelmäßig zum Schluss gekommen: Verkaufen nervt!

Zum Beispiel:

- Unbekannte Kunden anrufen, die sich davon gestört fühlen und sich darüber beschweren – nervt!
- Nachrichten in der Sprachbox oder per E-Mail hinterlassen, die ignoriert werden – nervt!
- Endlich einen Termin bei Kunden bekommen, der dann einen Tag vorher abgesagt oder dreimal verschoben wird – nervt!
- Arrogante Ansprechpartner, die Anbieter antanzen lassen, um deren Leistungen zu bemängeln und ihnen zu erklären, dass sie von der Praxis keine Ahnung hätten – nerven!
- »Casting-Shows« bei Kunden, die sechs Wettbewerber einladen, um sich gegenseitig für ein IT Projekt in der 10.000-Euro-Klasse zu unterbieten – nerven!
- Aufwendige Konzepte und Angebote erstellen für Kunden, die sich bereits für einen Anbieter entschieden haben, aber Alternativanbieter zum Preisdrücken brauchen – nervt!
- Fabelhafte Konzepte mit dem Kunden ausarbeiten, die anschließend an der Unternehmenspolitik scheitern und in der Schublade landen – nervt!
- Kunden, mit denen über Monate hinweg ein gutes Projekt entwickelt worden ist und die sich dann plötzlich nicht mehr melden und jede Kontaktaufnahme verweigern – nerven!

Vielleicht haben auch Sie noch ein paar persönliche Klassiker dieser Liste hinzuzufügen. Ich jedenfalls konnte mir beim besten Willen nicht vorstellen, dass diese Dinge irgendjemandem Spaß machen. Daher habe ich irgendwann mit Freunden und Bekannten von mir gesprochen, die erfolgreiche Verkäufer sind; einige davon gehören zu den Besten ihrer Branche. Zu meiner Überraschung sprach keiner von denen mit einem ähnlichen Enthusiasmus über ihren Beruf wie die Verkaufstrainer und Buchautoren.

Im Gegenteil – alle waren derselben Meinung, dass all diese Dinge, die ich oben aufgezählt habe, auch für sie mühsam und demotivierend sind und dass sie sich an vielen Tagen kaum dazu aufraffen können, mit Kunden in Kontakt zu treten.

Aber: Es gibt auch viele schöne Seiten, die immer wieder für neue Motivation sorgen:

- Kunden zu beraten, die das zu schätzen wissen, ist eine schöne Aufgabe.
- Mit Spezialisten des Kunden gemeinsam gute Lösungen auszutüfteln, ist spannend und lehrreich.
- Mit Kreativität dem Kunden zu helfen, seine Probleme zu lösen, macht Spaß.
- Strategisch ein Projekt anzugehen und zu beobachten, wie die Strategie aufgeht und man dort erfolgreich ist, wo andere gescheitert sind, gibt viel Anerkennung und Stolz.
- Erfolge zu landen und Aufträge zu bekommen, ist ein tolles Gefühl.

Diese Einsicht hat mir sehr geholfen – denn sie hat mir gezeigt, dass es nicht auf das »Verkäufer-Gen« ankommt.

Etwas anderes, was diese erfolgreichen Verkäufer mir erzählten, stimmte mich nachdenklich. Alle waren nämlich derselben Meinung, dass diese unangenehmen Begleiterscheinungen des Verkaufs in ihren Anfängerjahren genauso häufig aufgetreten sind wie bei mir – während sie heute nur noch sporadisch mit solchen Situationen konfrontiert sind.

Interessant! Woran lag das? Eine klare Antwort bekam ich nicht. Es sei wohl »Erfahrung« oder »Bauchgefühl«, so die Erkenntnis der Profis.

Wenn ich heute zurückblicke, muss ich erkennen: Die meisten dieser frustrierenden Dinge sind mir passiert, weil ich ständig Fehler machte. Fehler, die mir damals nicht einmal aufgefallen sind. Und da ich diese Fehler bei mir nicht bemerkt habe, konnte ich sie auch nicht korrigieren.

Der größte dieser Fehler war:

Ich glaubte, ich verstehe den Kunden, seine Probleme und das, was er will.

Davon war ich in Wahrheit in den meisten Fällen weit entfernt.

Heute, viele Jahre später, habe ich den großen Vorteil, nicht nur viele Projekte verkauft zu haben, sondern ich habe auch viel über »die andere Seite« gelernt, also über die Einkäufer:

▨ Ich habe für meine Projekte selbst umfangreich Software und IT-Leistungen eingekauft.

▨ Ebenso habe ich für große Kunden eine Reihe von Projekten abgewickelt, bei denen komplexe Leistungen und Produkte von externen Partnern zugekauft worden sind.

▨ Darüber hinaus kenne ich die Situation von IT-Managern und Vorständen aus meinen Beratungen, Trainings und Coachings sehr detailliert und persönlich.

Diese Erfahrungen bestätigen mich darin, dass es vielen anderen intelligenten, engagierten und kompetenten IT-Verkaufsberatern ähnlich geht wie mir damals: Sie verstehen die Situation des Kunden nicht.

Dabei sind sie selbst felsenfest vom Gegenteil überzeugt. Denn sie verwechseln die Aufgabenstellung, die der Kunde vorbringt, mit der Situation des Kunden.

Das ist eine Wiederholung wert:

▨ Die Situation des Kunden ist nicht notwendigerweise jene, die er Ihnen im Gespräch als Aufgabenstellung beschreibt.

▨ Die *Aufgabenstellung* ist beispielsweise: »Wir benötigen im Produktionsprozess eine lückenlose Überwachung der Komponenten, um die Chargenrückverfolgung der gelieferten Produkte an unsere Kunden zu ermöglichen.«

▨ Die *Situation* des Kunden hingegen könnte sich folgendermaßen darstellen: »Die Forderung des Kunden nach Chargenrückverfolgung ist ein kompletter Unsinn und dass wir jetzt hier teure IT-Systeme installieren müssen, die uns auch noch in der Arbeit behindern, ist doch das Letzte. Leider können wir es uns nicht leisten, sonst würde ich den Kunden mit seiner Forderung zum Teufel jagen.«

▨ Eine *andere Situation* derselben Aufgabenstellung könnte sein: »Endlich können wir über die ganze Produktionskette Messgrößen und Kennzahlen einführen, um die nötigen Schwachstellen zu ermitteln. Da der größte Kunde auf die Einführung des Systems besteht, kann es der Betriebsrat nicht mehr mit fadenscheinigen Argumenten blockieren.«

Wird das Verkaufsberatungsgespräch in beiden Situationen gleich ablaufen? Mit Sicherheit nicht. Dabei ist die Aufgabenstellung dieselbe.

Vielleicht sind Sie bereits sehr geschickt darin, Aufgabenstellung und Situation des Kunden passend zu adressieren. Dann wird Ihnen dieses Buch viel erzählen, was Sie bereits wissen. Gleichzeitig wird es Ihnen dabei helfen, systematischer und damit noch effektiver mit diesem Wissen umzugehen.

Vielleicht gibt es aber doch einige Aspekte, die Sie derzeit noch übersehen! Dann wird dieses Buch Ihnen dabei helfen, Ihr Wissen zu vervollständigen, insbesondere bei der Analyse des Kunden, seinem Risiko und bei den nicht produktspezifischen Faktoren, die für einen Verkaufsabschluss entscheidend sind.

In diesem Buch geht es daher weniger ums Verkaufen als vielmehr ums Kaufen. Oder um die Gründe des Nicht-Kaufens.

Sie werden daher viele für Verkaufsberater wichtige Aspekte der Psychologie, Soziologie, Gruppendynamik sowie Erkenntnisse der Organisationslehre und des Veränderungsmanagements kennenlernen.

Die Werkzeuge, die ich Ihnen für die Praxis vorstellen werde, stammen vor allem aus diesen Bereichen. Diese Werkzeuge werden Sie befähigen, komplexe Situationen schneller zu analysieren, soziale Abläufe zu durchschauen und die kritischen Punkte rasch zu finden, an denen Sie beim Kunden ansetzen müssen, um erfolgreich zu sein.

Eingebettet sind diese Elemente in einen Verkaufsprozess, den ich speziell für IT-Projekte entwickelt habe – oder besser: übernommen habe. IT-Experten werden in diesem Prozess nämlich viel Ähnlichkeit zu den agilen Methoden in der Softwareentwicklung erkennen.

Das ist wenig überraschend – schließlich haben beide Ansätze dasselbe Ziel: in komplexen Situationen mit geringer Planungssicherheit und mit hoher Veränderungsgeschwindigkeit Fortschritt und klare Ziele zu erreichen.

Denn eine weitere wichtige Erkenntnis, die ich gelernt habe, ist:

IT-Verkauf ist anders.

Wenn Sie versuchen, ein komplexes IT-Projekt so zu verkaufen wie eine Limousine in derselben Preisklasse – dann werden Sie scheitern. Klassische Verkaufstechniken nützen Ihnen in der IT-Branche wenig. Warum? Das möchte ich Ihnen auf den nächsten Seiten erklären.

1.4 Was ist am IT-Verkauf so besonders?

Klassische Verkaufstechniken und -methoden sind für die traditionellen vertriebsorientierten Branchen entwickelt worden: Versicherungen, Finanzprodukte, Fahrzeuge, Immobilien, Reisen, Spenden.

All das sind klare, einfache, konkrete Produkte mit guter Vergleichbarkeit und harter Konkurrenz mit identischen Angeboten.

IT-Verkauf ist anders.

Stellen Sie sich vor, dass Maßanzüge wie Individualsoftware bestellt würden.

Ein Gespräch zwischen Kunde und Verkaufsberater könnte sich in diesem Fall wie folgt entwickeln:

Interview

Kunde: Guten Tag, ich hätte gerne einen Anzug.

Schneider: Ausgezeichnet. Gibt es einen konkreten Anlass?

Kunde: Jawohl, ich werde heiraten.

Schneider: Herzlichen Glückwunsch. Haben Sie schon konkrete Vorstellungen?

Kunde: Nein, bitte beraten Sie mich.

Schneider: Natürlich. Die bewährte Vorgangsweise ist folgende: Wir einigen uns auf einen Stoff und den gewünschten Stil, dann nehme ich Maß; der Anzug wird erstellt und Sie kommen dann zur Anprobe. Sollten noch geringe Änderungen nötig sein, werden diese dann noch erledigt.

Kunde: Ist in Ordnung. Auf den Stoff möchte ich mich allerdings vorerst noch nicht festlegen. Er soll ja mit dem Kleid meiner Frau harmonieren.

Schneider: In diesem Fall sollten wir warten, bis Sie wissen, was Sie haben möchten.

Kunde: Das wird nicht funktionieren. In der Kultur meiner Frau ist es Tradition, dass man sich auf Farbe und Stil erst ganz zum Schluss festlegt – damit es zur Stimmung passt.

Schneider: Das ist allerdings problematisch. Bevor Sie sich nicht auf einen Stoff festlegen, kann ich nicht mit der Arbeit beginnen.

Kunde: Können Sie nicht erst mal das Futter nähen und alles fertig machen? Dann können wir den Stoff nachher noch drauf nähen.

Schneider: Das ist leider nicht möglich. Welche Art von Stoff stellen Sie sich überhaupt vor?

Kunde: Das kann ich noch nicht sagen. Wir sind noch unschlüssig, wo die Hochzeit stattfinden soll. Ich tendiere zu einem netten Plätzchen in Italien

– meine Frau möchte in ihrer Heimat in Island heiraten. Die Temperaturunterschiede sind nicht ohne.

Schneider: Schwierig, schwierig. Wir könnten inzwischen zumindest Maß nehmen.

Kunde: Gerne. Aber bitte legen Sie mich nicht darauf fest. Ich habe meiner Frau versprochen, noch brav abzunehmen bis zum großen Tag.

Schneider: Ein paar Kilo auf und ab – das kriegen wir mit guter Schneiderarbeit schon hin.

Kunde: Ich peile 15 Kilo an über die nächsten 8 Wochen.

Schneider: Das ist allerdings substanziell. In dieser Größenordnung kann ich nicht vorarbeiten.

Kunde: Ich bin allerdings nicht sicher, ob ich es wirklich schaffe. Mal sehen.

Schneider: Ich fürchte, bei so vielen Unklarheiten muss ich passen.

Kunde: Und ich dachte, Sie verstehen Ihr Handwerk. Dann brauche ich Ihnen wohl gar nicht erst zu sagen, dass wir die Farbe des Anzugs erst am Tag der Hochzeit festlegen können. Diese darf nämlich auf gar keinen Fall ähnlich wie die des Anzugs des Schwiegervaters sein.

Unvorstellbar, oder? Nicht jedoch in unserer Branche, der IT. Dort sind schwammige Vorstellungen und regelmäßige Änderungen des Auftrags nicht die Ausnahme, sondern die Regel.

Aber nicht nur für den IT-Anbieter ist das eine große Herausforderung – auch die Kunden sehen sich bei komplexen Softwareprojekten hohen Risiken, zahlreichen Abhängigkeiten und einem Rattenschwanz an Folgeaktivitäten ausgesetzt.

Wie würde es ablaufen, wenn Wein so wie IT-Systeme verkauft werden würde?

Vielleicht so:

Interview

Käufer: Ich hätte gerne 3 Flaschen vor diesem Wein.

Verkäufer: Wunderbar. Mache ich Ihnen gleich zurecht. Das wären dann 60 €. Darf ich Ihnen sonst noch eine andere Sorte anbieten?

Käufer: Nein danke.

Verkäufer: Dann packe ich Ihnen das übliche Paket zusammen.

Käufer: Das übliche Paket?

Verkäufer: Nun, alles was Sie für diesen Wein brauchen.

Käufer: Was soll ich denn noch alles brauchen?

Verkäufer: Nun, zuerst wäre da der spezielle Korkenzieher. Ohne bekommen Sie die Flasche gar nicht auf.

Käufer: Reicht denn nicht einer von denen, die ich bereits habe?

Verkäufer: Aber nein. Diese sind mit dieser Flasche nicht kompatibel. Aber keine Sorge, der ist sehr günstig. Kostet nur 10 €.

Käufer: Na gut, wenn es nicht anders geht.

Verkäufer: Und das Video darf ich Ihnen auch dazu legen?

Käufer: Welches Video?

Verkäufer: Das Trainingsvideo. Es zeigt Ihnen die richtige Art, wie der Wein zu öffnen und zu kredenzen ist.

Käufer: Ist das denn so kompliziert?

Verkäufer: Grundsätzlich nein. Unsere Weine sind sehr benutzerfreundlich. Wenn Sie aber das Beste aus Ihrem Wein rausholen wollen, dann sollten Sie sich das Training unbedingt zuführen.

Käufer: Wie lange dauert das denn?

Verkäufer: 40 Minuten für Sie und 20 Minuten für die Gäste.

Käufer: Die Gäste müssen das Video auch sehen?

Verkäufer: Das ist auf jeden Fall empfehlenswert. Nur dann werden Ihre Gäste in der Lage sein, alle Nuancen des Weines auszukosten.

Käufer: Das hört sich schon sehr aufwendig an. Aber sei's drum. Was kostet das?

Verkäufer: 18 €. Ich kann Ihnen allerdings ein Spezialangebot machen. In Kombination mit den Gläsern zahlen Sie nur 15 € – und die Gläser brauchen Sie sowieso.

Käufer: Weingläser habe ich jede Menge.

Verkäufer: Daran zweifle ich nicht. Aber Ihre Gläser sind nicht für diesen Wein geeignet. Dazu brauchen Sie eine spezielle Beschichtung.

Käufer: Meine Gläser sind hochwertige Ware. Der Händler hat mir das versichert.

Verkäufer: Ja, das hören wir öfter. Leider sind nur wenige Weinglashändler wirklich kompetent. Wie viele Gäste erwarten Sie?

Käufer: 4 Personen. Was würde das denn kosten?

Verkäufer: 12 € pro Glas. Vielleicht sollten Sie noch 3 Flaschen von dem Wein nehmen, dann rentiert sich die Investition in die Gläser besser.

Käufer: Nein danke. Ich glaube, ich habe schon genug ausgegeben. Packen Sie bitte alles zusammen – ich überlege mir nzwischen, wie ich das meiner Frau erklären soll.

Verkäufer: Wie Sie wünschen. Ich nehme an, Sie trinken den Wein zum Essen. Daher packe ich die nötige Gewürzmischung gleich dazu. Und das Kochbuch. Derzeit im Angebot für 28 €.

IT-Systeme bringen oft einen Rattenschwanz an notwendigen Veränderungen mit sich und viele davon erkennt man erst, wenn das System im Einsatz ist.

Ein mir bekannter IT-Leiter hat den Kauf großer IT-Systeme daher mit einer Hochzeit verglichen:

> *» Wenn du so ein großes System erst einmal im Haus hast, verändern sich über kurz oder lang alle Abläufe so, wie dieses System es will. Irgendwann erkennst du das, aber es ist zu spät, denn eine Scheidung von dem Ding kannst du dir in der Regel nicht mehr leisten. «*

Weitere Besonderheiten von IT-Projekten:

Es gibt selten DAS Produkt

Dass der Kunde ein Produkt kauft, mit in sein Unternehmen nimmt, dort installiert und dann damit arbeitet, kommt nur in Ausnahmesituationen vor (bei einfacher »Off-the-Shelf«-Software).

In den allermeisten Fällen ist es erforderlich, dass der Kunde intensiv mit dem Anbieter zusammenarbeitet. Entweder wird das IT-System bereits gemeinsam entwickelt oder das Produkt ist umfassend zu konfigurieren und die Inbetriebnahme zu unterstützen. Häufig müssen andere Systeme angepasst, angeschlossen oder umkonfiguriert werden.

Ein befreundeter IT-Unternehmer hat es so ausgedrückt: *» Wir haben zwar nur ein einziges Produkt, aber wir haben noch nie zwei Kunden dasselbe verkauft. «*

Die Kompetenz hängt an Experten

Allen Bemühungen und Versprechungen von Anbietern zum Trotz: Erfahrene Spezialisten sind schwer auszutauschen. Je länger und komplexer das Projekt wird, desto größer wird das spezielle Projekt-Know-how der beteiligten Experten. Kunden kennen diese Situation aus Erfahrung – und müssen mit dem Risiko leben, dass der Erfolg ihres Projektes zu einem wesentlichen Teil an wenigen Personen hängt, die ausfallen können.

Aufwendige Dokumentation kann das Problem etwas abschwächen, aber nicht beseitigen. Trotz aller Bemühungen ist die Situation besonders im High-End-Bereich weiterhin ungelöst.

IT-Systeme sind schwer zu überprüfen

Dies trifft besonders auf Software zu und noch mehr auf individuell für den Kunden entwickelte Software.

Der Kunde kann zwar testen, ob die Software das macht, was sie machen soll, aber viele der wichtigen Parameter sind für den typischen Kunden kaum zu überprüfen: Skalierbarkeit, langfristige Stabilität, Kompatibilität mit zukünftigen Systemen, flexible Erweiterbarkeit.

Kunden hätten daher gerne eine TÜV-Plakette, ein Stiftung-Warentest-Siegel oder ein gerichtlich beeidetes Gutachten – um sicherzugehen, dass die Software auch hält, was sie verspricht. All das gibt es nicht – und wenn, dann ist die detaillierte Prüfung durch ein unabhängiges Institut für die meisten Kunden unbezahlbar teuer.

Es gibt selten eine wirksame Garantie

Natürlich gibt es Gewährleistung, Kulanz und Verträge. Langjährige Kunden von IT-Systemen haben jedoch regelmäßig die Erfahrung gemacht, dass die Welt selten so schwarz-weiß ist, wie Vereinbarungen zwischen Kunde und Anbieter das glauben machen wollen. Es gibt zahlreiche Abhängigkeiten zu Kundensystemen und in komplexen Projekten gibt es auch viele Arbeitspakete aufseiten des Kunden. Es ist damit praktisch unmöglich, dass der Kunde alles richtig macht – und damit gerät er selbst auch ins Schussfeld.

Ihnen als IT-Profi ist das alles natürlich bekannt – so gut bekannt, dass es oft schwerfällt, sich in die Lage von jenen Kunden zu versetzen, für die diese Aspekte mitunter sehr befremdlich wirken, beispielsweise Geschäftsführer von mittelständischen Maschinenbauunternehmen, Betreiber einer Franchisekette oder einer Hotelgruppe oder Inhaber von Unternehmen im In- und Export von asiatischer Handelsware. Aber auch zwischen IT-erfahrenen Personen kommt es im Laufe von IT-Projekten immer wieder zu Schwierigkeiten.

Folgende Fallstudie beschreibt einen typischen Projektverlauf:

Fallstudie:
IT-Projekt mit Hindernissen

Ein Kunde führt eine neue Software ein, um das Prozessmanagement im Unternehmen zu unterstützen. Mit einem passenden Anbieter einigt der Kunde sich rasch, und die gemeinsamen Arbeiten beginnen.

Am Ende des Projektes funktioniert das System entsprechend den Anforderungen – allerdings in einer – nach Meinung des Kunden – unzumutbaren Geschwindigkeit für die Benutzer. Die betroffenen Anwender beschweren sich. Der Anbieter versucht daraufhin zu optimieren, allerdings nur mit geringem Erfolg.

Die Parteien treffen sich daher zur Konfliktlösung.

Der Kunde vertritt den Standpunkt, dass das System in dieser Form nicht als einsatzfähig zu betrachten ist. Dass das Problem »die Software ist zu langsam« nicht in Zahlen in der Spezifikation aufgeführt ist, empfindet dieser als »gesunder Menschenverstand« – außerdem ist es schließlich kaum möglich, für jede Aktion genau zu definieren, wie lange diese denn in Sekunden dauern darf. Falls das Problem nicht gelöst wird, will er die restlichen Zahlungen verweigern.

Der Anbieter führt als Argumente an, dass das System entsprechend der Spezifikation, daher korrekt funktioniert. Dass die Performance nicht den Wünschen entspricht, liegt daran, dass der Kunde nicht alle Empfehlungen an Handware und Betriebssystem erfüllt hat. Der Anbieter erkennt an, dass das System in der Tat »etwas langsam« läuft, jedoch macht es den Einsatz der Software nicht unmöglich. Der Anbieter schlägt vor, noch weitere Experten hinzuzuziehen, um eventuell eine Optimierung zu schaffen. Der Anbieter würde von diesen Zusatzkosten 50% selbst tragen. Die Bedingung ist jedoch, dass die Software in der aktuellen Funktionalität vom Kunden abgenommen wird.

Beide Parteien haben schlechte Karten.

Kommt es zu keiner Einigung, hat der Kunde eine funktionsfähige, aber kaum nutzbare Software. Ein Teil der Leistung wurde bereits bezahlt. Die schwerwiegendere Konsequenz ist allerdings, dass das Unternehmen immer noch kein funktionsfähiges System besitzt.

Die Mitarbeiter sind frustriert und haben keine Lust, noch einmal von vorne mit einem neuen Anbieter anzufangen. Sollte das Projekt demnächst nicht abgeschlossen werden, fällt es außerdem im Projektcontrolling auf und wird automatisch eskaliert – es wird sicher nicht einfach, der Geschäftsführung die Situation zufriedenstellend zu erklären.

Der Anbieter andererseits hat Arbeit und Zeit in den Kunden investiert – in die Akquise sowie in die Implementierung. Er würde nicht nur auf seinen nicht bezahlten Kosten sitzenbleiben, sondern weitere Umsätze – die Restzahlung, Lizenzkosten, Folgeaufträge – verlieren. Vom verpatzten Ruf in der Branche ganz zu schweigen.

Einen Rechtsstreit gegen den Kunden zu führen, ist kostspielig und wenig aussichtsreich – ebenso macht das auf zukünftige Kunden wohl keinen guten Eindruck. →

Andererseits sieht der Anbieter kaum noch Möglichkeiten. Die Aussichten, dass die Geschwindigkeitsziele erreicht werden, sind gering. Alle bewährten Ansätze sind ausgereizt worden – innerhalb der bestehenden, komplexen Systemumgebung mit einer Vielzahl von Legacy-Systemen sind die Möglichkeiten stark eingeschränkt. Einzige Alternative wäre eine Migration des Systems auf die vom Anbieter empfohlenen Plattformen. Dies jedoch schließt der Kunde aus – denn in Folge würde die bestehende Systemlandschaft weiter zersplittern. Ebenso fehlen die nötigen Fachkräfte für den Betrieb dieser Technologien.

Der eine oder andere Leser mag einwenden, dass bei dieser Fallstudie die Verträge offenbar nicht richtig gemacht worden sind oder dass man hätte vorher Tests durchführen sollen, um diese Situation zu vermeiden.

Möglicherweise sind den Parteien tatsächlich Fehler unterlaufen, die einfach hätten vermieden werden können. Letztlich verschleiern derartige Argumente jedoch den Blick auf den wesentlichen Punkt:

Umfangreiche IT-Projekte sind komplexe Unternehmungen, die nie vollständig geplant und abgesichert werden können.

Zweifellos sind Erfahrung und ein solides Maß an Planung und Risikomanagement hilfreich. Gleichzeitig ist in jedem Projekt rasch der Punkt erreicht, in dem weitere Aufwände in die Prävention möglicher Probleme unverhältnismäßig hoch gegenüber der Wirkung sind und unwirtschaftlich werden. Außerdem leidet in der Regel die Beziehung zum Kunden durch exzessive Rechtsklärung und Absicherung.

IT-Kunden und IT-Anbieter müssen damit leben, dass die Projekte zu einem gewissen Grad unplanbar bleiben (was nicht bedeutet, dass sie undurchführbar sind).

Tipp

Die wissenschaftlichen Hintergründe, warum komplexe Projekte – wie große IT-Projekte – unabhängig von den Ressourcen nicht vollständig planbar sind, lassen sich unter dem Begriff Komplexitätstheorie zusammenfassen. Jene Leser, die das Thema Komplexitätsmanagement interessiert, finden auf der entsprechenden Wikipedia-Seite eine Liste empfehlenswerter Literatur.

Daher benötigt IT-Verkauf auch einen anderen Ansatz.

Kurzüberblick über alles, was da noch kommt:

Kapitel 1: IT is different

Das aktuelle Kapitel. Dieses haben Sie in Kürze abgeschlossen. Glückwunsch! ;-)

Kapitel 2: Problemanalyse

Dieses Kapitel beschäftigt sich ausführlich mit der komplexen Situation von IT-Projekten. Wenn Sie dieses Kapitel gelesen haben, werden Sie wesentlich besser verstehen, in welcher Situation IT-Kunden sich befinden und warum so manches »irrationale Verhalten« doch sehr viel Sinn ergibt.

Kapitel 3: Der Verkaufsprozess

In diesem Kapitel stelle ich Ihnen einen »agilen« Verkaufsansatz vor, der besonders gut für IT-Projekte passt. Ebenso bringe ich Ihnen mit dem Elefanten-Reiter-Modell ein Konzept nahe, das Sie dabei unterstützt, die kritischen Punkte Ihres Kunden zu finden. Außerdem zeige ich noch einige Besonderheiten des IT-Verkaufs in speziellen Situationen auf (interner Verkauf, Verkauf an Nicht-IT-Unternehmen, Verkauf an große Unternehmen etc.).

Kapitel 4: Werkzeuge

In diesem Kapitel füllen wir gemeinsam Ihren Werkzeugkasten. Ich stelle Ihnen Methoden aus der Gesprächsführung, dem Konfliktmanagement, der systemischen Beratung, der Verhandlungstechnik und der klassischen Verkaufstechnik vor.

Dabei habe ich nur die wertvollsten Werkzeuge für Verkaufsberater ausgewählt und an den Kontext der IT-Verkäufe angepasst.

Kapitel 5: Übungen

In diesem Kapitel finden Sie noch ausführlich kommentierte Fallstudien, die Ihnen zeigen, wie viele der Elemente im Rahmen von Verkaufssituationen zusammen im Einsatz sind.

1.5   Begriffe und Definitionen

Damit es auf unserer gemeinsamen Reise durch das Buch keine Missverständnisse gibt, folgen hier ein paar Begriffe und Definitionen. Was meine ich, wenn ich sage:

▪ **Verkaufsberater**

Der Verkaufsberater sind Sie. Jene Person, die mit dem Kunden in Kontakt ist und bleibt, ihn berät, unterstützt und mit ihm gemeinsam den Verkaufsabschluss anstrebt. Möglicherweise arbeiten Sie nicht alleine, sondern sind in einem Team von Experten und Verkaufsberatern unterwegs.

Im Unterschied zu einem »reinen Verkäufer« haben Sie substanzielle inhaltliche Kompetenz zu IT-Systemen im Allgemeinen und zu Ihrem Produkt im Speziellen. Sie arbeiten also bereits in der Vorverkaufsphase intensiv mit dem Kunden zusammen und beraten ihn und seine Mitarbeiter. Ebenso arbeiten Sie vielleicht selbst an der Durchführung des verkauften Projektes mit oder an der Konzeption einer Lösung. Aus diesem

Grund werden Sie im Unterschied zu einem Verkäufer auch intensiver und länger in Verkaufsprojekten beteiligt sein.

Sie werden daher auch seltener Verkaufsgespräche führen als jene klassischen Vertriebsprofis, die 3-4 Termine pro Tag bei Kunden haben. Das hat zur Konsequenz, dass Sie in einigen klassischen Verkaufsdisziplinen wie Präsentation oder Preisverhandlung nicht so routiniert sein werden wie »reine« Verkäufer.

Sie als Verkaufsberater unterscheiden sich zum rein fachlich orientierten IT-Berater darin, dass Sie immer das Ziel des Verkaufsabschlusses im Auge haben und strategisch darauf hin arbeiten.

IT-System

Ein IT-System ist im Kontext dieses Buches eine Software, Hardware, eine IT-spezifische Dienstleistung oder eine Kombination dieser Teile. Das mag nicht absolut korrekt sein, ist aber hilfreich für die Lesbarkeit und das einfache Verständnis der Lektüre.

Produkt, Leistung

Wenn ich von einem Produkt spreche, kann das auch das Ergebnis einer Dienstleistung sein. Ihr Produkt ist damit der Gegenstand Ihres Angebots: das, was Sie dem Kunden verkaufen. In den meisten Fällen ist das also ein IT-System oder eine Beratungsleistung.

Dasselbe verstehe ich unter der Leistung, die für den Kunden erbracht werden soll.

Wenn ich damit Ihre persönliche Beratungsleistung für den Kunden im Rahmen des Verkaufsprozesses meine (für die Sie in der Regel nicht bezahlt werden), weise ich speziell darauf hin.

Projekt, Verkaufsprojekt, Implementierungsprojekt

Das Verkaufsprojekt umfasst die Zeitspanne vom Erstkontakt bis zum Verkaufsabschluss. Das ist praktisch Ihr Projekt, in dem Sie als Verkaufsberater die führende Rolle spielen. Bei Erfolg des Verkaufsprojektes schließt sich das Implementierungs- oder Durchführungsprojekt daran an. In diesem Teil entsteht die Leistung für den Kunden, die beim Verkaufsabschluss vereinbart wurde.

Wenn aus dem Kontext nichts anderes hervorgeht, dann meine ich mit »Projekt« die Kombination dieser beiden Teile.

Anbieter

Der Anbieter ist die Partei, die mit dem Kunden in Kontakt tritt und diesem ein Angebot vorlegt und eine Leistung verkaufen will. Das kann eine Einzelperson sein (in diesem Falle Sie persönlich), ein Unternehmen oder eine Gruppe von Unternehmen, die sich für dieses Projekt zusammengeschlossen haben.

Kunde, Stakeholder

Der Begriff Kunde ist doppelt besetzt – leider habe ich keine passenden Begriffe gefunden, um die beiden Konzepte zu trennen, ohne sperrige Wörter einzuführen.

In den meisten Fällen ist der Kunde ein Vertreter des Unternehmens, dem Sie eine Leistung anbieten und verkaufen wollen. Oftmals handelt es sich um einen möglichen oder einen potenziellen Kunden, da Sie mit ihm noch keine Geschäftsbeziehung unterhalten.

Genau genommen ist der Kunde allerdings jene Person, die die endgültige Entscheidung trifft und daher die nötige Entscheidungsvollmacht besitzt und die finanziellen Mittel verwaltet. Die anderen wichtigen beteiligten Personen nenne ich Beteiligte oder Stakeholder.

Im Laufe des Buches werde ich noch auf diese Unterscheidungen und deren Auswirkungen im Detail eingehen.

Übrigens ...

Die Sache mit dem Geschlecht

Es ist aufgrund der Geschlechterverteilung in der IT-Branche sehr wahrscheinlich, dass die Person, die dieses Buch in der Hand hält, ein Mann ist. Abgesehen davon schreibt es sich für mich als Mann in der männlichen Form deutlich natürlicher.

Liebe Leserinnen: Sehen Sie es mir nach, dass ich aus diesen Gründen in den meisten Fällen auf die weibliche Form verzichte. Suchen Sie keine Diskriminierung, wo es keine gibt. Ich freue mich sehr, dass Sie da sind.

2 Problemanalyse – woran scheitern IT-Verkaufsprojekte?

2.1 Von welchen Problemen sprechen wir überhaupt, Herr Kunde?

Hätte ich 1 Stunde Zeit, um ein komplexes Problem zu lösen, von dem mein Leben abhängt, würde ich 40 Minuten damit verbringen, das Problem zu verstehen, 15 Minuten lang würde ich Lösungsalternativen entwickeln und die letzten 5 Minuten würde ich die beste davon umsetzen.

Albert Einstein

Nehmen wir an, Sie sollen ein Konzept für die Lösung eines schwierigen IT-Problems erstellen. Wie lösen Sie die Aufgabe?

Holen Sie Ihre ganz persönliche Checkliste heraus und arbeiten die 7 Punkte ab, die dann ganz automatisch zur Lösung führen?

Das funktioniert nicht. So eine generelle Checkliste gibt es nicht, weil IT-Anforderungen viel zu komplex sind, um mit derart einfachen Mitteln universell gelöst zu werden.

Wie gehen Sie also vor?

Sie versuchen zuerst, das Problem und die Anforderungen zu verstehen. Erst dann machen Sie sich an das Design und danach an die Implementierung.

Genauso gehen wir beim Verkauf vor:

Zuerst das Problem verstehen, dann erst die Lösung entwickeln. Das Umsetzen kommt zum Schluss.

Einfache Algorithmen und universal gültige Ansätze können dem Problem des IT-Verkaufs daher nicht gerecht werden. Deswegen funktionieren auch die vielen Versionen des »*Das Super-Duper Premium Exzellenz Verkäufersystem mit Erfolgsgarantie*« nicht.

Und zwar aus demselben Grund, warum auch »*Die sieben einfachen Schritte zum perfekten Softwaredesign*« oder »*Die Dummie-Anleitung für fehlerfreien Softwarecode*« nicht funktionieren.

Komplexe Probleme lassen sich nicht mit simplen Ansätzen lösen, die die Problemstellung so weit trivialisieren, dass sie mit der Realität nur noch wenig zu tun haben.

Was hingegen funktioniert: Unsere Fähigkeiten zu verbessern, um das komplexe Problem des IT-Verkaufs besser zu beherrschen.

Dem widmen wir uns in diesem Kapitel mit der angemessenen Tiefe.

Wozu lange nach dem Problem suchen?

In meinen Beratungen werde ich regelmäßig damit konfrontiert, dass IT-Verkäufer sich lieber gleich auf die Verkaufswerkzeuge stürzen würden: »Wozu viel Zeit damit verschwenden, nach den Problemen zu suchen – die liegen doch auf der Hand. Der Kunde zählt sie ja alle in den ersten 15 Minuten auf. Ich finde, es wäre sinnvoller, mehr Zeit mit den Lösungen zu verbringen, denn die brauchen wir dringend.«

Ich stelle daraufhin folgende Frage:

Warum scheitern so viele IT-Verkäufe?

Typische Antworten von IT-Verkaufsberatern sind:

- Der Kunde schaut nur auf den Preis – und gegen die Konkurrenz aus Billiglohnländern haben wir einfach keine Chance.
- Der Kunde wollte unbedingt ein großes Unternehmen mit etabliertem Namen als Anbieter.
- Der Kunde wollte ein kleines, flexibles Unternehmen. Unsere Entscheidungsprozesse waren zu langsam, unsere Bürokratie zu aufwendig, unsere Kosten zu hoch.
- Der Kunde hatte nicht genügend Budget.
- Die Entscheidung war persönlich motiviert – einer der Entscheidungsträger hatte etwas gegen uns.
- Der Kunde hat das Projekt auf unbestimmte Zeit vertagt, weil sich im Unternehmen oder am Markt etwas verändert hat.
- Die Technikabteilung ist auf eine Technologie fixiert, die wir nicht unterstützen können.
- Das Projekt verschwindet irgendwann in einem Gremium und dann in der Schublade.

Antworten, die jedoch selten von Verkaufsberatern genannt werden:

- Unser Produkt hat dem Kunden zu wenig Mehrwert gebracht.
- Unser Produktnutzen war zu schwammig und für den Kunden nicht greifbar.
- Wir haben die Anforderungen des Kunden nicht verstanden.
- Wir haben die Entscheidungsprozesse des Kunden nicht verstanden.
- Wir haben den Kunden nicht dabei unterstützt, andere wichtige Personen im Unternehmen für das Projekt zu gewinnen.
- Der Kunde hatte zu wenig Vertrauen zu uns.
- Wir waren nicht in der Lage, das große Projektrisiko glaubwürdig zu managen.
- Wir konnten unsere Kompetenz nicht glaubwürdig darstellen.
- Wir gehen ohne klare, für den Kunden erkennbare Strategie vor.
- Es gibt Interessenkonflikte in der Art der Zusammenarbeit.
- Unsere langfristigen Geschäftsmodelle passen nicht zusammen.
- Wir vermasseln unsere Verkaufsgespräche durch ungeschickte Gesprächsführung.

Diese Antworten jedoch sind genau jene, die mir von Entscheidungsträgern in IT-Unternehmen während Beratungen, Coachings und Trainings regelmäßig als die wichtigsten Gründe genannt werden, wenn diese sich gegen ein Projekt oder gegen einen Anbieter entscheiden.

Lassen wir einen von Ihnen selbst sprechen:

Interview mit Hubert Petz, Chief Process and Information Officer & Head of IT, Leder & Schuh International AG

Die LEDER & SCHUH Gruppe mit den Marken Humanic, jello, Stiefelkönig, shoe4you, Corti und Dominici ist eines der größten Schuhhandelsunternehmen Europas und beschäftigt rund 3.700 Mitarbeiter an mehr als 350 Standorten in 11 Ländern. Die IT des Unternehmens wird zentral aus Graz (A) geführt.

Herr Petz, wenn ein neuer Anbieter bei Ihnen anklopft und Ihnen seine Leistung präsentieren möchte, worauf achten Sie da besonders?

HP: Besonders wichtig ist mir, dass das zentrale Versprechen kurz und bündig bei mir ankommt. Wenn ich nach mehreren Minuten nicht verstehe, worum es geht, stehle ich niemandem länger die Zeit und beende das Gespräch.

Das Angebot muss zu unserem Unternehmen passen. Es macht einen großen Unterschied, ob die Lösung für eine Firma mit zwei Millionen oder mit 100 Millionen Umsatz ideal ist. Ob die Lösung für einen Standort ausgelegt ist oder Niederlassungen in 11 Ländern unterstützen kann.

Oder ob die Software für Kernarbeitszeiten oder für einen 24/7-Betrieb funktioniert.

An die Breitband-Antibiotikum-Lösungen, die für alle passen, glaube ich nicht.

Wie erkennen Sie einen guten Berater?

HP: Die Gesprächsführung ist mir wichtig. Die Berater sollen eloquent und authentisch sein, Ursache-Wirkung-Zusammenhänge sauber und knapp erläutern können. Je schneller ich die Vorteile verstehe, desto besser ist mein Eindruck.

Die Leute müssen in der Lage sein, ein Gespräch zu moderieren mit dem richtigen Mix aus Fragen stellen und Wissen vermitteln. Wer gut Fragen stellt, führt gut und ist hier klar im Vorteil.

Außerdem sollen die Leute fachlich kompetent sein. Mir geht es nicht darum, mit dem ersten Ansprechpartner Details der Implementierung zu diskutieren – aber wenn der Herr oder die Dame schon bei Fragen nach einfachen technischen Zusammenhängen jemanden anrufen muss, dann verstehe ich nicht, was diese Person in meinem Büro zu suchen hat.

Umgekehrt gefragt – was nervt Sie besonders?

HP: Die Gruppe an Beratern, die ich HAC nenne – »Hot Air Consultants«. Viel schöne Verpackung und wenig Inhalt.

Lokale Partner von großen Anbietern ohne eigenes »Pouvoir« sind ebenso häufig eine Zeitverschwendung. Die Verantwortungsstrukturen und Ansprechpartner sind unklar, Entscheidungswege nicht nachvollziehbar. Außerdem haben diese Firmen normalerweise eine permanente Know-how-Fluktuation nach Indien, und wir als Kunde verstehen nicht, wie das Unternehmen wirklich funktioniert.

Zu guter Letzt – die Leute kommen immer wieder unvorbereitet. Regelmäßig fragen mich Verkaufsberater, wie denn die Produktion hier am Standort läuft – dabei wurde das Werk nebenan vor 25 Jahren geschlossen.

Woran erkennen Sie einen schlechten Berater?

HP: Misstrauisch machen mich die überschwänglichen »Speisekartenvorleser«. Aus denen sprudelt es nur so heraus: »Hier ist alles, was ich habe.« Ich vermute, dass viele dieser Personen nicht kompetent genug sind, ein solides Verkaufsgespräch zu führen, und sich dann an ihrem Produktkatalog festhalten.

Phrasendrescherei und Floskeln sind auch ein sicheres Zeichen für unsichere Leute. Wenn mir jemand sagt: »So ein Problem können Sie gar nicht haben, das wir nicht lösen können« – dann weiß ich schon Bescheid.

Abgesehen von schlechten Verkäufern: Was sind die hauptsächlichen Gründe, dass es nicht zu einem Verkauf oder weiteren Gesprächen kommt?

HP: Ich habe keinen Zugang zum Produkt oder zur Dienstleistung gefunden. Der Mehrwert ist entweder gering oder mir unklar.

In anderen Fällen fehlt mir das Vertrauen in den Anbieter. Ich glaube nicht an deren Implementierungsfähigkeiten, und das Experiment ist mir zu riskant.

Bei einigen Anbietern sehe ich zu wenig gemeinsame Interessen und keine Bereitschaft zu investieren – die haben eine »Hit-and-run«-Mentalität.

Worauf warten Sie? Womit kann ein Verkaufsberater bei Ihnen schnell andocken?

HP: Neue Zugänge und gute Ideen sind immer gefragt. Wichtig ist für mich dabei, dass die Ideen nachvollziehbar sind, strukturiert mit klaren Ursache-Wirkung-Zusammenhängen. Und natürlich dass sie nicht nur im Labor funktionieren, sondern auch zuverlässig am »Point of Sale« in mehreren Ländern.

Die richtigen Schlüsselbegriffe müssen fallen: Serviceabläufe besser managen, Transparenz verbessern, Prozesse schaffen, saubere Informationsaufbereitung für Entscheidungen. Das sind Dinge, die mir am Herzen liegen – an denen bin ich interessiert.

Neuigkeiten sind auch wertvoll für mich – nachvollziehbar dargelegt in kurzer Form.

Zum Abschluss: Was ist Ihre Strategie? Wonach treffen Sie Ihre Entscheidungen?

HP: Mein strategisches Credo: Marktführer sind immer Systemführer.

Mein Grundsatz bei der Auswahl von Partnern: Alle kochen mit Wasser. Sie unterscheiden sich nur in den Töpfen und Heizungsmethoden.

Vielen Dank für das Gespräch.

2.2 Warum verstehen Anbieter die Gründe der Kunden nicht?

Grund Nummer eins mag sein, dass Berater und Verkäufer auch nur Menschen sind und Misserfolge leichter wegstecken, wenn sie nicht direkt etwas dafür können.

Für uns alle sind Ursachen für Misserfolge leichter zu akzeptieren, wenn sie von uns nicht beeinflussbar sind: »Ganz ideal lief der Workshop mit dem Kunden nicht, aber wir hatten sowieso von Anfang an keine wirkliche Chance.« Die Tendenz zum »Schönreden« der nicht so gelungenen Verkaufsgespräche ist menschlich – ich ertappe mich selbst auch immer wieder dabei.

Der zweite Grund, warum Anbieter über die wahren Motive der Absage im Unklaren bleiben, ist: Dem Kunden selbst ist nicht eindeutig klar, weshalb er bei diesem Anbieter nicht kaufen will. Er hat einfach »ein schlechtes Gefühl bei der Sache«. Dieses »schlechte Gefühl« ist die Summe einer ganzen Reihe von Unklarheiten, Zweifeln, Sorgen und Wissenslücken. Diese, kombiniert mit fehlendem Vertrauen in den Anbieter, ergeben ein schwer beschreibbares, aber gut spürbares Risiko. Wenn der Kunde ein schlechtes Gefühl bei der Entscheidung für Ihr Projekt hat, ist fast jeder Preis zu hoch.

> **Tipp**
>
> Machen Sie den Test: Das nächste Mal, wenn ein Kunde ein Projekt ablehnt, weil der Preis zu hoch ist, fragen Sie nach:
>
> »Angenommen, ich kann unseren Geschäftsführer dazu bewegen, Ihnen im Preis noch etwas entgegenzukommen – könnten Sie sich dann vorstellen, die Entscheidung noch einmal zu überdenken?«
>
> Wenn die Antwort des Kunden auf dieses Angebot positiv oder neugierig ist:
>
> »Schon möglich, an wie viel Rabatt hatten Sie denn gedacht?« – dann haben Sie es vermutlich tatsächlich mit einem Preisproblem zu tun.
>
> Reagiert der Kunde jedoch auf das Angebot mit den Preisnachlass weiterhin abweisend und ausweichend, verweist dabei auf weitere Gründe oder spricht von einem ungünstigen Zeitpunkt, dann war der Preis vermutlich nicht das ausschlaggebende Kriterium – der wahre Grund ist noch unbekannt.

Der dritte und vielleicht wesentlichste Grund, weshalb Anbieter falsches Feedback bekommen, ist: Die Lieferanten glauben die falschen Gründe, weil ihre Kunden ihnen die falschen Gründe nennen.

Warum geben Kunden ihren Anbietern kein ehrliches Feedback, wenn diese den Verkauf vermasselt haben?

- Die Kunden sind freundliche, höfliche Menschen und wollen dem nicht sehr kompetenten, aber netten und bemühten Verkäufer kein negatives Feedback geben.
- Die Kunden haben sich für die Lösung eines anderen Anbieters entschieden und wollen jetzt nicht weiter Zeit investieren und daher den Verkäufer schnell loswerden.
- Die Kunden fürchten eine unangenehme Auseinandersetzung mit Emotionen, defensiven Argumenten und gegenseitigen Vorwürfen.
- Die Kunden erwarten, dass der Verkäufer versuchen wird, sie wieder umzustimmen.
- Viele der ausschlaggebenden Gründe sind schwer messbar (z.B. »nicht vertrauenswürdig«) und werden »aus dem Bauch heraus« getroffen. Die meisten Entscheidungsträger fühlen sich nicht wohl damit, derartige Entscheidungen erklären und begründen zu müssen.
- Kunden wollen sich nicht mit negativen Äußerungen vom Anbieter trennen, denn die Möglichkeit einer Zusammenarbeit in der Zukunft soll erhalten bleiben.

In all diesen Fällen ist es für den Kunden wesentlich einfacher, die Entscheidung auf den Preis, das fehlende Budget, auf Entscheidungen des Managements oder auf externe Rahmenbedingungen zu schieben. Das geht schneller, kann selten überprüft werden und gibt dem Verkäufer kein negatives Gefühl – er kann dann ja nichts dafür und rettet sein Gesicht. Die Ablehnung belastet damit auch die persönliche Beziehung nicht.

Tipp

Die Chance auf ehrliches Feedback steigt, wenn Sie die oben angeführten sensiblen Themen gezielt und direkt ansprechen, statt allgemein Feedback einzuholen:

»Herr Kunde, ich verstehe, dass Sie das Budget nicht genehmigt bekommen haben. Das ist schade und da kann man wohl nichts machen. Mich würde trotzdem interessieren, ob wir Sie von der technischen Kompetenz unserer Mitarbeiter restlos überzeugen konnten. Können Sie mir dazu eine offene Antwort geben?«

Damit sprechen Sie einen konkreten Punkt an und der Kunde merkt, dass Sie offenbar auch negatives Feedback aushalten, ohne gleich emotional und unangenehm zu werden. Einige Kunden werden daraufhin klare Worte sprechen. Andere werden trotzdem diplomatisch bleiben und Ihnen die Wahrheit zwischen den Zeilen vermitteln, beispielsweise so:

»Wenn wir das Budget bekommen hätten, wäre es vielleicht sinnvoll gewesen, Ihr Team noch durch den einen oder anderen Spezialisten zu verstärken.« Oder:

»Dazu habe ich mir noch keine vollständige Meinung gebildet, aber das hätten wir uns sicher noch im Detail anschauen müssen.«

Ergo: Wenn Sie direkt und konkret fragen und gut zuhören, wissen Sie besser, woran Sie sind.

Der Verkäufer kann nicht immer etwas dafür – leider!

Natürlich passiert es immer wieder, dass Sie einen Auftrag trotz aller Mühe, die Sie sich gegeben haben, nicht gewinnen konnten.

In manchen Fällen sind es Gründe, auf die Sie als Berater keinen Einfluss haben. Manchmal ist es auch einfach Pech. Vielleicht war es auch nur ein Scheinprojekt, um den bestehenden Anbieter im Preis zu drücken oder weil es in der Organisation vorgeschrieben ist, mehrere Angebote einzuholen, obwohl die Entscheidung bereits feststeht.

In anderen Fällen ist die Wahrheit jedoch für den Verkaufsberater unangenehmer: Er hat es einfach vermasselt.

Tatsächlich ist jedoch gerade dieser Grund – dass Sie als Berater selbst an der Absage schuld sind – eine gute Nachricht.

Denn das bedeutet, dass Sie etwas dagegen tun können, um in Zukunft erfolgreicher zu sein, statt einfach auf Glück zu hoffen, dass das nächste Mal nichts dazwischen kommt.

Willkommen im Fahrersitz des Verkaufsprozesses.

Bevor Sie jetzt gleich auf die Tube drücken, lassen Sie uns noch einen Blick auf die vielen Schikanen der vor uns liegenden Strecke werfen.

2.3 Unser Kunde und sein unbekanntes Problem

Kennen Sie das? Ein Kunde interessiert sich für Ihre Leistung. Sie führen gemeinsam eine Analyse der Vorteile durch und erstellen einen Business Case. Die Empfehlung fällt positiv aus. Sie sind für diese Leistung offenbar der beste Anbieter. Trotzdem kauft der Kunde nicht.

Was ist sein Problem, verdammt noch mal?

Meist gibt es nicht DAS Problem, sondern eine ganze Reihe davon. Die gute Nachricht: Sie müssen nicht alle Probleme lösen, sondern nur die wirklich wichtigen. Die weniger gute Nachricht: Die müssen Sie zuerst finden. Dabei hilft Ihnen die Systematik, die wir in diesem Kapitel einführen werden. Die verschiedenen Verkaufshindernisse sind in 4 Kategorien eingeteilt:

Kategorie	Spannungsfeld	Typische Fragen des Kunden
Der Nutzen rechtfertigt die Kosten nicht	Produkt, Leistung, Kosten-Nutzen-Verhältnis	▦ Ist das Angebot wirklich sein Geld wert? ▦ Bringt mir diese Leistung wirklich einen Nutzen? ▦ Ist das nicht zu teuer?
Das Kundenrisiko ist zu hoch	Situation des Kunden, Konsequenzen des Auftrags	▦ Bekomme ich wirklich das, was ich bestelle? ▦ Halse ich mir mit diesem Projekt eine Reihe von neuen Probleme auf? ▦ Was, wenn es schiefgeht?
Mögliche Konflikte zwischen Kunde und Anbieter	Beziehung zum Anbieter, Abhängigkeitsverhältnis	▦ Ist der Anbieter ein guter Partner? ▦ Passt er zu uns? ▦ Können wir mögliche Konflikte gut lösen? ▦ Was bedeutet das für die Zukunft? ▦ Werden wir abhängig?
Der Verkaufsprozess wird ungeschickt geführt	Verkaufsprozess, Vertrauensaufbau	▦ Werde ich als Kunde gut abgeholt? ▦ Ist der Anbieter kompetent? ▦ Ist der Verkaufsberater seriös? ▦ Bekomme ich im Zuge der Verkaufsberatung eine gute Demonstration der zukünftigen Zusammenarbeit?

Jede dieser Kategorien ist in drei Unterpunkte aufgegliedert, damit ergeben sich insgesamt 12 Verkaufshindernisse, die Ihnen als Verkaufsberater auf dem Weg zum Verkaufsabschluss begegnen können.

Kategorie	Verkaufshindernisse
Der Nutzen rechtfertigt die Kosten nicht	1. Kunde erkennt nicht genügend Mehrwert 2. Kunde kann den Nutzen nicht bewerten 3. Kunde fühlt sich nicht angesprochen
Das Kundenrisiko ist zu hoch	4. Persönliche Risiken des Entscheiders 5. Risiken für die betroffenen Bereiche 6. Risiken für das Unternehmen
Mögliche Konflikte zwischen Kunde und Anbieter	7. Konflikte im Projekt 8. Konflikte in der Partnerschaft 9. Konflikte in der gemeinsamen Zukunft
Der Verkaufsprozess wird ungeschickt geführt	10. Unklare Ziele 11. Keine Verkaufsstrategie 12. Ungeschickte Gesprächsführung

Es ist nicht nötig, dass Sie sich alle 12 Hindernisse merken. Beim Durchlesen werden Sie rasch ein Gefühl dafür bekommen, welche dieser Schwierigkeiten für Sie, Ihre Produkte und Ihre Kundengruppe besonders relevant sind. Die Situation ist daher ähnlich einem Schachspieler, der zwar auch 20 Züge zur Auswahl hat, aber aus seiner Erfahrung rasch erkennt, welche 2 davon die vielversprechendsten sind und daher die meiste Aufmerksamkeit bekommen.

Beispielsweise sind die Verkaufshindernisse der Kategorie 1 – »Nutzen vs. Kosten« – umso relevanter, je komplexer und erklärungsbedürftiger Ihre Leistungen sind und je weniger (IT-)Fachwissen Ihr Kunde mitbringt.

Die Verkaufshindernisse aus der Kategorie »Kundenrisiko« sind vielleicht besonders interessant, wenn Ihr Kunde Ihr Produkt für gut befindet, auch den Preis akzeptiert – und trotzdem nicht kauft.

Konzentrieren Sie sich daher auf jene 4 oder 5 Hindernisse, die für Ihre Verkaufssituationen vermutlich die wesentlichen sind. Betrachten Sie die Liste der 12 Verkaufshindernisse in diesem Kapitel als eine Art Buffet: Kosten Sie von allen und entscheiden Sie dann, welche davon für Sie besonders wertvoll sind, und holen Sie von diesen dann einen Nachschlag.

2.4 1. Problemfeld: Der Mehrwert des Produktes rechtfertigt die Kosten nicht

Dieses Problemfeld und die drei damit verbundenen Verkaufshindernisse drehen sich um Ihr Angebot, also um das, was Sie dem Kunden verkaufen wollen.

Auch wenn es für Hersteller, Dienstleister und Verkaufsberater oft schwer zu glauben ist: Ihr Produkt ist möglicherweise ein schlechtes Geschäft für den Kunden. Zumindest glaubt Ihr Kunde das vielleicht – und solange er das glaubt, wird er Ihnen keinen Auftrag erteilen.

Das kann an mehreren Ursachen liegen, die im folgenden Abschnitt untersucht werden.

2.5 Verkaufshindernis 1: Der Kunde erkennt nicht genügend Mehrwert

Der Nutzen rechtfertigt die Kosten nicht	1. Kunde erkennt nicht genügend Mehrwert
	2. Kunde kann den Nutzen nicht bewerten
	3. Kunde fühlt sich nicht angesprochen

Auch in der IT gilt: Manche Produkte und Dienstleistungen sind ihr Geld nicht wert.

Die meisten Hersteller sind davon überzeugt, dass das im Allgemeinen wohl richtig sein mag – auf ihr eigenes System trifft das aber sicher nicht zu.

Fakt ist: Der Anbieter kann gar nicht wissen, ob ein Produkt für einen Kunden Mehrwert bietet oder nicht – denn ohne Mithilfe des betreffenden Kunden hat der Anbieter gar keine Möglichkeit, das festzustellen.

Folgende Fallstudie verdeutlicht dies:

Fallstudie:
Software zur Steigerung der Produktivität von Softwareentwicklungsteams

Der Verkaufsberater Herr August (A) ist durch einen Bestandskunden auf ein kleines IT-Unternehmen mit zwei Entwicklungsteams aufmerksam geworden. Mit der Empfehlung des Kunden in der Tasche hat Herr August den potenziellen Neukunden, Herrn März (M) von PerfectSoft, am Telefon neugierig gemacht und konnte einen Gesprächstermin mit dem Geschäftsführer festlegen.

M: Also, Herr August, Sie meinten am Telefon, dass wir durch Ihre Software 8% unserer Softwareentwicklungskosten sparen können. Das klingt sehr interessant für uns. Ich habe daher auch gleich Herrn Schmitt (S), unseren Teamleiter der Entwicklung, eingeladen.

A: Hervorragend. Ich möchte gleich vorwegnehmen, dass die 8% ein typischer Wert für die Kosteneinsparungen sind, die wir bei anderen Kunden erzielt haben. Wir können diesen Wert nicht garantieren, sind aber davon überzeugt, dass wir eine ähnliche Steigerung auch bei Ihnen erzielen können.

M: Das hoffen wir. Wie kommen die Einsparungen zustande?   →

Fallstudie:
Software zur Steigerung der Produktivität von Softwareentwicklungsteams

A: Nun, die Verbesserung besteht aus der Summe von drei Faktoren. Der erste Faktor ist, dass unser System die Geschwindigkeit des Compilers steigert. Dadurch wird der Code schneller in ein ausführbares Programm übersetzt, und die Entwickler können rascher überprüfen, ob der Code funktioniert. Nachdem ein Entwickler sehr häufig den Compiler benutzt, läppert sich da rasch einiges zusammen. Unsere Beobachtungen haben ergeben, dass sich die Dauer des Vorgangs typischerweise um 30 Sekunden verkürzt. Wenn Sie davon ausgehen, dass der Compiler 60 Mal am Tag gestartet wird, ergibt das eine halbe Stunde Zeitersparnis pro Tag, und das pro Entwickler. Da kommen am Ende des Monats einige Manntage zusammen.

M: Was sagen Sie dazu, Herr Schmitt?

S: Geschwindigkeitssteigerungen beim Compiler sind immer gut. Aber 30 Sekunden halte ich für übertrieben. In den meisten Fällen dauert der Vorgang gar nicht so lange. Ich kann mir auch nicht vorstellen, dass Sie einen 40-Sekunden-Compilervorgang auf 10 Sekunden reduzieren können.

A: Das stimmt. Ich bin überrascht, dass das bei Ihnen so schnell geht. Wir haben Kunden, da dauern die Compilervorgänge schon mal mehrere Minuten.

S: Diese Situation gibt es natürlich bei uns auch. Aber das kommt nicht so häufig vor, sondern nur dann, wenn wir viele Komponenten zusammen kompilieren. In den meisten Fällen arbeiten wir mit kleineren Modulen, das geht dann recht fix. Vielleicht können wir da auch ein paar Sekunden sparen, aber das ist vermutlich kein so großer Vorteil.

A: Aber während der Gesamtkomplilierungsvorgänge würden Sie doch Vorteile erzielen.

S: Vermutlich. Die können schon mal 5-6 Minuten dauern. Wie viel Steigerung wäre da Ihrer Meinung nach drin?

A: Erfahrungsgemäß würde sich das wohl auf 2-3 Minuten reduzieren.

S: Hm, das ist schon ein Vorteil, aber er ist doch nicht so besonders groß. Die Entwickler wären trotzdem in ihrer Arbeit unterbrochen, und normalerweise nutzen sie die Zeit anderweitig, indem Sie sich etwas zu trinken holen, die Toilette aufsuchen, eine Zigarettenpause machen, E-Mails beantworten, Kollegen am Telefon zurückrufen und so weiter. Diese Zeit ist nicht wirklich verloren.

A: Ich verstehe. Vielleicht sind unsere weiteren Optimierungen für Sie hilfreicher. Als Nächstes hätten wir hier die Peer-Sharing-Funktion. Damit können Entwickler ihre neuen Funktionen parallel zur Entwicklungsumgebung auf einem beliebigen Bildschirm ablaufen lassen. So können Kollegen, Kunden, Auftraggeber oder Designer sofort den aktuellen Stand der Software sehen und direkt Feedback geben. Gerade bei der Entwicklung von Benutzeroberflächen ist das ein großer Bonus, der von unseren Kunden sehr geschätzt wird.

M: Haben wir so etwas nicht schon? →

Fallstudie:
Software zur Steigerung der Produktivität von Softwareentwicklungsteams

S: Ja, das ist in der Tat klasse. Wir haben dazu ein Tool, mit dem jeder seinen Bildschirm direkt auf einem großen Monitor im Büro anzeigen lassen kann. Nachdem bei uns alle Projektleute im selben Büro sitzen, ist das die beste Methode.

A: Verstehe. Da haben Sie offensichtlich bereits eine gute Methode gefunden. Immerhin, es zeigt, dass unser Feature grundsätzlich Mehrwert stiftet.

M: Sie sprachen von einem dritten Faktor.

A: Ja, das ist richtig. Dabei geht es vor allem um die Unterstützung von agilen Entwicklungsmethoden bei geografisch verteilt arbeitenden Teams. Unser System erlaubt, die gängigen agilen Fortschrittskontrollen auch digital abzubilden anstatt auf den üblichen Whiteboards oder Pinnwänden. Das ist besonders bei Teams wichtig, die nicht alle am selben Ort sitzen. Aber wenn ich Sie richtig verstanden habe, dann sitzt bei Ihnen das Entwicklungsteam zusammen, also dürfte der Mehrwert für Sie gering sein.

M: Wir haben schon immer wieder mal Telearbeit, oder?

S: Ja, das kann schon vorkommen, dass die Leute zwischendurch zu Hause arbeiten wollen oder müssen.

A: Dann wäre das für Sie interessant?

S: Grundsätzlich ja, aber das Problem ist nicht so groß, da es sich meist immer nur um einen oder zwei Tage handelt. Ich vermute, der Vorteil ist zu gering, um eine Anschaffung Ihres Systems zu rechtfertigen.

M: Von welcher Größenordnung an Investition würden Sie denn bei uns ausgehen?

A: Das kleinste Paket liegt bei 850 € im Monat.

M: Ich glaube, das zahlt sich definitiv nicht aus. Trotzdem vielen Dank für Ihren Besuch, Herr August.

A: Schade, vielleicht ein anderes Mal dann.

Was zeigt diese Fallstudie deutlich:

Manche Systemfunktionen bieten keinen oder nur einen geringen Vorteil (zum Beispiel die kaum wirksame Compilersteigerung im Fallbeispiel). Manche Systemfunktionen bieten zwar einen Vorteil, aber für den Kunden keinen Nutzen (Peer-Sharing-Funktion).

Aber eins nach dem anderen – zuerst ein paar Definitionen:

Exkurs: Funktionen, Vorteile, Kundennutzen

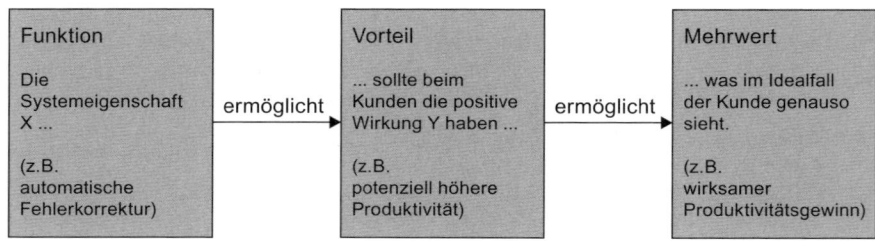

Ein IT-System bietet **Funktionen**, also bestimmte Eigenschaften. Das sind die vielen Dinge, die in den Produktbroschüren und technischen Dokumentationen aufgezählt sind.

Beispiel: Die Möglichkeit, in einer Applikation Makros zu erzeugen.

Clevere Entwickler bauen diese Funktionen ein, um dem Anwender reale **Vorteile** zu verschaffen. Mit Vorteilen werben gute Marketingbroschüren. Kunden interessieren sich nicht für Funktionen, sondern allein für die daraus resultierenden Vorteile.

Beispiel: Zeitersparnis durch automatisierte Vorgänge mithilfe von Makros.

Ob der Vorteil letztendlich zu einem **Mehrwert oder Nutzen** für den Kunden wird, kann nur dieser selbst entscheiden. Nur ein solider Mehrwert wird eine Kaufentscheidung auslösen. Tausende von Vorteilen ohne Nutzen werden das nicht.

Beispiel: Der Kunde glaubt, dass es in seiner Arbeit viele Vorgänge gibt, die mit Makros automatisiert werden können. Gemeinsam mit dem Verkaufsberater schätzt dieser die Zeitersparnis auf 30 Minuten täglich pro Mitarbeiter, was für den Kunden sehr interessant ist. Ebenso erwarten beide eine geringere Fehlerquote, was für den Kunden auch wichtig ist.

Gegenbeispiel: Es gibt niemanden im Unternehmen, der sich mit der Erstellung von Makros beschäftigen will. Der Vorteil verpufft

> **Tipp**
>
> In Marketingbroschüren und Unterlagen zu einem Produkt sind ausschließlich Funktionen und Vorteile beschrieben – nie der Mehrwert für den Kunden. Sie können dem Kunden zwar mehr oder weniger konkrete Hinweise auf einen möglichen Mehrwert geben – bestätigen kann ihn nur der Kunde selbst.
>
> Kunden kaufen Software ausschließlich aufgrund dieses Mehrwertes, niemals aufgrund von Vorteilen oder wegen Funktionen.
>
> Daher:
>
> - Schlechte Verkäufer zählen Systemfunktionen auf.
> - Bessere Verkäufer erklären dem Kunden die daraus resultierenden Vorteile.
> - Die besten Verkäufer erarbeiten mit dem Kunden *gemeinsam* den daraus entstehenden Mehrwert.

Lassen Sie sich nicht täuschen, wenn versierte Kunden direkt Funktionen nachfragen. Kunden mit genügend Wissen sind geübt darin, Funktionen selbstständig in Vorteile und schließlich in Nutzen für sich zu übersetzen.

Wenn sich ein Interessent für ein Automobil nach der PS-Zahl *(Funktion)* erkundigt, interessiert diesen nicht die Motorleistung, sondern die Beschleunigung, die Höchstgeschwindigkeit oder der Eindruck auf Bekannte, den er damit erzielen kann *(Vorteile)*. Diese Vorteile des Wagens wiederum machen es ihm möglich, rascher ans Ziel zu kommen, leichter zu überholen oder im Freundeskreis anerkannt zu werden *(der wahre Kundennutzen)*.

Genauso interessiert den Kunden, der nach dem Prozessortakt fragt, in Wahrheit nicht die Frequenz *(Funktion)*, mit der der Prozessor angetrieben wird, sondern ob damit auch ressourcenintensive Programme und Betriebssystemstarts flott laufen *(Vorteil)* und der Prozessor ihm als Anwender daher Zeit und Nerven spart *(Nutzen)*.

Stell dir vor, das Angebot ist großartig – und der Kunde versteht es nicht

Der Verkaufsberater in unserer Fallstudie besaß ein großes Plus. Obwohl der Kunde keinen großen Nutzen festgestellt hat, waren alle drei vom Verkaufsberater vorgestellten Systemvorteile für den Kunden attraktiv. Dies ist definitiv nicht immer der Fall. Viele Verkaufsberater sind sogar überrascht, wenn der Kunde die angepriesenen Vorteile nicht als Mehrwert (Kundennutzen) anerkennen will. Dann beginnt der Berater zu argumentieren und seine Sichtweise mit Beispielen zu illustrieren. Umsonst, denn der Kunde lässt sich weiterhin nicht überzeugen. Wenig überraschend, denn er kann seinen Nutzen nicht erkennen. Hier einige Beispiele:

Wenn der Kunde den Vorteil nicht anerkennen will

▦ *Angepriesener Vorteil:*
»Unser Produkt ist Open Source.«

▦ *Kundenargument:*
»Die Lizenzkosten unseres bisherigen Herstellers sind gering und wir haben kein Interesse am Source Code. Ob wir für Wartung und Anpassung nun vom Hersteller abhängig sind oder von einem Open-Source-Dienstleister wie Ihnen ist für uns Jacke wie Hose.«

▦ *Angepriesener Vorteil:*
»Unser Produkt bietet die höchste Security.«

▦ *Kundenargument:*
»Ich teile diese ständige Hacker-Paranoia nicht. Außer in Presseberichten habe ich noch nie von jemandem persönlich gehört, dass ihm oder ihr durch Hacker Verluste entstanden sind. Ich halte das für Panikmache der Hersteller, damit wir deren Sicherheitsprodukte kaufen.«

▦ *Angepriesener Vorteil:*
»Unser Produkt spart den Anwendern Zeit.«

▦ *Kundenargument:*
»Ich sehe die Mitarbeiter sowieso ständig beim Plaudern, Kaffeetrinken und Zigarettenrauchen. Wozu soll ich Geld ausgeben, damit sie noch mehr Zeit für diese nutzlosen Tätigkeiten haben?«

▦ *Angepriesener Vorteil:*
»Unser Produkt ist besonders benutzerfreundlich – das bestätigen unabhängige Tests.«

▦ *Kundenargument:*
»Ich habe noch nie gehört, dass es mit der Benutzerfreundlichkeit unseres aktuellen Systems ein Problem gibt. Es ist schon etwas betagt und erfüllt vielleicht nicht mehr die modernen Ansprüche ans Design, aber alle unsere Mitarbeiter kennen sich gut damit aus und arbeiten schnell und fehlerfrei mit dem System.«

Ob der Kunde mit seinen Einwänden recht hat oder nicht – eine Debatte mit vielen Argumenten auf beiden Seiten wird Sie auf keinen Fall bei einem Verkaufserfolg unterstützen. Lassen Sie sich erst gar nicht darauf ein. Am besten, Sie vermeiden einen derartigen Schlagabtausch von vornherein.

Sie können solchen Situationen vorbeugen, indem Sie Ihren Vorteilen keinen Kundennutzen unterstellen, überlassen Sie dies dem Kunden. Dieser hat nämlich alle möglichen Gründe, warum er aus Ihren tollen Vorteilen keinen Mehrwert ziehen kann:

Warum Kunden aus Vorteilen keinen Nutzen ziehen:

▦ **Gute Alternativen**

Es gibt zwar einen attraktiven Vorteil, aber der Kunde hat eine gute Alternative (wie im Fallstudien-Beispiel die Screen-Sharing-Option). Softwareanbieter, die damit werben, dass ihr System das einzige ist, das eine bestimmte Funktion anbietet, vergessen häufig, dass der Kunde bisher seine eigene Methode hatte, das Problem zu lösen und sei es vielleicht durch einen Klebezettel am Monitor.

Zum Beispiel steht die Handy-App, über die Filmliebhaber Kinokarten kaufen können, in erster Linie nicht in Konkurrenz mit anderen mobilen Applikationen, sondern vor allem mit Kinokassen, Automaten im Kinofoyer, Internetseiten und dem Telefonservice.

▦ **Opportunitätskosten**

Der Kunde erkennt den Vorteil des Projektes an, er kann seine Ressourcen jedoch auch anderweitig in attraktive Projekte investieren. Muss sich der Kunde zwischen einem Kostensenkungsprogramm und einem Programm zur Gewinnsteigerung entscheiden, dann wird er jenes favorisieren, das ihm letztlich mehr Profit in der Kasse lässt. Der Anbieter, der von diesen lohnenden Alternativen meist nichts weiß, versteht den Kunden gar nicht mehr: »Der lässt doch tatsächlich das Geld auf der Straße liegen. Ich glaub's nicht!«

▦ **Kunden bewerten die Vorteile und Risiken anders als Hersteller**

Die Aufwände, Risiken und Kosten für Systemumstellungen, Technologiewechsel und organisatorische Veränderungen, die mit einem neuen IT-System einhergehen, werden von Kunden normalerweise wesentlich aufwendiger, risikoreicher und teurer bewertet als vom Anbieter. Umgekehrt ist der Kunde meist skeptisch gegenüber den optimistischen Schätzungen der Kosteneinsparungspotenziale und Produktivitätssteigerungen. Außerdem erwartet der Kunde häufiger negative Sekundäreffekte.

▦ **Vorbedingungen**

Das vorgestellte Projekt ist für den Kunden attraktiv, er kann es jedoch nicht gleich umsetzen, da die Grundlagen im Unternehmen dafür noch nicht geschaffen sind. In einem mir bekannten Fall wollte der Kunde zuerst seinen EDV-Leiter »loswerden«, der sich mit allen Kräften gegen die Einführung eines bestimmten Produktes sträubte. Da es sich das Unternehmen jedoch nicht leisten konnte, die Position des EDV-Leiters unbesetzt zu lassen, wurde zuerst im Hintergrund nach einem neuen EDV-Leiter gesucht. Natürlich wurde der Anbieter über ein derart heikles Thema nicht unterrichtet. Die Suche hat sich über ein Jahr hingezogen, das Projekt wurde in dieser Zeit auf Eis gelegt.

Andere Vorbedingungen sind beispielsweise Reorganisationsmaßnahmen, der Abschluss bereits laufender Projekte, momentan blockierte Ressourcen oder die Erstellung neuer Budgets.

Gegenüber einigen dieser Gründe sind Sie machtlos, andere können Sie als geschickter Berater zumindest frühzeitig erkennen.

Geeignete Fragetechniken dazu werden Sie in Kapitel 4 »Werkzeuge für den IT-Verkaufsberater« kennenlernen.

Individualsoftware setzt doch Kundennutzen automatisch voraus – oder?

Vordergründig ist das korrekt: Bestellt der Kunde eine individuell entwickelte Software, erkennt der Kunde offensichtlich den Mehrwert.

Trotzdem kann es für Verkaufsberater zu unangenehmen Überraschungen kommen:

- Wenn neben den essenziellen Funktionen während der Spezifizierung noch eine Menge Funktionen in das Pflichtenheft aufgenommen worden sind, die geringen Mehrwert leisten. Damit fällt der Preis im Angebot für die Software dann höher aus als erwartet und das Verhältnis Mehrwert zu Kosten des Gesamtsystems passt nicht mehr.
- Wenn der Kunde sich noch im Stadium »Was kann denn so etwas kosten?« befindet. Erst dann, wenn eine Größenordnung für das Projekt vorliegt, kann ernsthaft über eine mögliche Anschaffung diskutiert werden. Erhält der Kunde dann das Angebot, kommt die Erkenntnis: »Was? So viel Geld soll das kosten, dass wir uns vier Mal im Jahr ein paar Überstunden sparen?«

  Als Anbieter hören Sie dann oft »zu teuer«. Dies ist für Anbieter besonders lästig, da für einen Designvorschlag, eine Angebotskalkulation und das Verfassen eines aussagekräftigen Angebots viel Aufwand entsteht.
- Besonders trügerisch ist es, wenn ein engagierter Mitarbeiter oder eine ambitionierte Mitarbeiterin des Unternehmens sich eine IT-Innovation in seinem bzw. ihrem Bereich vorstellt, der Chef von der Idee aber wenig hält. Um den Mitarbeiter nicht zu enttäuschen, lässt der Chef zu, dass der Mitarbeiter sich »einmal schlau macht über mögliche Angebote«. Letztlich geht der Vorgesetzte davon aus, dass sich das Thema dann von selbst über das Preisargument oder einen anderen Makel erledigt. Ein Haar in der Suppe lässt sich schließlich immer finden. Den Preis zahlen Sie als Anbieter in Form leerer Kilometer.

Tipp

Wie vermeiden Sie hohe Aufwände für die Angebotsgestaltung, hinter denen keine reelle Kaufabsicht steht?

Meine Erfahrung: Zumindest in drei von vier Fällen erkennen Sie dies bereits durch Nachfragen wie: »Gibt es für die Anschaffung bereits eine fixe Entscheidung oder möchten Sie erst mal eine Größenordnung haben, wie viel so was kosten könnte?«

Gerade Nicht-IT-Kunden sind sich selten darüber bewusst, mit wie viel Aufwand eine Angebotserstellung tatsächlich verbunden ist. Als Verkaufsberater mit Zuhörerqualitäten werden Sie also meist heraushören, ob der Kunde bereits konkrete Vorstellungen hat oder noch beim »Vorfühlen« ist. Im letzteren Falle können Sie mutig mit groben Größenordnungen ins Rennen gehen:

»Nach dem, was Sie mir jetzt erzählt haben und aus Erfahrung mit ähnlichen Projektgrößen, kann ich Ihnen als ganz grobe Schätzung sagen, dass der Aufwand zwischen 35.000 € und 80.000 € liegen sollte, abhängig vor allem von der Anzahl der Schnittstellen. Ich weiß, das ist eine große Spannbreite, aber das kann ich jetzt schon mal abschätzen, bevor wir alle mehr Zeit in eine Detailanalyse stecken.«

Wenn Sie jetzt von Ihrem Ansprechpartner ein »Oh je« hören, dann haben Sie sich gerade viel Zeit gespart.

Meint der Ansprechpartner umgekehrt: »Also 80.000 wären schon viel, aber mit 30.000 hätte ich schon gerechnet. Für die Vorlage beim Chef bräuchte ich aber etwas genauere Zahlen«, dann wissen Sie schon mal, dass der Kunde ernsthaft an einer Zusammenarbeit mit Ihnen interessiert ist und realistische Vorstellungen hat.

Wenn Sie es jetzt noch schaffen, dass Sie auch einmal direkt mit dem Chef sprechen können, bevor Sie sich an die Kalkulation machen, dann stehen Ihre Chancen ganz gut, zu einem Projekt zu gelangen.

Zusammenfassung Verkaufshindernis 1:
»Der Kunde erkennt nicht genügend Mehrwert«

Wenn Ihr Kunde keinen Mehrwert erkennt, dann kann das an Folgendem liegen:

- Ihre Leistung liefert dem Kunden effektiv wenig oder keinen Mehrwert. Dann sind Sie mit Ihrer Leistung beim falschen Kunden gelandet.
- Die Investition des Kunden ist im Verhältnis zum Nutzen zu hoch. »Me-too«- und »Nice-to-have«-Produkte riskieren immer den Preiskampf.
- Der Kunde hat gute Alternativen, hohe Opportunitätskosten, braucht bestimmte Vorbedingungen oder er bewertet die Kosten anders als Sie. Diese Gründe umfassend zu identifizieren ist auch für erfahrene Verkaufsberater eine Herausforderung. Diese zu erkennen, ermöglicht es Ihnen allerdings, entsprechende Lösungen anzubieten.
- Es gibt kein wirkliches Projekt. Finden Sie das rasch heraus und verabschieden Sie sich dann höflich, bevor Sie viel Zeit und Geld investieren.

2.6 Verkaufshindernis 2:
Ihr Kunde kann den Mehrwert nicht bewerten

Ihr Produkt ist gut – aber wie gut?

Der Nutzen rechtfertigt die Kosten nicht	1. Kunde erkennt nicht genügend Mehrwert
	2. Kunde kann den Nutzen nicht bewerten
	3. Kunde fühlt sich nicht angesprochen

Fallstudie:
Aufbau eines Data Warehouse

Martin Trost (T) ist der IT-Architekt eines Unternehmens. Der neue Finanzchef, Herr Kaiser (K), hat ihn damit beauftragt, eine Lösung zu finden, damit die monatlichen Finanzkennzahlen schneller zur Verfügung stehen.

K: Also, Herr Trost, worum geht es?

T: Herr Kaiser, es geht um Ihre Anforderung, dass die Monatsberichte früher fertig werden sollen.

K: Natürlich sollen sie das. Was soll ich mit einem Monatsbericht anfangen, der wie derzeit üblich erst am 15. des Folgemonats fertig ist? Mit solchen Werkzeugen lässt sich ein Unternehmen heutzutage nicht mehr kaufmännisch sinnvoll führen.

T: Genau deshalb haben wir bereits ein Lösungskonzept mithilfe eines externen Beraters ausgearbeitet. Wir glauben, dass der Aufbau eines Data Warehouse der beste Ansatz wäre.

K: Kommen Sie mir bitte nicht mit technischen Fachbegriffen.

T: Es geht um eine technische Lösung. Wenn Sie verstehen wollen, wie das funktionieren soll, wäre es sicher hilfreich, wenn ich Ihnen zuerst einige Grundlagen erläutere.

K: Herr Trost, man muss kein Huhn sein, um zu wissen, wie ein Ei auszusehen hat. Wie Sie Ihre Lösung aufbauen, ist mir egal, ich will nur meine Zahlen pünktlich, genau und zuverlässig vorliegen haben.

T: Schauen Sie, das Problem besteht derzeit darin, dass die einzelnen Kennzahlen in der Produktion, im Vertrieb, im Lager und in der Buchhaltung jeweils mit unterschiedlichen Systemen erfasst werden. Diese müssen anschließend manuell konsolidiert werden.

K: Das kann doch nicht zwei Wochen dauern! →

Fallstudie:
Aufbau eines Data Warehouse

T: Die Daten zusammenzufassen, dauert in der Tat nicht so lange. Aber praktisch jedes Mal gibt es Inkonsistenzen in den Daten, die wir dann einzeln mit den Abteilungen prüfen müssen. Das dauert oft mehrere Tage. Danach müssen die Zahlen noch im Gesamten kontrolliert und von den einzelnen Bereichen bestätigt werden. Da sind die zwei Wochen schnell um.

K: Meine Güte, das sind ja steinzeitliche Verhältnisse. Können Sie das nicht automatisieren?

T: Genau das würde ein Data Warehouse übernehmen. Die Daten werden von den einzelnen Bereichen regelmäßig abgerufen, sofort überprüft und am Ende des Monats wären die Daten praktisch auf Knopfdruck verfügbar. Inkonsistenzen würden sofort erkannt werden, nicht erst beim Monatsbericht.

K: Hervorragend. Worauf warten Sie noch?

T: Nun ja, so ein Data Warehouse ist eine aufwendige Technologie. Neben neuen technischen Systemen bräuchten wir neue Mitarbeiter und die bestehenden Systeme müssten adaptiert werden. Das heißt, wir müssten weitere Datenbanken betreiben und auch das entsprechende Know-how bei den Mitarbeitern aufbauen sowie ...

K: Stopp, Herr Trost. Ich möchte die Zeit wissen und nicht, wie man eine Uhr baut. Von welcher Größenordnung des Projektes reden wir hier?

T: Unsere ersten, groben Schätzungen gemeinsam mit dem erfahrenen Berater gehen von Investitionen in Höhe von 450.000 € aus sowie zwei weiteren Mitarbeitern und ...

K: Trost, sind Sie noch bei Sinnen? Wir sind mitten in einem Konsolidierungsprozess, da versteht doch jeder, dass es da kontraproduktiv ist, neue Mitarbeiter einzustellen. Und Kosten in der Höhe einer halben Million – glauben Sie, die kann ich mir aus den Fingern saugen?

T: Herr Kaiser, das ist eine sehr konservative Schätzung ...

K: Diese konservativen Schätzungen kenne ich schon. Herr Trost, ich bin noch nicht lange in dieser Firma, aber ich habe trotzdem schon ein paar Jahre auf dem Buckel und das ist nicht mein erstes IT-Projekt. Bisher war es noch immer so, dass es am Schluss viel mehr gekostet hat als geplant und noch nie war jemand schuld daran. Das klingt mir alles viel zu kompliziert. Denken Sie sich etwas Besseres aus und versuchen Sie dieses Mal, das Problem nicht mit einer Materialschlacht zu gewinnen.

T: Herr Kaiser, wir haben bereits mehrere Alternativen erwogen und sind zum Schluss gekommen, dass die Data-Warehouse-Lösung die beste für uns ist.

K: Dann ziehen Sie das nächste Mal nicht IT-Berater hinzu, die sind doch alle technikverliebt und können nicht über den Tellerrand schauen. Ich hoffe, Sie haben für diese unproduktive Beratungsleistung nicht auch noch viel Geld ausgegeben.

Diese Geschichte ist ein Klassiker. Eine Person aus dem höheren Management ohne IT-Hintergrund – in unserer Geschichte der neue Finanzboss – bestellt eine Lösung für sein Problem. Der IT-Experte, hier Herr Trost, bekommt zuerst freie Hand bei der Suche nach möglichen Alternativen. Da das Problem so klingt, als würde das Wohl der Firma auf Gedeih und Verderb von einer sofortigen Lösung abhängen, gibt es für den Spezialisten auch keinen Grund, sich im Umfang und den Kosten selbst Grenzen zu setzen: »Wenn der Chef eine gute Lösung braucht, bekommt er auch eine.«

Viel Engagement, Fachwissen und Teamarbeit fließen in die Ausarbeitung eines Vorschlags ein. Mit viel Stolz wird dieser präsentiert – und nach wenigen Minuten zertrümmert. Zu teuer, zu kompliziert, zu langwierig, zu aufwendig, zu risikoreich.

»Das hätte sich der Herr Chef doch auch früher überlegen können – dann wären die Einschränkungen auch berücksichtigt worden«, denken sich die Beteiligten. Stimmt, hätte er tun können. Andererseits – Herr Trost hätte auch nachfragen können.

Wer Unklarheiten im Raum stehen lässt, ist auf eigene Gefahr in unsicheren Gewässern unterwegs.

Vielleicht denken Sie jetzt: »Aber die Anforderung war doch klar; der Finanzchef hat genau beschrieben, was er braucht: korrekte Zahlen zu dem frühestmöglichen Termin, um rasch relevante Managemententscheidungen treffen zu können.«

Stimmt, soweit war die Anforderung klar. Was allerdings weiterhin unklar ist: Welche Vorteile das für den Finanzchef, die Finanzabteilung oder das Unternehmen bringt. Oder welche Nachteile dies vermeiden soll.

Angenommen, Herr Trost hätte seinen Finanzchef gleich zu Beginn gefragt: »Was passiert, wenn wir das aktuelle System beibehalten?«

Mögliche Antworten und dahinter liegende Motive des Vorgesetzten:

- **Variante 1**

  »Herr Trost, ich sage Ihnen nicht, wie Sie Ihre Arbeit machen sollen, also lassen Sie es meine Sache sein, wie ich meinen Job erledige. Ich bin es gewohnt, aufgrund von aktuellen Zahlen rasche Entscheidungen zu treffen und bin mein Leben lang gut damit gefahren. Deswegen halte ich das auch weiterhin so.«

  (Motiv: Chef will so arbeiten wie gewohnt)

Variante 2

»Dann passiert zukünftig regelmäßig genau das, was letzten Monat passiert ist: Die Zahlen kommen zu spät rein, der Einkauf bestellt daher zu spät, die Produktion steht, weil bestimmte Teile nicht vorrätig sind. Dafür können wir später Expresszuschläge zahlen, Überstunden und einen fetten Extrarabatt, damit uns der Kunde nicht das Projekt storniert. Letztes Mal hat uns der Spaß sicher 30.000 € gekostet.«

(Motiv: Unnötige Kosten vermeiden)

Variante 3

»Was glauben Sie, warum ich jetzt hier in diesem Unternehmen bin? Wir machen mehr Umsatz als der Wettbewerb, aber weniger Gewinn – mit anderen Worten: Unsere Betriebskosten sind im Branchenvergleich zu hoch. Damit muss jetzt Schluss sein; mittelfristig brauchen wir 10% mehr Kosteneffizienz. Damit das Management bei den nötigen Maßnahmen nicht wahllos in blinden Aktionismus verfällt, brauchen wir vernünftige Zahlen. Nur so können wir sauber agieren und das muss jetzt in alle Köpfe des Unternehmens rein – und ich fange damit an.«

(Motiv: Unternehmensstrategie unterstützen)

Variante 4

»Das kann ich Ihnen sagen. Unser Unternehmen will kräftig wachsen und zur Finanzierung werden wir eine Unternehmensanleihe auflegen – davon haben Sie wahrscheinlich schon gehört. Da geht es um zweistellige Millionenbeträge. Glauben Sie, ich habe eine realistische Chance, so eine Anleihe bei der Finanzmarktaufsicht durchzukriegen, wenn wir nicht einmal ein automatisches Berichtssystem haben und die Zahlen nicht jedes Mal zeitgerecht liefern können?«

(Motiv: Unternehmensfinanzierung sichern)

Was glauben Sie: Ist das Projektbudget in allen diesen Varianten immer gleich hoch? Mit Sicherheit nicht. Vermutlich ist das Budget im ersten Szenario am geringsten und im letzten am größten.

Ist es nun Ihre Aufgabe, als IT-Profi für jede Anforderung selbst den entsprechenden Business Case – also eine Kosten-Nutzen-Rechnung – zu erstellen? Nein, ist es nicht. Aber was hilft Ihnen das, wenn es sonst niemand erledigt?

Wenn Sie hingegen die Initiative ergreifen und einen Business Case erstellen, bzw. den Kunden dabei unterstützen, den Mehrwert greifbar zu machen und klar darzustellen, haben Sie als Verkaufsberater gleich mehrere Vorteile:

- Der Mehrwert des Projektes wird für alle sichtbar. Für Sie, für Ihren Kunden und für den Vorgesetzten des Kunden. Alle reden vom Gleichen und wissen, um welchen Wert es geht.
- Sie können sich selbst klare Grenzen setzen. Wenn Sie bereits beim ersten Nachfragen erkennen, dass es sich in erster Linie nur um eine Marotte des Chefs handelt, dann ist ein Data Warehouse als Lösung vermutlich zu hoch gegriffen (Na gut, kommt auf den Chef an :-)).
- Ihr Kunde begreift selbst, was auf dem Spiel steht. Mit Ihrer Hilfe wird ihm vielleicht zum ersten Mal bewusst, dass sein Problem viel größer ist als vermutet. Damit steigt die Wahrscheinlichkeit, einen guten Preis durchzusetzen oder als interner Verkäufer gute Unterstützung zu bekommen.
- Die Qualität Ihrer Beratungsleistung wird besser wahrgenommen (»Endlich mal ein Berater, der wirklich weiß, worum es geht.«).

Warum ein unklarer Nutzen Ihnen im Weg steht

Wenn Sie mit einem nicht greifbaren Nutzen gegen einen sehr greifbaren Preis antreten, sind Sie regelmäßig auf der Verliererseite. Denn für die meisten Menschen gilt: Im Zweifelsfall lieber gar nichts tun, als eine Dummheit machen.

Wer sich nicht auskennt, entscheidet nicht
Vielleicht haben Sie persönlich auch schon die Erfahrung gemacht, dass Entscheidungen schwer fallen, wenn Sie selbst kein Experte auf dem Fachgebiet sind und es um beträchtliche Kosten geht, beispielsweise bei der Investition in Finanzprodukte, in Immobilien oder in Vorsorgestrategien.
Jede Person, die Sie nach ihrer Meinung fragen, erzählt Ihnen etwas anderes und richtig sicher fühlen Sie sich bei keinem der Ratschläge. Ergebnis: Plötzlich wirken alle Varianten entweder teuer, risikobehaftet oder inflexibel.
So kommt das Gefühl auf, dass es besser ist, erst mal gar nichts zu entscheiden. Vielleicht kommt ja noch jemand mit einer guten Idee daher.
Kunden geht es bei IT-Projekten oft genauso.

Motive, die auf den ersten Blick sehr klar wirken.
Halten diese auch einem zweiten Blick stand?

▫ »Damit können wir Kosten sparen.« Das mag bei einem Unternehmer oder einer Privatperson ein klares Argument sein – bei einem Manager in einem Konzern schon weniger. Dieser hat nämlich meist ein fixes Jahresbudget zur Verfügung. Kosten, die gespart werden, fließen ihm nicht direkt zu, sondern bestenfalls in andere Abteilungen oder Budgetposten. Der wahre Wert der Kosteneinsparung ist daher der Wert der Leistungen, die damit alternativ beschafft werden (beispielsweise Beratungsleistungen oder Mitarbeiterprämien). Das kann ein Mehrwert sein – oder auch nicht.

▫ »Das ist gut für die Motivation der Mitarbeiter.« Diese Aussage macht mich regelmäßig skeptisch. Zwar habe ich die Erfahrung gemacht, dass den meisten Managern durchaus an der Motivation ihrer Mitarbeiter liegt. Ob Manager und Mitarbeiter dieselben Maßnahmen für eine verbesserte Motivation ins Auge fassen, ist jedoch eine andere Sache.

▫ »Das erhöht die Produktivität unserer Leute.« Diese Aussage ergibt durchaus einen Sinn. Zweifeln lässt mich dabei, dass Produktivität von Mitarbeitern und vor allem von Teams nur in wenigen Fällen sinnvoll und präz se gemessen werden kann. Es wird daher schwierig werden, in so einem Fall konkrete Verbesserungen auch in konkreten Zahlen darzustellen und letztlich auch nachzuweisen. Abgesehen davon – woher weiß der Kunde, dass es konkretes Potenzial für Verbesserungen gibt?

▫ »Das ist gut für unser Image.« Wirklich? Den Wert des Image für ihr Unternehmen können nur wenige Profis gut beschreiben. Für die meisten anderen ist es vielmehr eine Umschreibung von »irgendwie ist irgendwas danach besser«.

▫ »Wir müssen unsere Führungsposition durch Innovation festigen.« Auch so ein Begriff, der zunächst gut klingt, aber wenig aussagt. Meist steckt dahinter, dass der Kunde »irgendwas Neues« einführen will, um irgendjemanden zu beeindrucken – den Vorstand, die Kollegen, die Mitbewerber, die Kunden, die Börse. Das ist nichts grundsätzlich Schlechtes, es wird nur schwierig werden, den Mehrwert klar und deutlich herauszuarbeiten.

In all diesen Fällen lohnt es sich für den IT-Verkaufsberater »nachzubohren«, um den wahren Nutzen sichtbar – und im Idealfall auch zählbar – zu machen. Im Idealfall lässt sich der Mehrwert in derselben Einheit ausdrücken wie die Kosten:

»Die Einführung dieses Open-Source-Supportticket-Systems kostet unser internes Team geschätzte 20 Manntage an Aufwand inklusive Konfiguration und Training. Umgekehrt erwarten wir uns eine Zeitersparnis von 1-2 Stunden für jeden der 5 Mitarbeiter am Tag. Damit rentiert sich das Projekt selbst im konservativen Fall bereits nach 2 Monaten.«

Wie wir dem Kunden helfen, den Mehrwert klar und griffig herauszuarbeiten, erfahren Sie ausführlich in Abschnitt 4.2.

2.7 Verkaufshindernis 3:
Der Kunde fühlt sich von Ihrem Angebot nicht angesprochen

Sie verkaufen Ihr Projekt hervorragend – leider der falschen Person.

Der Nutzen rechtfertigt die Kosten nicht	1. Kunde erkennt nicht genügend Mehrwert
	2. Kunde kann den Nutzen nicht bewerten
	3. Kunde fühlt sich nicht angesprochen

Wie kann es sein, dass Sie die falsche Person ansprechen? Ein häufiger Grund ist, dass nicht klar ist, wer denn der wirkliche Kunde des Projektes ist.

Wer ist der Kunde?

Der Kunde ist nicht das Unternehmen, nicht der Anwender, nicht der Manager, nicht der Projektleiter.

Der Kunde ist derjenige, der die Entscheidung trifft, ob für Ihr Projekt Geld ausgegeben wird oder nicht.

Das ist die Person, die Sie auf alle Fälle überzeugen müssen.

Wenn es Ihnen gelingt, jede einzelne Person im Unternehmen für Ihre Idee, Ihre Leistung oder Ihr Produkt zu gewinnen – aber nicht diese eine Person, die Sie auch bezahlen kann, dann bleiben Sie erfolglos. →

Wer ist der Kunde?

Natürlich sind meist auch andere Personen neben dem Kunden zu überzeugen, wie eben Projektleiter, Einkaufsmanager, Endanwender, Controller. Diese nenne ich »Stakeholder« oder Beteiligte. Meist beeinflusst die Meinung, die Empfehlung und das Commitment dieser Personen die Wahrscheinlichkeit eines erfolgreichen Abschlusses. Diese Personen *sollten* Sie daher für sich gewinnen.

Der Kunde hingegen ist die Person, die am Ende den Daumen hebt oder senkt. Diese Person *müssen* Sie für sich gewinnen.

Wenn der Kunde sich nicht angesprochen fühlt – dann kann das an drei Gründen liegen:

- Sie verkaufen an die falsche Person (nicht an den Kunden).
- Sie haben keinen Zugang zur richtigen Person (den Kunden) und müssen an eine Mittelsperson verkaufen.
- Sie verkaufen an die richtige Person (den Kunden), allerdings nicht in der für die Person angemessenen Art.

Wenn der Kunde nicht der Kunde ist

Der Verkaufsberater kommt zurück ins eigene Unternehmen.

»Wie lief es denn bei dem Interessenten?« fragt der Chef.

»Super!«, schwärmt der Berater. »Die waren begeistert von unserem Produkt und wollen auch fast die ganze Palette an Zusatzdienstleistungen haben. Die haben jede Menge Fragen gestellt. Was wir anbieten, passt perfekt zu ihren Anforderungen. Ich glaube, da kann nichts mehr schiefgehen.«

Erfahrene Berater haben gelernt, in solchen Situationen noch nicht den Champagner zu kühlen. Denn häufig sind die Personen, mit denen Sie zuerst in Kontakt kommen, an Ihnen und dem Produkt durchaus interessiert. Wenn diese Personen jedoch nicht entscheidungsbefugt sind und kein Budget bereitstellen können, nützt Ihnen das als Anbieter erst mal wenig.

Wann ein Kunde kein Kunde ist – typische Situationen:

- Eine engagierte Mitarbeiterin ergreift die Initiative und kontaktiert einen Anbieter, um ein Problem des Unternehmens zu lösen. Bei den restlichen Kollegen und Vorgesetzten trifft der Vorschlag auf wenig Gegenliebe und die Unterstützung bleibt aus.
- Eine Person im Unternehmen interessiert sich »einfach mal so, um auf dem Laufenden zu bleiben«. Dafür gibt es verschiedene Gründe: Weil sie sich privat dafür interessiert, weil der Person langweilig ist, weil man Kontakte und Informationen immer gut gebrauchen kann. Im akademischen Bereich dienen solche Informationen häufig für Forschungsarbeiten.

→

Weitere hilfreiche Fragen finden Sie in Kapitel 4 »Werkzeuge für den IT-Verkaufsberater«.

Wichtig ist, dass Sie möglichst rasch erfahren, wer denn über die Entscheidungsgewalt oder das entsprechende Budget verfügt.

Kollegen in den USA sind hier pragmatisch direkt und fragen einfach nach. Im deutschsprachigen Raum ist meist Diplomatie gefragt, wenn Sie nicht riskieren wollen, dass Ihr Ansprechpartner sich durch diese Frage herabgesetzt fühlt. Denn nicht alle Personen geben gerne zu, dass Sie nichts zu entscheiden haben.

Tipp

Elegante Fragen nach den Entscheidungsträgern:

- Wie sieht denn bei Ihnen im Unternehmen der typische Weg eines solchen Projektes aus vom Erstkontakt bis zur Inbetrebnahme?
- Wen hier im Unternehmen müssen wir außerdem für das Projekt gewinnen?
- Vermutlich werden sich noch weitere Personen in die Projektentscheidung mit einbringen wollen. Wen sollten wir in den weiteren Schritten noch ins Boot holen?

Wenn Sie dabei erfahren, dass die Entscheidung bei anderen Personen liegt, ist es wichtig, mit diesen möglichst rasch in Kontakt zu kommen.

Erstens wollen Sie sicherstellen, dass das Projekt auch wirklich existiert, und zweitens wollen Sie möglichst früh die Anforderungen des Entscheiders kennenlernen.

In manchen Fällen ist das nicht möglich. Damit kommen wir zur nächsten Variante:

Sie haben keinen Zugang zur richtigen Person und müssen an eine Mittelsperson verkaufen.

Warum Ihnen der Kontakt zum Entscheider verwehrt bleiben kann:

▨ **Absicht**
Die für die Entscheidung verantwortliche Person schickt Mitarbeiter vor, um die Anbieter »auszusieben«. Nur mit den besten soll verhandelt werden. Das macht es nicht unmöglich, den direkten Kontakt herzustellen, aber schwierig.

▨ **Taktik der Kontaktperson**
Ihrem Ansprechpartner ist es wichtig, dass er vorerst Ihr alleiniger Kontakt bleibt und die Fäden in der Hand behält. Eitelkeit mag hier eine Rolle spielen, Angst, dass ihm das Projekt aus der Hand genommen wird, oder der Wunsch, sich zu profilieren.

▨ **Prozesse, Richtlinien, Recht**
Gerade in öffentlichen Institutionen sind derartige Ausschreibungsprozesse streng geregelt. Große Unternehmen verhalten sich oft auch sehr richtlinientreu (böse Zungen nennen das »bürokratisch«), häufig ist es auch einfach nur Methode, dass man sich hinter Prozessen versteckt, weil das gerade bequem, praktisch oder taktisch klug ist.

Es ist zu Ihrem Besten

In manchen Fällen weiß Ihre Kontaktperson sehr gut, was sie tut. Ihr Kontakt kennt den Verantwortlichen besser als Sie und kann einschätzen, wann das Projekt ausreichend aufbereitet ist und die richtigen Argumente dafür gefunden sind, um eine gute Chance zu bekommen.

Wenn Sie nicht direkt mit dem Kunden sprechen können, dann ist es nötig, dass Sie Ihre Kontaktperson möglichst gut dabei unterstützen, Ihr Projekt intern zu verkaufen.

Das kann durchaus von Vorteil sein, vor allem dann, wenn die betreffende Person geschickt vorgeht, einen guten Ruf genießt und direkten Zugang zu den Personen hat, die für Ihr Projekt den Daumen nach oben drehen müssen.

Andererseits kann das ebenso gut zu einem hoffnungslosen Abenteuer werden, abhängig vom (nicht vorhandenen) Verkaufstalent Ihres Kontaktes.

Je besser Sie Ihren Ansprechpartner unterstützen, desto leichter kann dieser auch den einen oder anderen Erfolg für das gemeinsame Projekt erringen.

Zur Anwendung kommen dabei dieselben Werkzeuge wie in den vorigen Abschnitten zur Darstellung des konkreten Mehrwertes: Finden Sie einen Nutzen und verdeutlichen Sie diesen! Der Unterschied liegt vor allem darin, dass Sie den Kunden nicht direkt befragen können, sondern sich auf eine dritte Person stützen. Das kann eine große Hilfe sein – oder auch Ihre Nerven gehörig strapazieren.

Da müssen Sie jetzt durch!

In Abschnitt 3.8 finden Sie ein Vorgehensmodell, das Sie Ihrem Ansprechpartner leicht beibringen können, indem Sie es bei ihm anwenden.

Sie verkaufen *an* die richtige Person, allerdings nicht *für* die Person

Erinnern Sie sich noch an die Fallstudie »Data Warehouse«?

Diese Art von Gespräch tritt gerne dann auf, wenn der (interne) Kunde nicht mit IT vertraut ist und auch kein großes Interesse daran hat. Für diese Kunden sind IT-Systeme im Idealfall das, was Roboter in Produktionsanlagen sind: Werkzeuge, die einfach funktionieren sollen. Diese Entscheidungsträger wollen in einfacher Weise erkennen, was die Systeme machen und ob sie richtig arbeiten – denn dann ist es nicht nötig, sich mit den technischen Details zu beschäftigen.

Für diese Personen ist das Risiko eines neuen IT-Projektes besonders hoch. Viele von ihnen haben bereits die Erfahrung gemacht, dass sie im Problemfall zu wenig von der Materie verstehen, um selbstständig richtige Entscheidungen treffen zu können.

Für die meisten Manager ist es keine positive Erfahrung, im Ernstfall von der Hilfe anderer Personen abhängig zu sein, die durch komplizierte technische Erklärungen mehr zur Verwirrung als zur Klärung der Situation beitragen. Die typische Reaktion vieler Manager in solchen Situationen: »Ohne klare Informationen im Vorfeld treffe ich keine Entscheidung.« Die Folge: Neue Ansätze werden gesucht, weitere Analysen angefordert, zusätzliche Experten hinzugezogen und nach Best Practices gesucht. Für die beteiligten Fachexperten gibt es jedoch schon längst nichts mehr hinzuzufügen, daher wird nur noch Papier angehäuft mit mehr oder weniger denselben Argumenten – die der Kunde weiterhin nicht versteht. Ergebnis: Nach viel Aufwand des Verkaufsberaters und von Mitarbeitern landet das Projekt in der Schublade. Um dies zu vermeiden, ist es wichtig, nicht nur *an* den Kunden zu verkaufen, sondern auch *für* den Kunden.

Ihr Angebot muss daher Folgendes berücksichtigen:

- Den Wert und den Nutzen für den Kunden
  (»Was ist für den Kunden wichtig?«)
- Die Logik des Kunden
  (»Wie denkt der Kunde? Wie funktioniert seine Welt?«)
- Die Sprache des Kunden
  (»Welche Begriffe sind dem Kunden nahe?«)

Es ist zu wenig, wenn Sie nur die Sprache an den Kunden anpassen. Wenn Sie Fachjargon vermeiden, aber trotzdem in der Technikerlogik argumentieren, versteht der Nicht-IT-Kunde zwar, was Sie sagen, aber nicht, was Sie meinen.

Beispiel für eine schlechte Erklärung:

> *Wenn wir die Technologie wechseln, können wir vermutlich die Leistung der Datenbank so weit erhöhen, dass wir den nötigen Datendurchsatz erreichen.«*

Kunde denkt: »Was redet der da von irgendwelchen Datenbanken? Warum steigt dann der Datendurchsatz? Ist das wirklich wichtig?«

Beispiel für eine bessere Erklärung:

> *»Eine Datenbank ist eine Art Speicher für die Daten. Je leistungsfähiger dieser Speicher, desto schneller werden Daten gespeichert, sortiert und stehen zum Abruf bereit.*

Damit die Software wie geplant funktioniert, müssen die Daten mit einer hohen Geschwindigkeit umgeschichtet und sortiert werden. Das ist mit der aktuellen Technologie nicht möglich. Ich empfehle also den Wechsel auf eine andere Technologie, um das Problem zu lösen.«

Kunde denkt: »Warum ist das mit der neuen Technologie besser? Haben wir dann alle Probleme gelöst oder funktioniert nur dieser eine Teil schneller? Immerhin klingt das plausibel und nach einem Schritt nach vorne.«

Beispiel für eine gute Erklärung:

»Eine Datenbank ist für Daten so etwas wie ein Parkhaus für Autos. Derzeit ist die Situation unserer Datenbanktechnologie vergleichbar mit einem Parkhaus beim Einkaufszentrum. Am Dienstagvormittag ist die Situation entspannt, aber am Samstagvormittag bricht der Verkehr total zusammen, weil dort alle gleichzeitig einen Parkplatz suchen. Eine leistungsfähigere Technologie einzuführen, das ist so, wie wenn wir das Parkhaus viel größer machen, Anzeigen mit den aktuellen freien Stellplätzen auf jeder Etage anbringen und zusätzliche Ein- und Ausfahrten schaffen. Damit flutscht dann der Verkehr. Das bedeutet in Folge, dass wir die Geschwindigkeit, mit der unsere Daten verarbeitet werden, so weit steigern können, dass das Projekt erfolgreich abgeschlossen werden kann und die Software anschließend auch so funktioniert, wie Sie sich das vorstellen.«

Kunde denkt: »Das klingt logisch und offenbar löst es die aktuellen Probleme. Das sollten wir machen.«

(Nicht so) Gutes Beispiel aus dem IT-Support

Anfrage des Anwenders an die IT-Hotline:

Wenn ich einen Film auf meinen USB-Stick speichern möchte, kommt die Meldung, dass auf dem USB-Stick nicht genügend Speicherplatz vorhanden ist. Dann versuche ich es mit Verknüpfung speichern und dann ist genug Platz und mein Film ist auf dem USB-Stick. Problem ist aber, wenn ich diesen Film auf dem USB-Stick auf einem anderen PC anschauen möchte. Da kommt die Meldung: »nicht gefunden«.
Aber auf meinem PC funktioniert es. Was kann das sein?

Antwort der IT-Hotline:

Sehr geehrter Anwender,
in Ihre Handtasche passt Ihr Pelzmantel einfach nicht rein.
Ein Zettel mit dem Vermerk, dass Ihr Pelzmantel im Schrank hängt, passt in Ihre Handtasche rein. Also solange Sie diesen Zettel daheim lesen, finden Sie Ihren Pelzmantel im Schrank.
Schwieriger wird es, wenn Sie Ihre Freundin besuchen und dort Ihren Zettel lesen und erfahren, dass Ihr Pelzmantel im Schrank hängt. →

(Nicht so) Gutes Beispiel aus dem IT-Support

In dem Schrank Ihrer Freundin können Sie suchen, solange Sie wollen, Ihren Pelzmantel finden Sie dort bestimmt nicht ...

Hier die technische Übersetzung:
Handtasche = USB-Stick · Pelzmantel = Film · Zettel = Verknüpfung · Schrank = PC

Dieses Beispiel wurde im Internet verbreitet als gelungenes Beispiel, wie man technische Zusammenhänge einfach erklären kann.

Ich fand die Erklärung kreativ und gelungen, war jedoch skeptisch, ob die Erklärung auch bei Anwendern gut ankommt, die wenig von Computern verstehen. Denn die Logik der Erklärung ist weiterhin eine technische, die in der Erfahrungswelt des Anwenders in der beschriebenen Weise nicht vorkommt. Wer das grundlegende Wesen und den Sinn eines Links oder einer Verknüpfung nicht versteht, kann auch mit einer guten Erklärung der Funktionsweise wenig anfangen.

Die Antwort einer (nicht IT-affinen) Person, der ich dieses Beispiel vorgelegt habe, verdeutlichte das Problem sehr klar: »Ein Zettel in der Handtasche, dass der Mantel im Schrank ist – wozu soll denn so ein Unsinn gut sein?«

Lost in Translation: Kaufleute und IT-Experten

IT-Fachleute beklagen sich regelmäßig darüber, dass sich die Controller und Manager nicht für die EDV interessieren, denn dann würden sie auch verstehen, warum die Vorschläge gut sind.

Das mag sein. Es ist jedoch nicht die Aufgabe eines Kaufmanns, IT-Systeme zu verstehen.

Oder interessiert Sie als IT-Spezialist die buchhalterische Abrechnung Ihrer Reisekosten? Vermutlich wollen Sie auch nur einfach Ihre Kosten ersetzt bekommen und die nachfolgende Abwicklung und mögliche Diskussionen mit dem Finanzamt kümmern Sie wenig.

Die meisten Kaufleute wollen auch einfach ihren Job machen. Die in Computersystemen liegende Faszination ist für sie nicht nachvollziehbar und die meisten Personen können nicht verstehen, warum Sie sich mehr mit der darunter liegenden Technologie beschäftigen sollen. Sie wollen ja nur die Programme anwenden.

Frei nach der Devise: »Ich muss ja auch nicht verstehen, wie ein Tischler arbeitet, nur weil ich ein Bett will.«

Tipps zum Stakeholder-Management gibt es in Abschnitt 4.6.

Das Missverständnis mit dem Mehrwert

Im letzten Abschnitt haben wir uns ausführlich damit beschäftigt, welche Fehler zu vermeiden sind, um dem Kunden den Mehrwert unserer Leistung klar und attraktiv zu vermitteln. Das alleine reicht allerdings nicht aus.

Wichtig

Das große Missverständnis liegt darin, dass die meisten Verkäufer glauben, sobald der Mehrwert des Produktes höher ist als der Preis, kauft der Kunde automatisch.

Das ist ein Irrtum!

Natürlich gilt: Mit einem Produkt ohne offensichtlichen Mehrwert im Verhältnis zum Preis haben Sie als Verkäufer kaum eine Chance. Dass umgekehrt gute Produkte zu guten Preisen sich von alleine verkaufen, ist eine Illusion. Gute Produkte zu guten Preisen sind die Eintrittskarte zu den Projektverhandlungen mit Ihrem Kunden. Je besser das Produkt und der Preis sind, desto besser ist dabei Ihre Ausgangsposition. Mehr ist es aber auch nicht.

2.8   2. Problemfeld:
Das Risiko des Kunden ist zu hoch

> *Der Anbieter glaubt, wir kaufen sein System, installieren es so nebenbei und sind dann glücklich. Wenn das nur so einfach wäre.*
>
> ein IT-Manager

Hat sich ein Kunde davon überzeugt, dass das IT-Produkt des Anbieters ihm mehr bietet als es kostet, steht er vor der nächsten großen Hürde. Denn nun türmen sich eine ganze Reihe von Risiken vor ihm auf, die er mit einem Projekt oder einem Kauf eingeht: Risiken für den Entscheidungsträger, für von der Entscheidung betroffene Bereiche und für das Unternehmen.

Diese Risiken des Kunden zu verstehen, ist einer der Schlüsselfaktoren im IT-Verkauf. Falls der Kunde das Risiko eines Projektes nicht managen kann, dann wird er auch attraktive Projekte nicht umsetzen.

Der großartige deutsche Soziologe Niklas Luhmann drückt dies treffend aus:

> »*Die Tür zum Paradies bleibt versiegelt. Durch das Wort Risiko.*«

Und allen Parolen à la »Das größte Risiko ist es, kein Risiko einzugehen« zum Trotz: Für den, der sein eigenes Geld, seine Karriere, seine Abteilung oder seinen Leistungsbonus aufs Spiel setzt, wiegt das Risiko ungleich schwerer als für den Anbieter, der damit sein Geld verdient, dass der Kunde eben dieses Risiko eingeht.

Eine Frage des »Timings«

Theoretisch sollten Manager und Entscheidungsträger alle Risiken (aktuelle, kurz- und langfristige) ausgewogen bewerten.

Praktisch wirken allerdings aktuelle Risiken und solche, die schon bald eintreten können, meist besonders schwer, während Risiken in der fernen Zukunft noch nicht so bedrohlich scheinen.

Warum langfristige Risiken gerne auf die lange Bank geschoben werden:
»Vielleicht passiert ja gar nichts. Man kann sowieso nicht alles im Griff haben.«
»Bis dahin haben wir sowieso eine ganz neue Situation und kein Mensch interessiert sich mehr dafür.«
»In zwei Jahren haben wir bestimmt eine ganz neue Technologie, die das Problem für uns löst. War bisher ja auch immer so.«
»Darüber machen wir uns Gedanken, sobald es so weit ist. Kommt Zeit, kommt Rat.«
»Wer weiß, ob ich bis dahin noch im Unternehmen oder auf dieser Position bin.«

Aus diesen Gründen werden oft Probleme von heute gegen Probleme von morgen eingetauscht. Beispielsweise:

- Lieber heute das Projekt so definieren, dass es unternehmenspolitisch leichter akzeptiert wird (ein Risiko vor der Entscheidung), und dafür in Kauf nehmen, dass einige Bereiche des Unternehmens während des Projektes nicht so gut betreut werden können (ein Risiko während des Projektes).
- Lieber heute einen »Workaround« im aktuellen Projekt, damit dieses zeitgerecht fertig wird (ein Risiko während des Projektes), und dafür in Kauf nehmen, dass die Wartung des Systems aufwendiger wird als nötig (ein Risiko nach dem Projekt).

Sie als Anbieter oder neutraler Beobachter mögen das Risikoverhalten Ihres Kunden gut oder weniger gut finden – Sie werden es auf jeden Fall nicht ändern. Zielführender ist es, das Risikoverhalten des Kunden zu akzeptieren und ihm umgekehrt dabei zu helfen, das Risiko bestmöglich zu kontrollieren.

2.9 Verkaufshindernis 4: Persönliche Projektrisiken des Entscheidungsträgers

Das Kundenrisiko ist zu hoch	1. Persönliche Risiken des Entscheiders
	2. Risiken für die betroffenen Bereiche
	3. Risiken für das Unternehmen

Fallstudie:
Einführung eines softwareunterstützten IT-Prozessmanagementsystems

Günter Weiß starrt seit einer halben Stunde aus seinem Bürofenster. Als ob er darauf warten würde, dass da draußen ihm jemand ein Zeichen gibt – und die nötige Zuversicht –, eine Entscheidung mit voller Überzeugung treffen zu können.

Vor fast genau drei Monaten hat Günter Weiß die ersten Anbieter eingeladen und ihnen die Situation erklärt: Das Unternehmen will ein softwaregestütztes IT-Prozessmanagement einführen. Damit sollen die vielen Einzeltools abgelöst werden, die historisch gewachsen sind, aber trotz vieler Anpassungen nie im Konzert spielen wollten. Wann immer Informationen oder aktuelle Kennzahlen angefordert wurden, bekam Weiß zu hören, dass die Daten alle da wären, aber erst zusammengeführt und aufbereitet werden müssten. Das koste Zeit und Aufwand – und wer hat die schon als Abteilungsleiter eines IT-Betriebs mit 40 Mitarbeitern?

Fünf Anbieter folgten damals der Einladung und »kein Problem« meinten sie alle unisono – das hätten sie alles schon viele Male höchst erfolgreich gemacht und das Unternehmen könnte sich voll und ganz auf sie verlassen.

Entweder ist sein Unternehmen das einzige, bei dem ständig Projekte in Schieflage kommen, oder die Anbieter dehnen die Wahrheit etwas über Gebühr, dachte sich Günter Weiß. Ein Gedanke, der ihm bei diesen hochglanzpolierten Präsentationen öfters kam.

Einige Tage später wurde ein Projektteam zusammengestellt, das wochenlang Systeme, Berater und Einführungskonzepte evaluierte. Zwei Anbieter haben es in die Pilotphase geschafft und wieder wurden die Testsysteme auf Herz und Nieren geprüft. Am Ende ging die Abstimmung 7 zu 4 für den Anbieter »Power-IT« aus.

Damals hatte Günter Weiß zum ersten Mal Bauchschmerzen. Die vier Mitarbeiter, die den zweiten Finalisten als Anbieter bevorzugten, hatten gute Argumente, die gegen Power-IT sprachen. Einer der Mitarbeiter hat sogar angedroht, dass er kündigen werde, sollte sich das Unternehmen für Power-IT entscheiden. Als Manager mag er gar nicht daran denken, was während der Evaluierung passiert sein muss, um diesen ansonsten so ruhigen Mitarbeiter derart gegen einen Anbieter aufzubringen.   →

Der nächste Schlag war das Angebot. Es ist nichts Neues, dass ein Angebot deutlich höher ausfällt als die Schätzungen in den ersten Gesprächen. Irgendwie hofft man wohl immer wieder, dass es diesmal anders sein wird – und irgendwie erfüllt sich diese Hoffnung nie. Der Preis lag 30% über den ersten »konservativen« Schätzungen. Die Mitarbeiter des Projektteams meinten, dass das Angebot in der Tat hoch ausgefallen sei, aber vermutlich realistisch ist – das Projekt könnte sich als deutlich aufwendiger herausstellen als ursprünglich gedacht. Das liege vor allem an der überraschend stark fragmentierten Datenbasis – die Aufwände für die Konsolidierung der Daten sind praktisch nicht vorab abzuschätzen.

»Deutlich aufwendiger als gedacht«, »kaum abschätzbare Aufwände«, »überraschend« – das sind nicht die Begriffe, die ein Projektsponsor hören will und Günter Weiß ist da keine Ausnahme. Wenn das jetzt schon so anfängt – was lauert da erst in der Zukunft? Vor allem mit einem neuen Anbieter, mit dem es keine Erfahrungswerte in puncto Zusammenarbeit gibt.

Apropos Zusammenarbeit – auch hier hat der harte Unternehmensalltag den Abteilungsleiter auf den Boden der Tatsachen zurückgeholt. Oder besser: über den Boden der Tatsachen geschleift – das wäre vermutlich treffender. Als Günter Weiß dem Vorstand das Projekt präsentierte, schien dieser der Idee durchaus positiv gegenüberzustehen. Raschere Berichte, straffere Kontrollen, durchgängige Daten, langfristige Kosteneinsparungen – das alles kam gut an. Aber statt einer Entscheidung spielte der Vorstand einmal mehr die Wettbewerbskarte aus: Das Budget lässt derzeit nur ein zusätzliches Großprojekt zu – und dabei steht das neue IT-Prozessmanagementsystem in Konkurrenz mit der geplanten neuen *mobile-apps-suite* der Marketingleiterin, Frau Grün. Das Controlling solle sich daher doch beide Projekte im Detail ansehen und dem Vorstand eine Empfehlung machen, welches der beiden denn budgetiert werden solle.

Ausgerechnet Frau Grün: eine engagierte Frau, die hervorragend präsentiert und die ihre Projekte verteidigt wie eine Löwenmutter ihre Jungen.

Entgegen den Erwartungen schien das Controlling nach seiner Evaluierung jedoch das IT-Projekt zu favorisieren. Für Günter Weiß ist das kein Grund zum Feiern, sondern eher zum Grübeln – das kann fast nicht mit rechten Dingen zugehen. Noch nie hat sich die technische Abteilung mit einem Projekt gegen die gut geführte Marketingabteilung durchsetzen können. Die vorgestellten Konzepte für die mobilen Apps gefallen sogar ihm selbst – ihm, der mit diesem Firlefanz ansonsten gar nichts anzufangen weiß.

Die einzige logische Erklärung ist, dass das Controlling Frau Grün eins auswischen will – aus welchen Gründen auch immer.

→

Fallstudie:
Einführung eines softwareunterstützten IT-Prozessmanagementsystems

Diese Nachricht hat die Marketingleiterin auch gleich mit einem Besuch bei Günter Weiß quittiert. Wie das denn mit ihrem CRM-System weitergeht, wollte sie wissen. Ein Schlag unter die Gürtellinie – und direkt ins schlechte Gewissen des IT-Betriebschefs. Denn das CRM-System der Marketingabteilung wird in seiner Abteilung betrieben – in letzter Zeit jedoch mehr schlecht als recht. Drei langjährige Mitarbeiter des CRM-Teams haben gleichzeitig gekündigt, um gemeinsam ein IT-Startup zu gründen. Vom plötzlichen Know-how- und Arbeitskraftverlust hat sich die Abteilung bisher noch nicht erholt und die neu eingestellten Mitarbeiter sind kein qualitativ gleichwertiger Ersatz. Es gab sogar einige verbale Übergriffe mit der Marketingabteilung, einer davon sogar sehr heftig. Wäre das Team nicht in einer Notsituation, hätte Weiß den Mitarbeiter sofort gefeuert. Er war daher damals froh, dass die ansonsten so resolute Marketingleiterin sich geduldig und tolerant gab und Verständnis für die Situation und den intolerabel schlechten Service zeigte. Wäre die Situation eskaliert, hätte Günter Weiß zweifelsfrei einige sehr unangenehme Gespräche mit dem Vorstand führen müssen. Von den Auswirkungen auf Boni, Karriere und seinen Ruf als soliden Manager, der seinen Laden im Griff hat, ganz zu schweigen.

Ganz verübeln kann Günter Weiß der Marketingleiterin daher ihre Reaktion nicht. Er war und ist froh darüber, dass Grün in der Sache den Ball flach hält, bis die Situation wieder unter Kontrolle ist. Als nettes Dankeschön ihr dann ein Prestigeprojekt wegzunehmen ist wohl keine schöne Revanche, selbst wenn es für das Unternehmen besser wäre.

Gleichzeitig hat der Vorstand klargemacht, dass er dieses umfangreiche IT-Projekt freigeben würde – allerdings erwarten die Vorstände keine Schwierigkeiten, vollen Einsatz und »eimerweise Herzblut« des Abteilungsleiters bei der Projektdurchführung. Er solle sich daher gut überlegen, ob er das Projekt auch wirklich durchziehen will und kann.

Günter Weiß starrt immer noch aus dem Fenster.

Nein, Herzblut mag er für dieses Projekt nicht ausschütten. Zu viele Unbekannte, zu viele Schwierigkeiten schon vor Projektstart.

In wenigen Minuten ist es 15.00 Uhr. Sicher ruft der Verkaufsberater von »Power-IT« pünktlich an, um einen Termin für die Vertragsunterzeichnung zu vereinbaren. Bei denen haben sicher bereits die Korken geknallt, als bekannt wurde, dass sie als einziger Anbieter im Rennen sind, denkt sich der Abteilungsleiter.

Der nette, bemühte junge Mann tut ihm leid – er hätte ihm den Auftrag und den Erfolg gegönnt.

»Tut mir leid, Herr Huber – der Vorstand hat das Budget nicht genehmigt. Vielleicht haben wir nächstes Jahr mehr Glück«, wird er ihm sagen.

Das Leben ist manchmal unfair.

Aus Sicht eines Anbieters wie Power-IT ist ein derartiger Projektablauf der »Worst Case« überhaupt. Zuerst steckt das Unternehmen viel Aufwand in die Präsentation, Informationsworkshops und Pilotprojekte – häufig auf eigene Kosten.

Da die Sache gut aussieht, der Kunde mitspielt und alle Beteiligten spüren, dass sie realistische Chancen auf den Auftrag haben, will der Anbieter nichts riskieren: »Jetzt bloß dem Kunden keine Auflagen machen, die ihn doch noch in die Hände der Konkurrenz treiben.«

Es sieht sogar danach aus, als ob die Taktik aufgeht: Man bleibt als einziger Anbieter übrig und kühlt schon mal den Champagner.

Plötzlich und ohne Vorwarnung das jähe Ende. Die Begründung kommt in vielen Varianten: Der Vorstand gibt das Budget nicht frei, das Wirtschaftsklima ist schlechter geworden, die Rechtsabteilung hat das Projekt abgeschmettert, aufgrund einer anstehenden Akquisition werden alle Projekte auf Eis gelegt.

Der reale Grund ist jedoch oft das hohe Risiko, das der Abteilungsleiter mit dem Projekt eingeht:

- *Das Projektteam ist sich uneinig* und es gibt aufgrund der Entscheidung Schwierigkeiten. Nicht alle Experten wollen mitziehen. Vielleicht ist es noch möglich, alle ins Boot zu holen, vielleicht auch nicht. Der Abteilungsleiter kann nicht auf die Bedürfnisse jedes einzelnen Mitarbeiters Rücksicht nehmen, aber wenn wichtige Personen nicht mitspielen, ist das mit Sicherheit nicht förderlich für das Projekt.

- *Der Anbieter ist dem Kunden unbekannt* und ein grundsätzliches Risiko. An sich hat der IT-Partner zwar gut gearbeitet, aber bleibt das weiterhin so? Hält er über die gesamte Projektlaufzeit durch? Gibt es das übliche Phänomen, dass die guten Leute nur so lange an Bord sind, bis das Projekt unterschrieben ist, und ab dann kommen nur noch günstige, unerfahrene Berater? Es gibt keine Erfahrungswerte, das Risiko ist hoch.

- *Es gab bereits vor der Entscheidung unangenehme Überraschungen.* Die schwer einschätzbaren technischen Herausforderungen sowie der deutlich höher ausgefallene Angebotspreis sind kein gutes Omen, dass ab jetzt alles wunderbar nach Plan läuft. Vielleicht ist es gut, dass die Schwierigkeiten damit offen auf dem Tisch liegen – vielleicht ist es auch nur der erste Vorgeschmack auf das, was da noch kommen wird. Es ist unklar – und damit risikoreich.

▪ *Das Projekt erhält hohe Aufmerksamkeit vom Vorstand*, die Erwartungen sind hoch. Das hat natürlich auch positive Seiten. Ein Erfolg könnte sich gut auf die Karriere auswirken. Durch die Unterstützung vom Topmanagement kann der Manager sich leichter beim Kampf um knappe Ressourcen durchsetzen. Gleichzeitig ziehen Probleme, Konflikte und Verzögerungen sofort die Aufmerksamkeit der oberen Etagen auf sich. Der Einsatz ist hoch, die Chancen ebenfalls – und damit das Risiko.

▪ *Die interne Konkurrenz schläft nicht.* Auch andere Manager wollen gut dastehen und ihre Ideen verwirklichen können. Auch ohne den Kollegen Negatives unterstellen zu wollen, ist es naiv zu glauben, dass diese ihre eigenen, ehrgeizigen Pläne auf Eis legen, weil »jetzt mal jemand anderer dran ist«. Zumindest kann Abteilungsleiter Weiß sicher sein, dass der Vorstand sofort von jedem Problem erfährt und die Kollegin bezüglich des CRM-Systems deutlich weniger tolerant agieren wird. Beides kostet Energie und gefährdet das Vertrauen des Vorstands in das Projekt.

Jedes einzelne dieser Risiken wäre auszuhalten, vermutlich sogar mehrere davon. Aber alle zusammen? Da kommen auch erfahrene Manager ins Wanken.

Welche der Risiken waren kritisch für das Unternehmen – welche nur für den Entscheider?

▪ Ganz offensichtlich war es ein herausforderndes Projekt – andererseits war der Mehrwert hoch genug, um auch das Topmanagement zu überzeugen. Ebenso hat die Controllingabteilung ihr O.K. gegeben. Ob dieses komplett objektiv war, bleibt unbekannt, aber es ist nicht davon auszugehen, dass die Controller ihren Namen wegen einer kleinen Privatfehde in einem hochriskanten Projekt aufs Spiel gesetzt hätten.

▪ Technische Herausforderungen waren angekündigt; aber gibt es die nicht in jedem größeren technischen Projekt? Vermutlich ist es sogar besser, man weiß, dass dieser Part schwierig wird, dann gehen alle mit dem nötigen Respekt an die Sache.

▪ Dass die fachlichen Experten der Abteilung in ihrer Meinung über das bessere System gespalten waren, macht die Sache nicht leichter – andererseits ist das beileibe nichts Neues. Microsoft oder Linux, SAP oder Oracle, Apple OSX oder Ubuntu – nichts Ungewöhnliches im täglichen Geschäft für einen IT-Betriebsleiter.

Ergebnis: Auch für das Unternehmen und für die Abteilung entsteht mit dem Projekt ein Risiko – jedoch keines, das ungewöhnlich hoch wäre.

Es waren daher vor allem die persönlichen Risiken des verantwortlichen Abteilungsleiters, die das Projekt vor dem Abschluss noch versenkt haben.

Ist es legitim, dass Manager persönliche Interessen vor jene ihres Unternehmens stellen? Welche Haltung Sie in dieser Frage einnehmen, bleibt Ihnen überlassen.

Mein Tipp für Sie als Verkaufsberater: Es ist naiv, Managern zu unterstellen, dass diese die Interessen ihres Unternehmens zwangsläufig vor ihre eigenen stellen.

Persönliche Risiken von Entscheidungsträgern

Risiken vor und bei der Entscheidung:

- **Die falsche Entscheidung treffen**

  Entscheidungen bergen immer das Risiko, falsch zu sein. Trotzdem kann es unangenehm werden, wenn aus der Entscheidung ein Fiasko folgt. Vor allem, wenn jemand anschließend den Hintergründen der Entscheidung auf den Grund geht und zum Schluss kommt: »Wie haben Sie nur so entscheiden können? Das hätte doch jeder verstehen müssen, dass das schiefgehen wird.«

  Besonders bei großen Projekten mit hoher Aufmerksamkeit des Topmanagements, des Aufsichtsrats oder der Bevölkerung ist dieses Risiko hoch und Kunden setzen daher auf bekannte, renommierte Anbieter. Bekannt ist der Slogan »*Nobody ever got fired for hiring IBM*«. Ob er wirklich stimmt, ist mir nicht bekannt, aber er bringt einen Aspekt des Risikomanagements auf den Punkt – sehr zum Leidwesen vieler kleiner, feiner Anbieter ohne großen Namen.

- **Das Projekt fällt in der Beurteilung durch**

  Natürlich kann nicht jeder Projektvorschlag mit Hurra-Geschrei von der Geschäftsleitung begrüßt werden. Trotzdem: Der investierte Aufwand in die Ausarbeitung des Konzeptes ist dahin. Außerdem ist es unangenehm, wenn Projekte abgelehnt werden. Durchfallen mag dazugehören – Spaß macht es nicht.

- **In Konkurrenz treten**

  Entgegen allen Gerüchten mangelt es in Unternehmen nie an Ideen – im Gegenteil. Alle haben viel mehr Ideen und Vorschläge für das Unternehmen, als das Unternehmen Möglichkeiten zum Umsetzen hat. Das führt dazu, dass sich einige Projekte gegenüber anderen durchsetzen. Dieser Wettbewerb mag zwar objektiv eine gute Sache sein und die besten Ideen zutage fördern – gleichzeitig ist Wettbewerb unangenehm. Die einen machen gar nicht mit, weil sie nicht so gut präsentieren können wie andere und auch den Boss nicht so gut kennen. Die anderen warten ewig auf den günstigen Zeitpunkt, weil sie ihr großartiges Projekt auf jeden Fall durchbringen wollen. Anderen wiederum ist es unangenehm, denn gerade jetzt bietet der nette Kollege von der Nachbarabteilung seinen Vorschlag an und man möchte nicht noch extra Konkurrenz machen. Ja, und »verlieren« gegen das absolut sinnlose Projekt aus der Marketingabteilung möchte man auf gar keinen Fall.

So verstreicht die Zeit, während der günstige Moment für den Manager nie kommt.

Risiken während des Projektes:

Das Projekt kann schiefgehen

Wie schlimm dieser Fall ist, hängt von vielen Faktoren ab: Größe des Projektes, Wichtigkeit, Aufmerksamkeit für das Projekt, Auswirkungen des Scheiterns, Firmenkultur etc. Angenehm ist es nie, am wenigsten für die Person, die dieses Projekt entschieden hat – also die Person, die Sie zu Ihrem Kunden machen wollen.

Schleppende Mühsal

Selbst wenn das Projekt nicht scheitert, es kann in Dauerstress ausarten. Während der Projektlaufzeit häufen sich die Konflikte, verschlechtern sich die Beziehungen, regiert das reaktive Notfallmanagement und die Eskalationen schlagen immer höhere Wellen. Der Projektsponsor steht öfter im Rampenlicht als gewünscht, muss viele unangenehme Fragen beantworten und fragt sich selbst jeden Abend spät beim Heimgehen: »Was habe ich mir nur mit diesem Projekt angetan?«

Unerwünschte Nebeneffekte

Egal, ob aufgrund von schlechter Planung, mangelnder Kommunikation oder weil es einfach nicht vorherzusehen war – irgendwann in einem großen Projekt ruft plötzlich irgendwer beim Projektleiter an und fragt: »Was haben Sie sich eigentlich dabei gedacht, unser Programm abzudrehen?« Irgendein System funktioniert nicht mehr wie gewohnt; ein Service leidet; an anderer Stelle werden nur noch sinnlose Daten produziert, weil es eine Systemverbindung gab, von der seit Jahren keiner mehr wusste. Die Möglichkeiten der unerwarteten Nebeneffekte sind zahllos – und einige davon können dem Projekt und der verantwortlichen Person das Leben sehr schwer machen.

Risiken nach dem Projekt:

- **Ramponierte Reputation**
  Sogar, wenn das Projekt letztendlich erfolgreich abgeschlossen wurde, können die Turbulenzen, Konflikte und Feuerwehraktionen dem verantwortlichen Manager wie ein Klotz am Bein haften. Mitarbeiter können enttäuscht werden oder Kollegen und Vorgesetzte. Einen schlechten Ruf wird man nicht mehr so leicht los: »Herr Kollege, es ist schön und gut, dass Sie uns versichern, dass bei dieser Umstellung alles glatt läuft, aber darf ich Sie an dieser Stelle noch einmal daran erinnern, dass Sie uns dies auch bei Projekt Alpha versprochen haben. Wie das dann ablief, ist uns ja wohlbekannt.«

- **Karriere – Boom oder Bust**
  Ein großes Projekt sauber über die Bühne zu bekommen, Probleme zu lösen, Konflikte rasch zu kontrollieren, Notfallmanagementqualitäten zu beweisen – all das kann die Karriere und das Ansehen eines Managers beflügeln. Das Umgekehrte gilt allerdings ebenso. Geht das Projekt schief, kann leicht ein Brandmal übrig bleiben: »Er hat wohl doch nicht das nötige Zeug.«

Praktisch nie kommen alle diese Faktoren zusammen, aber dass Ihr Kunde sich mit mehreren dieser Risiken auseinandersetzen muss, ist nicht zu vermeiden. Ihr Kunde wird sich daher mehrmals gut überlegen, ob er sich diesen Risiken aussetzen will – den aktuellen wie den zukünftigen.

Je besser Sie dies verstehen, desto besser können Sie ihm Optionen bieten, damit umzugehen.

Zusammenfassung Verkaufshindernis 4:
»Persönliche Risiken des Entscheiders«

- Manager, die ein Projekt beauftragen, handeln im Auftrag des Unternehmens und in den meisten Fällen auch zum Wohle des Unternehmens. Machen Sie trotzdem auf keinen Fall den Fehler zu glauben, dass diese Person keine Eigeninteressen hat. Viele Personen kommen in das Dilemma: Ich sollte – aber kann nicht.

- Als Verkaufsberater werden Sie viele dieser Risiken selten direkt vermittelt bekommen, dazu sind sie zu persönlich. Ohne sehr gute Vertrauensbasis werden Sie auch durch Nachfragen nicht dahinterkommen. Seien Sie trotzdem achtsam und behalten Sie die Möglichkeit eines unsichtbaren persönlichen Risikos des Entscheiders im Gedächtnis. Gute Zuhörer sind klar im Vorteil.

- Wenn Sie vermuten, dass Ihr Kunde einem solchen Risiko ausgesetzt ist, dann müssen Sie ihn unterstützen oder Ihr Projekt wird keinen Erfolg haben. Diplomatisches Geschick ist hierbei eine hilfreiche Qualität. Im schlimmsten Fall hilft noch das Anbieten von risikomindernden Maßnahmen »auf gut Glück«: »Wir haben für unsere Projekte einen Maßnahmenkatalog für mögliche Risiken erstellt. Gibt es irgendwelche davon, die wir auf jeden Fall ins Auge fassen und im Angebot berücksichtigen sollten?«

2.10 Verkaufshindernis 5:
Risiken für die betroffenen Bereiche

Das Kundenrisiko ist zu hoch	1. Persönliche Risiken des Entscheiders
	2. Risiken für die betroffenen Bereiche
	3. Risiken für das Unternehmen

Fallstudie:
Neues Ticketsystem

Arnold Wagner, der erfahrene IT-Leiter eines Dienstleistungsunternehmens mit 500 Mitarbeitern bespricht sich mit Paul, einem jungen, talentierten und engagierten Mitarbeiter. Arnold Wagner (A) möchte für die Abteilung ein Ticketsystem einführen, um die Mitarbeiter des Unternehmens besser zu unterstützen und die Aufgaben innerhalb der Abteilung effizienter zu koordinieren. Paul (P) hat sich nach möglichen Alternativen und Anbietern umgesehen.

A: Nächster Punkt auf der Agenda: das neue Ticketsystem. Wie weit bist du mit der Sichtung möglicher Lösungen?

P: Ich bin gut vorangekommen. Insgesamt habe ich sieben Lösungen evaluiert und bewertet.

A: Sehr gut. Ergebnis?

P: Hier ist die Bewertungsmatrix. Das System TicketPro hat die meisten Punkte. Ich glaube, dass es am besten geeignet wäre.

A: Aha. Was macht die Software so gut?

P: Der größte Vorteil ist die Open-Source-Basis und die vielen offenen Schnittstellen. Auch die API ist sehr mächtig. Hier ist das technische Übersichtsblatt.

A: Ich verstehe ... (liest sich die Beschreibung durch).

MySQL als Datenbank, die haben wir derzeit nicht im Produktionsbetrieb – können die mit unseren bestehenden Systemen nicht arbeiten?

P: Das habe ich bereits recherchiert. Theoretisch sollte es möglich sein, meinte einer der Entwickler, aber sie arbeiten vorzugsweise mit MySQL. Für andere Systeme wollen sie nichts zusagen.

A: Das fängt ja schon gut an, wenn der Anbieter keine Zusagen machen will, dass das System funktioniert.

P: Wir können doch einfach MySQL einführen. Das ist auch Open Source und daher ohne Zusatzkosten.   →

A: Paul, Kosten in der EDV entstehen nicht nur durch Lizenzen, sondern auch dadurch, dass wir viel Know-how brauchen, um die Systeme zu betreiben. Jede zusätzliche Technologie muss mindestens von drei Mitarbeitern gut beherrscht werden, damit wir einen 24/7-Betrieb zumindest ansatzweise garantieren können.

P: Da stimmt schon, aber MySQL ist ja nicht so schwierig und Tom kennt sich ja schon gut aus.

A: Außerdem erhöht jede weitere Technologie die Komplexität unseres Betriebs. Ein Patchvorgang mehr, ein Kompatibilitätsproblem mehr, ein Sicherheitsrisiko mehr, ein Zertifizierungscheck mehr.

P: Ach komm Chef, wir betreiben über 50 Systeme, da kommt es doch auf eines mehr auch nicht an.

A: Es sind nur deshalb 50 Systeme, weil ich ständig versuche, so konsequent wie möglich zu sein. Hätte ich immer gleich nachgegeben, würden wir uns heute sicher schon mit über 80 unterschiedlichen Systemen herumschlagen und hätten viel mehr Schwierigkeiten, den Laden beisammenzuhalten. Aber schauen wir mal weiter – wie ist die Benutzerführung der Software?

P: Das ist leider der Schwachpunkt dieser Lösung – offenbar waren die Interface-Designer in dem Open-Source-Team nicht von der sehr fitten Sorte. Ich finde, die Software lässt sich ganz gut bedienen, aber manchmal ist die Benutzerführung nicht wirklich nachvollziehbar.

A: Paul, wenn die Software schon für dich nicht leicht zu bedienen ist, wie wird das denn für die restlichen Mitarbeiter ausschauen? Denk daran, dass die meisten der Mitarbeiter keine IT-Leute sind und den dahinter stehenden Prozess nicht aus dem Effeff kennen. Vermutlich haben sie auch wenig Interesse daran, sich damit zu beschäftigen.

P: Das stimmt schon. Dann müssen wir halt ein paar Tage mehr in die Schulung investieren. Darauf wird es doch nicht ankommen!

A: Auf die paar Tage Einführungsschulung kommt es nicht an. Aber die Mitarbeiter wechseln ja laufend und müssen dann rasch geschult werden – und das meist in Einzel- oder Zweierschulungen. Wenn wir da statt einem Tag dann jedes Mal zwei Tage brauchen, steigen die Schulungskosten enorm. Außerdem: Je komplizierter das Ding, desto häufiger rufen die Mitarbeiter im Support wegen Bedienungsfragen an – und die Jungs und Mädels stöhnen jetzt schon über die vielen Anfragen. Erinnere dich mal daran, als die Buchhaltung die tolle Idee mit dem Excel-Makro hatte – die Anrufe im IT-Support haben sich innerhalb von Stunden verdreifacht.

P: Daran habe ich nicht gedacht. Aber die Entwickler schreiben ja, dass sie in Zukunft die Benutzerführung überarbeiten wollen. Die nächste Version könnte also schon besser sein.

A: Könnte, könnte aber auch nicht. Nachdem das ein Open-Source-Projekt ist, können wir da vermutlich auch keine Anforderungen deponieren – zumindest bekommen wir wohl keine Garantie.

→

Fallstudie:
Neues Ticketsystem

P: Das ist richtig. Aber es gibt doch auch die positiven Seiten der Software – das System ist so offen, da können wir uns alles anpassen.

A: So wie ich dich kenne, würdest du das am liebsten alles selbst programmieren, stimmt's?

P: Ich finde die Vorstellung schon gut, dass wir hier alles selbst entwickeln können. Und die Funktionen sind sehr mächtig – dafür, dass es das System erst seit einem Jahr gibt.

A: Seit einem Jahr erst? Wer garantiert, dass die Entwickler an dem System auch dranbleiben und wir nicht in einem Jahr auf einer Software sitzen, für die es keine Weiterentwicklung mehr gibt und kein Know-how?

P: Dann haben wir ja den ganzen Code selbst – schon vergessen: Open Source?

A: Paul, du bist echt ein talentierter und engagierter Mitarbeiter. Deswegen brauche ich dich aber hier für den gesamten Betrieb und ich will nicht riskieren, dass du irgendwann den ganzen Tag damit beschäftigt bist, dieses System zu betreuen und weiter zu entwickeln, weil es kein anderer mehr kann. Ebenso mag ich gar nicht daran denken, welche Bauchschmerzen ich jedes Mal hätte, wenn du in Urlaub fährst und niemand sonst das System im Griff hat. Ich halte diese Lösung für keine gute Idee, trotz toller API und mächtiger Funktionen. Können wir uns die zweitplatzierte Lösung in eurer Matrix ansehen?

P: Na gut, vielleicht hast du ja recht. Aber ich installiere mir das System daheim auf meinem Server und probiere es dort aus.

A: Paul, du bist echt unverbesserlich.

Analyse der Fallstudie

In dieser Studie übernimmt der engagierte Mitarbeiter die Rolle des »internen Verkäufers«. Aufgrund seiner guten Leistung und seines Talents genießt er das Vertrauen des budgetverantwortlichen Leiters. Obwohl er jedoch das Unternehmen kennt, tappt auch der Mitarbeiter in die Falle, in die fast alle externen Anbieter auch treten:

Er glaubt, das neue System ist unabhängig von anderen Systemen und Prozessen im Betrieb des Kunden – oder zumindest ist es in einfacher Weise gedanklich und arbeitstechnisch vom Rest des Systems zu trennen.

Vor allem aber glauben Anbieter, ihre Software ist die wichtigste und alle anderen Applikationen beim Kunden sollen sich an ihre anpassen – schließlich habe man ja entsprechende Schnittstellen und APIs entwickelt. Dabei wird übersehen, dass im Endeffekt das neue System eines von weiteren 20, 50 oder 200 geschäftskritischen Systemen ist und es keinerlei Bestrebungen der EDV-Abteilung gibt, diese stabilen Systeme umzubauen.

Wenn Sie an Kunden mit Ihnen unbekannten Anforderungen herantreten wollen, ist es sinnvoll, dass Sie sich vorher mit den speziellen Schwierigkeiten der Branche vertraut machen. Erkundigen Sie sich in Ihrem Netzwerk, wer Bekannte mit entsprechender Erfahrung hat, und bitten Sie diese, Ihnen die Eigenheiten und typische Probleme näherzubringen. Ich habe regelmäßig Experten aus meiner Region über das Netzwerk XING angesprochen, ob sie mir im Austausch für ein Abendessen die Besonderheiten der Branche erzählen. Noch nie hat jemand »Nein« gesagt.

Gerade Personen, die nie mit den Herausforderungen eines umfangreichen Rund-um-die-Uhr-IT-Betriebs mit hohen Anforderungen an die Verfügbarkeit konfrontiert waren, unterschätzen die Problematik und die damit verbundenen Schwierigkeiten regelmäßig.

Typische Herausforderungen eines Hochverfügbarkeit-IT-Betriebs

Komplexität
Jede neue Technologie erhöht die Anforderungen an den Bereich. Mitarbeiter müssen mit der Technologie vertraut sein, und zwar immer gleich mehrere, um Urlaube, Krankheiten, Kündigungen, Karenz, Bereitschaftsdienste und Schichtbetrieb abzudecken. Egal, wie einfach das System ist – die gesamte Systemkomplexität des Kunden erhöht sich mit jedem neuen System überproportional.

Redundanz
Gerade bei Systemen mit Anforderungen an hohe Verfügbarkeit ist es nötig, dass Systeme redundant aufgebaut sind. Das bedeutet, dass ein Zweitsystem übernehmen kann, sobald das Primärsystem ausfällt. Das wiederum bedeutet meist höhere Kosten, mehr Dokumentation, doppelte Arbeit bei Wartung, Patch, Upgrade etc.

Rattenschwanz
Wenn das System erst einmal läuft, dann ist das Projekt vorbei? Für den Anbieter vielleicht – für den Kunden nicht. Prozesse und Dokumentationen müssen nachgezogen werden, Wikis für die Mitarbeiter aktualisiert, Zertifizierungen nachgeholt und die Qualitätsmanagementprozesse angepasst werden. Ein Trainings- und Schulungskonzept muss entwickelt und mit der Personalabteilung abgestimmt werden. Verantwortlichkeiten gehören festgelegt und in Kennzahlen gefasst. Notfallpläne werden erweitert und im IT-Support wird eine Wissensdatenbank angelegt. Je nach System kommen noch Anforderungen aus dem Deployment, der Security oder aus den Fachabteilungen hinzu.

Fluktuation
Je mehr Mitarbeiter in einem Bereich beschäftigt sind, desto mehr verlassen das Unternehmen auch regelmäßig – und das wertvolle Know-how wandert auf zwei Beinen aus dem Gebäude hinaus. Dazu gibt es noch Schwangerschaften, Sabbaticals, Ausfälle durch Krankheiten, Unfälle oder Burn-outs. Die Problematik lässt sich auch mit umfangreichen Knowledge-Systemen und Dokumentation nur unbefriedigend kontrollieren. Es läuft letztlich darauf hinaus, dass Mitarbeiter mit einer Vielzahl von Systemen vertraut sein müssen, auch wenn sie diese nur selten betreuen. Das kostet zusätzliche Zeit und Arbeitskraft mit jedem neuen System, das in Betrieb geht. →

Typische Herausforderungen eines Hochverfügbarkeit-IT-Betriebs

▓ **Kompatibilität**

Kennen Sie das: Wenn eine Browserversion auf die nächsthöhere wechselt, funktionieren eine Zeit lang viele der praktischen Add-ons nicht mehr. Während es im privaten Bereich zu verschmerzen ist, dass man für einige Wochen auf eine praktische Funktion verzichtet, ist das im hochverfügbaren IT-Bereich undenkbar. Jedes weitere System erhöht die Wahrscheinlichkeit, dass es bei einem Upgrade oder Patch zu Schwierigkeiten kommt. Die Wahrscheinlichkeit nimmt mit der Anzahl der Schnittstellen proportional zu.

▓ **Aktualität**

Gerade Systeme, die auf den neuesten Technologien aufgebaut sind, haben oft Schwierigkeiten, mit bestehenden Systemen zusammenzuarbeiten, die noch auf älteren Technologien beruhen (Legacy-Systeme). Softwareentwickler rümpfen gerne die Nase angesichts »veralteter« Technologien – »Warum arbeitet denn noch irgendwer mit den Uraltprogrammen, wenn doch die modernen Versionen ungleich mächtiger sind?« Ganz einfach: Weil sie noch funktionieren, keine Probleme bereiten und der ganze Umsatz der Firma über dieses System läuft.

IT-Projekte betreffen nicht nur die IT-Abteilungen

Praktisch immer ist in IT-Projekten die EDV-Abteilung mit im Boot. Die Entscheidungen über die Anschaffung von größeren IT-Projekten fallen aber häufig in den betroffenen Fachabteilungen. In größeren Unternehmen hat die IT-Abteilung normalerweise auch kein Budget für die Anschaffung fachspezifischer Software wie Controllingsoftware, IT-Systeme für die Lagerhaltung oder zur Steuerung von Produktionsprozessen. Das Risiko von falschen Entscheidungen tragen daher auch vor allem die Fachbereiche.

Insbesondere sind die Nutzer des Systems meist Anwender in anderen Abteilungen: beispielsweise die Marketingabteilung für CRM, Promotion oder Kundenbindungsprogramme; die Finanzabteilung für Controlling, Berichtswesen, Buchhaltung; die Produktionsabteilung für Steuer-, Planungs- und Ablaufsysteme sowie Logistik und Bestellung; das Topmanagement für Business Intelligence, Kennzahlen und Prozesskontrolle.

Als Verkaufsberater ist es daher wichtig, dass Sie sich darüber im Klaren sind, dass die Projektrisiken meist von den betroffenen Fachbereichen getragen werden, selbst wenn Ihr technischer Ansprechpartner aus der EDV stammt.

Im Folgenden werden beispielhaft Risiken der betroffenen Abteilungen aufgeführt:

Risiken vor und bei der Entscheidung:

▓ **Viel Lärm um nichts**

Ein neues System soll eingeführt werden und das Unternehmen bereitet sich mit großem Aufwand, vielen Workshops, zahllosen Meetings, mehreren Studien und einigen Teststellungen darauf vor. Am Ende verschwindet das Projekt in einer Schublade und niemand weiß warum. Passiert dies mehrere Male, versuchen Mitarbeiter und Manager, ihre Aufwände so gering wie möglich zu halten, statt wichtige Arbeitskraft in unsichere Projekte zu stecken.

Konflikte und schwierige Entscheidungen

Gerade bei Projekten, die mehrere Abteilungen betreffen, sind Interessenkonflikte vorprogrammiert. Die Fachabteilungen wünschen sich »den großen Wurf« und das neue, tolle, moderne System – die IT-Abteilung hingegen bevorzugt ein bewährtes, stabiles System, das mit den bestehenden Technologien kompatibel ist. Das Topmanagement will möglichst komplette Zahlen, aber die einzelnen Abteilungen scheuen den Aufwand, diese Zahlen jedes Mal pünktlich in das System einzugeben. Die Anwender wollen die webbasierte Lösung in der »Cloud«, weil das die Heimarbeit ermöglicht, jedoch will die Security-Abteilung nichts davon wissen.

Ergebnis: Die Verhandlungsphase dauert sehr lange, und das Vertrauen in das Projekt leidet. Alternativ wird ein Kompromiss vereinbart, der für alle Parteien halbherzig ist und weit weg vom gewünschten »großen Wurf«.

Ressourcenengpass

»Großartige Idee, dieses neue Projekt. Aber auf keinen Fall noch dieses Jahr. Wir haben derzeit einen Audit, der noch bis Juni läuft. Während der Sommerferien sind nie alle gleichzeitig da, im Herbst läuft der Budgetprozess und bis Jahresende sind wir mit dem Jahresabschluss voll beschäftigt. Aber im Januar oder besser noch Februar können wir loslegen.«

So schnell ist das Jahr vorbei, aber derartig lange Verschiebungen sind für das Unternehmen oft nicht akzeptabel und daher lautet der Marschbefehl: »Wir müssen loslegen. Wenn die Finanzabteilung sich nicht einbringen will, dann dürfen Sie sich nachher auch nicht beschweren.«

Das zwingt die Abteilungen dazu, sich entweder die Zeit aus wichtigen Projekten herauszuschneiden oder sich überraschen zu lassen. Beides ist unbefriedigend.

Risiken während des Projektes:

Probleme, Probleme, Probleme

Das Projekt verursacht mehr Arbeit, dauert länger und kostet mehr als geplant. Außerdem wirft es ständig neue Konflikte auf und die Mitarbeiter und Führungskräfte sind verärgert und frustriert. »Wer ist bloß auf die Schnapsidee mit diesem Projekt gekommen?«

Erfahrene Manager wissen, dass ein großes Projekt zumindest phasenweise immer so abläuft. Sind diese Frustperioden nur kurz und gibt es anschließend wieder gute Erfolge zu berichten und scheint ein Licht am Ende des Tunnels, dann können Führungskräfte und Mitarbeiter gut damit umgehen. Aber wer weiß das schon im Voraus?

Leistungsverluste
Die wenigsten Abteilungen haben ausreichend Reserven, um ein zusätzliches großes Projekt nebenbei zur täglichen Arbeit zu stemmen. Zusätzliche Leistung, die in ein Projekt fließt, muss daher zwangsläufig zu einem Leistungsverlust an anderer Stelle führen. Gerade in Abteilungen, die geschäftskritische Prozesse betreuen, ist dies aber oft inakzeptabel. Das Geschäft muss rollen und die Geschäftsführung besteht daher darauf, dass das Projekt »on top« – also zusätzlich zur normalen Arbeitsleistung – gestemmt wird. Diese Spannung kann vollständig in das Projekt durchschlagen.

Change Management
Gerade die Einführung unternehmensweiter Systeme geht häufig damit einher, dass auch Geschäftsprozesse sich verändern (das ist oft sogar der Grund für die Einführung des IT-Systems). Das macht Verhaltensänderungen von Mitarbeitern, Führungskräften und ganzen Unternehmensbereichen nötig. Gleichzeitig muss die Arbeit weiterlaufen. Wenn Sie als IT-Anbieter so nebenbei ein Change-Programm im Unternehmen führen müssen – dann erwarten Sie besser nicht, dass alle sich darauf freuen.

Falls Sie das Thema Change Management in IT-Projekten interessiert, werfen Sie doch einen Blick in das Buch »Soft Skills für IT-Führungskräfte und Projektleiter« von Uwe Vigenschow, Björn Schneider und Ines Meyrose aus dem dpunkt.verlag.

Risiken nach Projektabschluss:

Erhöhung der Komplexität
In der IT-Abteilung erhöht sich mit jedem neuen System die Komplexität. Aber auch andere Abteilungen haben ein ähnliches Problem. Ein neues System bedeutet ein weiteres Werkzeug, das die Mitarbeiter beherrschen müssen. Eine weitere Komponente, die nicht oder schlecht funktionieren kann. Eine weitere Abstraktion von der wirklichen Arbeit, weil immer mehr Arbeitsschritte durch die IT erledigt werden und daher Zusammenhänge und Verständnis des Geschäfts für die Mitarbeiter verloren gehen.

Lock-in-Effekte

Ebenso gilt für alle betroffenen Abteilungen, dass mit Systementscheidungen indirekt auch zukünftige Entscheidungen beeinflusst werden. Werden weitere Systemfunktionen benötigt, fällt die erste Wahl automatisch auf bestehende Anbieter. Schließlich gibt es dort eine bestehende Beziehung, keine Umstellungskosten und sichere Kompatibilität. Das alles sind gute Gründe, letztlich geht damit allerdings auch ein Stück Unabhängigkeit verloren. Des Weiteren bedeutet dies verstärkte Abhängigkeiten von einzelnen Lieferanten. Preise können nicht mehr so leicht verhandelt werden, inakzeptabler Service kann nicht mehr so einfach durch einen Wechsel des Anbieters bestraft werden. Aus der unkomplizierten Beziehung wird plötzlich eine Verlobung. Das kann für beide Seiten gut sein, aber es kann auch ein beunruhigendes Gefühl daraus entstehen.

Geringere Flexibilität

Aus den obigen Effekten ergibt sich automatisch, dass die Flexibilität der betroffenen Bereiche durch die Systementscheidung abnimmt – obwohl paradoxerweise vielleicht genau die Flexibilisierung des Unternehmens das ursprüngliche Ziel des Projektes war. Ebenso wird Flexibilität oft nicht geschaffen, sondern verschoben: Die Vorteile einer Abteilung (z.B. Fachbereich) werden durch die Nachteile einer anderen (z.B. EDV) erkauft. Das mag insgesamt für das Unternehmen ein gutes Geschäft sein – für die betroffenen Bereiche stellt es trotzdem ein Risiko dar.

Alle diese Risiken führen dazu, dass betroffene Manager und Abteilungen im Vorfeld Druck auf den Entscheidungsträger ausüben sowie Vorbedingungen stellen oder Anforderungen platzieren – was letztendlich wieder das Projektrisiko erhöht.

Zusammenfassung Verkaufshindernis 5:
»Risiken für die betroffenen Bereiche«

Auch wenn in IT-Projekten die EDV-Abteilung immer einer der wichtigsten Ansprechpartner sein wird – in den meisten Fällen sind auch andere Bereiche betroffen. Als externer Anbieter sind Sie selten in der Lage, von vornherein einzuschätzen, wer wirklich betroffen ist und wer daher für die Entscheidung letztlich mit ausschlaggebend ist. Das herauszufinden, ist eine der wichtigsten Aufgaben des Verkaufsberaters.

Allen können Sie es nie recht machen – das soll aber kein Freibrief sein, es nicht trotzdem bei möglichst vielen zu versuchen. Das erleichtert den Verkaufsabschluss und die anschließende Umsetzung. Dabei ist häufig Fingerspitzengefühl gefragt. In manchen Abteilungen können Sie mit der Ansage »Das ist vom Topmanagement beschlossen« gut weiterkommen – in anderen werden Manager und Mitarbeiter Sie damit gegen die Wand laufen lassen.

→

Zusammenfassung Verkaufshindernis 5:
»Risiken für die betroffenen Bereiche«

- Ob es Ihnen gefällt oder nicht – die Art und Weise, wie bisherige Anbieter in diesem Unternehmen Projekte durchgeführt haben, hat die Wahrnehmung des Unternehmens gegenüber externen Anbietern geprägt. Hoffentlich zu Ihrem Vorteil. Besser ist es, Sie erkundigen sich beim Kunden, wie die letzten Erfahrungen waren.

- Behalten Sie die vielen unterschiedlichen Risiken im Auge – oder besser gesagt, in den Ohren, denn meist hören Sie die Risiken aus den Gesprächen heraus. Nehmen Sie jedoch nicht alle Einwände für bare Münze. Häufig dienen diese Gründe nur als Vorwand, um die tatsächlichen Gründe zu verschleiern. Je rascher Sie dahinterkommen, desto besser.

2.11 Verkaufshindernis 6: Risiken für das Unternehmen

Das Kundenrisiko ist zu hoch	1. Persönliche Risiken des Entscheiders
	2. Risiken für die betroffenen Bereiche
	3. Risiken für das Unternehmen

Das Unternehmen – was ist das?

In den letzten beiden Abschnitten haben wir uns vor allem mit den Persönlichkeiten und den Bereichen des Unternehmens beschäftigt.

Dass es einen eigenen Abschnitt gibt, der sich mit den Risiken des Unternehmens beschäftigt, unterstellt damit eines: Dass das Unternehmen selbst mehr ist als die Summe der einzelnen Bereiche und Personen im Unternehmen.

Die Frage: »Was ist das Unternehmen?« ist keine einfache.

Mehr als einmal klagte ein mir gut bekannter Topmanager: »Warum glauben alle Mitarbeiter, dass ICH die Firma bin? Ich arbeite hier als Angestellter wie alle anderen. Die sind genauso Teil des Unternehmens, wie ich es bin.«

Risiken des Unternehmens

Risiken vor und bei der Entscheidung zum Projekt:

▨ **Opportunitätsrisiken**
Erinnern Sie sich noch an die Fallstudie zum Prozessmanagement-Tool am Anfang des Kapitels? Ein Unternehmen kann sich aufgrund von Kosten, Ressourcenknappheit und Konzentrationsbestrebungen nur eine limitierte Zahl an parallelen Projekten leisten (IT-Prozessmanagementsystem oder Marketing-App-Suite). Wenn das Unternehmen daher ein bestimmtes IT-Projekt forciert, dann bedeutet dies, dass es etwas anderes nicht machen kann. Wenn das Projekt daher ein Fehlschlag wird oder aus dem Ruder läuft, ist das gleich doppelt schlimm: einerseits der verschwendete Projektaufwand, andererseits die verpassten Vorteile des Alternativprojektes.

Unternehmenspolitik

Weil den einzelnen Managern bewusst ist, dass das Budget begrenzt ist und dass einige der ständig benötigten Ressourcen immer knapp sind (z.B. gute Projektleiter, Fachexperten, Produktdesigner), kann dies bereits im Vorfeld zu Kuhhandel und Unternehmenspolitik führen. Abteilungen legen mit schwammigen Argumenten ein Veto gegen ein Projekt ein, um ihr eigenes Projekt abzusichern. Andere vereinbaren untereinander, jeweils für ihre Projekte und gegen alle anderen zu stimmen. Wie ein Abteilungsleiter nach einer Projektportfoliobesprechung meinte:

»Das ist wie beim Euro-Songcontest – in erster Linie wird politisch abgestimmt.«

Risiken während des Projektes:

Geschäftsrisiken

Betrifft das Projekt Bereiche, die direkt an den kritischen Geschäftsprozessen beteiligt sind, dann können die Projektrisiken zu Geschäftsrisiken werden. Probleme können dann Unmengen an Kosten, Kundenbeschwerden, Problemen mit Partnern und Imageschaden bedeuten.

Produktivitätseinbruch

Einzelne oder mehrere Bereiche werden während des Projektes Produktivitätseinbußen in Kauf nehmen müssen. Nur sehr wenige Unternehmen können es sich leisten, alle nötigen Ressourcen für ein umfangreiches Projekt aus dem Ärmel zu schütteln. Vielmehr müssen Leistungen »on top« – also zusätzlich zum Normalbetrieb – bereitgestellt werden. Selbst, wenn große Teile des Projektes an Partner ausgelagert sind, gibt es immer noch zahlreiche Aktivitäten, die der Kunde selbst durchführen muss: regelmäßige Besprechungen mit Mitarbeitern, Tests und Integrationen, Training von Anwendern etc.

Ressourcenkonflikte

Einige Mitarbeiter, Abteilungen oder Ressourcen sind immer besonders knapp. Das können bestimmte Softwareentwickler, Projektmanager, Rechtsexperten, Designer oder Manager sein. Diese Personen werden ständig in allen Teilen des Unternehmens benötigt – und natürlich auch im neuen Projekt. Zerreißen können diese Menschen sich jedoch nicht und wenn diese Personen sich im neuen Projekt engagieren, geht dies zwangsläufig zulasten einer anderen Aktivität woanders im Unternehmen – und damit gibt es plötzlich direkte Abhängigkeiten zwischen dem Projekt und Unternehmensbereichen, die im Grunde nichts miteinander zu tun haben.

Risiken nach dem Projekt:

- **Einzementieren**
  Ist das Projekt erfolgreich, setzt es einen neuen Baustein für das Unternehmen. Dazu war es ja auch da. Gleichzeitig bürdet sich das Unternehmen damit auch Verantwortung auf. Hat sich das Unternehmen beispielsweise im Rahmen eines Projektes ein neues Rechenzentrum gebaut, sind langfristige Fixkosten entstanden, Mitarbeiter wurden eingestellt, langfristige Verträge mit Lieferanten sind abgeschlossen worden. Entwickelt sich das Geschäft nicht wie erwartet, wird man diesen Posten nicht so einfach wieder los.

- **»Hexenjagd«**
  War das Projekt nicht erfolgreich, kann es im Unternehmen zu unangenehmer Ursachenforschung und der Suche nach Schuldigen kommen. Das kann vom Vorstand, Geschäftsführer, Aufsichtsrat, Betriebsrat, von Investoren oder Börsenanalysten ausgehen. In schwerwiegenden Fällen kommen noch Finanzamt, Finanzmarktaufsicht, Rechnungshof und Staatsanwalt dazu. Während die Aufarbeitung und Suche nach den »Lessons Learned« grundsätzlich eine gute Sache ist, kann im Negativfall viel Schmutzwäsche gewaschen werden. Je höher das Risiko einer derartigen »Hexenjagd« ist, desto schwieriger wird der Abschluss eines risikoreichen Projektes, da alle Betroffenen sich gebührend absichern wollen. Dies lähmt in Folge das Unternehmen – große Veränderungen und Innovationen werden praktisch unmöglich.

- **Symbolwirkung**
  Egal, wie sinnvoll ein Projekt ist – es kann inkompatibel mit bestimmten Zielen, Werten, Strategien oder Visionen sein. Wenn sich ein Unternehmen selbst lange als »schneller und flexibler Herausforderer« im Wettbewerb gegen die bürokratischen, trägen Schwergewichte der Branche gesehen hat, dann hat die Einführung eines standardisierten Qualitätsmanagements oder eines Prozessregelwerkes Symbolkraft. Für viele Mitarbeiter zieht damit auch im eigenen Unternehmen die Bürokratie ein. Ob diese Wahrnehmungen inhaltlich zu rechtfertigen sind, ist dabei sekundär. Falls Ihr Projekt Gefahr läuft, gegen Werte und unausgesprochene Regeln des Unternehmens zu verstoßen, dann kann es Ihnen passieren, dass jede einzelne Person Ihr Projekt befürwortet, aber sich alle zusammen nicht dazu durchringen können, den »Verrat« zu beschließen. Das ist für einen Verkaufsberater besonders frustrierend, denn Sie werden keine guten Gründe für eine Ablehnung bekommen.

Für Sie als Verkaufsberater bedeutet das: Ihr Projekt hat vielleicht mehr Auswirkungen als Sie wissen. Andere Personen beim Kunden allerdings wissen, vermuten oder fürchten es. Das kann zum Risiko werden – für Ihren Kunden und damit für Sie.

Zusammenfassung Verkaufshindernis 6:
»Risiken für das Unternehmen«

- Wenn Mitarbeiter vom »Unternehmen« wie von einer Person sprechen, fragen Sie nach: »Wer ist das bei Ihnen, das Unternehmen?« Es ist wichtig, dass Sie verstehen, wer und wie die Entscheidungen getroffen werden und wer das Unternehmen repräsentiert.

- Eine Gruppe ist mehr als die Summe der Einzelpersonen – das kann man an Verhaltensänderungen von Menschen erkennen, sobald diese sich in Gesellschaft befinden. Genauso ist es beim Unternehmen: Selbst wenn Sie von den drei wichtigsten Personen jeweils die Zustimmung erhalten haben, ist damit noch nicht gesichert, dass diese drei Personen sich gemeinsam ebenso auf eine Zustimmung einigen können. Klingt nicht logisch, ist es auch nicht. Passieren tut es trotzdem. Menschen sind nun mal nicht widerspruchsfrei.

- Rechnen Sie damit, dass Ihre Leistung möglicherweise Symbolkraft hat. Wenn sich das Unternehmen gerade restrukturiert und Arbeitsplätze abbaut, dann werden die Ausgaben des Unternehmens für Berater und IT-Systeme in einem anderen Licht gesehen, als wenn das Unternehmen sich in rasantem Wachstum befindet. Dies hat Auswirkungen auf eine Auftragsvergabe (»Können wir das wirklich machen – Leute mit Familien entlassen und gleichzeitig sechsstellige Beträge für ein IT-System ausgeben?«) und darauf, mit wie viel motivierter Unterstützung der Mitarbeiter Sie bei der Projektdurchführung rechnen sollten.

- Risiko wird von Betroffenen praktisch immer als deutlich höher empfunden, wenn diese selbst nicht an der Entscheidung beteiligt waren. Etwas »aufgedrückt« zu bekommen, erhöht das Risikoempfinden deutlich. Lassen Sie daher Vorsicht walten bei wichtigen Stakeholdern, die mit dem Projekt vor vollendete Tatsachen gestellt worden sind.

2.12 Management des Kundenrisikos als Kernkompetenz des IT-Beraters

Vielleicht fragen Sie sich: »Ist das Kundenrisiko nicht einfach nur ein weiterer Kostenfaktor – und damit bereits implizit in der Überlegung Kundennutzen vs. Kosten bereits berücksichtigt?«

Mehrere Verkaufsratgeber machen dies in der Tat so: Sie behandeln das Risiko des Kunden wie einen impliziten Kostenaufschlag. Ich finde diese Sichtweise wenig hilfreich – denn sie suggeriert, dass Sie als Anbieter das Risiko des Kunden damit kompensieren können, dass Sie mit dem Preis heruntergehen. Natürlich bedingt ein hoher Preis zusätzlich ein Kostenrisiko. Sie können jedoch das Risiko für den Kunden nicht beliebig reduzieren, indem

Sie einfach den Preis senken. Ist das Risiko zu hoch, können Sie das Projekt nicht einmal gewinnen, wenn Sie Ihre Leistung verschenken.

Dieses Phänomen ist mir in Gesprächen mit Anbietern von Open-Source-Software mehrmals aufgefallen.

Das Argument der Anbieter: Die Kosten für die Software selbst sind null oder sehr gering. Die einmaligen Umstellungskosten amortisieren sich laut den Kosten-Nutzen-Rechnungen des Kunden oft innerhalb kurzer Zeit durch die wegfallenden Lizenzkosten. Der Support kostet ungefähr gleich viel. Trotzdem fällt vielen Organisationen die Umstellung schwer. Dies ist für IT-Berater oft nicht nachvollziehbar. Denen bleibt in solchen Fällen nur ein Achselzucken und ein Kopfschütteln übrig angesichts der offensichtlichen Dummheit des Kunden.

Effektiv stellt sich die Situation aber so dar, dass der Berater das Risiko des Kunden nicht verstanden hat. Gelingt es Ihnen als IT-Berater jedoch, das Risiko des Kunden zu verstehen, dann werden dessen Entscheidungen und Verhaltensweisen plötzlich plausibel, nachvollziehbar und vernünftig. Noch wichtiger: Wenn Sie die Risiken des Kunden verstehen, können Sie ihm beim Risikomanagement helfen, indem Sie Ihr Projekt und ihren Verkaufsprozess anders gestalten.

Sie haben mit dem aktivem Management des Kundenrisikos eines der mächtigsten Werkzeuge im IT-Verkauf an der Hand. Sie werden sehen: Mit diesem Ansatz sind Sie alleine auf weiter Flur. Das hebt Sie in einem Schlüsselfaktor deutlich vom Wettbewerb ab. Ein wesentlicher Teil des Kundenrisikos wird durch einen geeigneten Verkaufsprozess unter Kontrolle gehalten. Damit setzen wir uns in Kapitel 3 »Der Verkaufsprozess« auseinander.

Übrigens

Dieser Abschnitt des Buches hat sich stark auf die Negativseite des Risikos konzentriert. Das soll weder ein einseitiges Licht auf die Entscheidungträger in Unternehmen werfen, noch soll es Sie entmutigen. Denn natürlich gibt es neben den Risiken auch immer Chancen – sonst würde nie jemand ein IT-Projekt durchführen.

In der Tat gibt es auch viele Manager, die gerne und bewusst riskante Projekte starten, um sich die Vorteile zu sichern. Nur: Optimistischen, innovativen, risikofreudigen Kunden IT-Projekte zu verkaufen – das kann jeder. Als Profi müssen Sie auch die Skeptiker und risikosensiblen Entscheider auf Ihre Seite bringen können.

2.13   3. Problemfeld: Interessenkonflikte zwischen Kunden und Anbieter

Was Kunden und Anbieter zusammenbringt ist klar: der Wunsch, das gemeinsame Projekt zu einem Erfolg zu machen. Deswegen ziehen auch alle an einem Strang und verfolgen dasselbe Ziel, richtig?

So einfach ist es nicht.

Letztlich sind Kunde und Anbieter verschiedene Akteure und verfolgen ihre eigenen Ziele. Diese können durchaus kompatibel sein – aber eben auch nicht.

Kunden, Lieferanten und One-Night-Stands

Zwei Menschen treten an einem Samstagabend in einem Club miteinander in Kontakt. Will die eine Person nur einen netten Abend oder einen One-Night-Stand und trifft sie damit genau die Interessen der anderen Person, stehen die Chancen gut für eine gelungene Begegnung. Ist die andere Person jedoch ausschließlich an einer langfristigen Beziehung interessiert, wird es schwieriger. Richtig problematisch wird es dann, wenn die One-Night-Stand-Person den Interessenkonflikt erkennt und daher ebenso langfristige Ziele vortäuscht, um zu ihrem Vergnügen zu kommen.

Ähnlich verhält es sich bei Beziehungen zwischen Kunden und Lieferanten. Es ist nicht immer leicht zu erkennen, wer bereit ist, in langfristige Beziehungen zu investieren, und wer einfach nur das aktuelle Projekt möglichst profitabel erledigen will.

In einigen Fällen werden Interessenkonflikte bereits während der ersten Gespräche offensichtlich, in anderen Fällen erst im Laufe der Zusammenarbeit beim Projekt. In wieder anderen Fällen wird der Konflikt erst nach dem Projekt ersichtlich, wenn eine der beiden Parteien Gespräche über eine gemeinsame Zukunft beginnt.

Warum sollte das Sie als Verkaufsberater interessieren? Die meisten Interessenkonflikte werden schließlich erst dann offensichtlich, wenn das Projekt bereits im Gange ist. Dann haben Sie den Abschluss bereits in der Tasche.

Abgesehen davon, dass diese Haltung dem Kunden, den Kollegen und dem eigenen Unternehmen gegenüber fragwürdig ist, werden Sie damit nicht so leicht davonkommen. Denn bei großen Projekten gibt es bereits im Vorfeld meist schon eine intensive Zusammenarbeit, während der sich Anbieter und Kunde näherkommen und sich »beschnuppern« können.

Wie wir später noch feststellen werden, wird die Aufmerksamkeit des Kunden kurz vor dem Abschluss sich weg von Inhalten und hin zu Risiken in der Zusammenarbeit verlagern. Mit anderen Worten: Erkennt der Kunde mögliche Interessenkonflikte, wird er das Projekt auch dann noch kippen, wenn Sie und Ihr Unternehmen bereits viel investiert haben. Schlimmer noch: Der Kunde ist zu diesem Zeitpunkt vom Projekt, aber nicht von Ihnen als Partner überzeugt. Er wendet sich daher an Ihren Wettbewerb, der sich »ins gemachte Bett legt«.

Mehr über das Timing im Verkaufsprozess erfahren Sie in Abschnitt 4.1.

Die gefährlichsten Konflikte sind jedoch die, die sowohl vom Kunden als auch vom Anbieter so lange unerkannt bleiben, bis die Zusammenarbeit schweren Schaden erlitten hat. Wie folgende Fallstudie zeigt:

Fallstudie:
Buchhaltungssystem

Im Unternehmen Holzbau GmbH wird eine neue Buchhaltungssoftware eingeführt. Ergänzend dazu sind individuelle Erweiterungen notwendig, um die Daten aus dem Einkauf und der Produktion automatisch in das System zu übernehmen. Zu diesem Zweck wird ein Dienstleister beauftragt, der vom Hersteller der Software empfohlen wurde. Der Softwaredienstleister arbeitet während des Projektes zusammen mit einem internen Team aus zwei Entwicklern des Kunden. Das Projekt läuft nun mehrere Monate und der letzte Meilenstein wurde verpasst. Der Projektverantwortliche des Kunden, Herr Fischer (F), hat daraufhin eine Besprechung mit dem Projektmanager des Anbieters, Herrn Maurer (M), einberufen.

F: Herr Maurer, mir reicht's jetzt langsam. Drei Wochen in Folge mache ich darauf aufmerksam, dass Ihr Zeitplan im Verzug ist und dass ich mir Maßnahmen wünsche. Bekommen habe ich noch nichts dergleichen.

M: Herr Fischer, ich möchte Sie darauf aufmerksam machen, dass dies nicht mein Zeitplan ist, sondern unser Zeitplan. Es ist richtig, dass das Projekt in Verzug geraten ist, aber wie ich bereits die letzten Male aufgezeigt habe, liegt das nicht an unserem Team, sondern in erster Linie daran, dass Ihr eigenes Team die uns zugesagten Arbeitspakete nicht geliefert hat. Wie sollen wir da zügig vorankommen?

F: Ach, jetzt auf einmal sind wir selbst schuld oder was? Während Sie keinen einzigen Fehler gemacht haben?

M: Herr Fischer, so war das nicht gemeint. Natürlich gibt es auch auf unserer Seite ein paar Versäumnisse und Verspätungen. Ich wehre mich nur gegen den Vorwurf, dass das alles rein unsere Schuld ist. Wenn der Fußboden noch nicht fertig ist, kann der Fliesenleger nicht weitermachen.

F: Dann hätten Sie sich eben darum kümmern müssen. Wenn Sie bis zur letzten Sekunde warten, um zu prüfen, ob alles erledigt ist, dann dürfen Sie sich eben nicht wundern, dass nicht immer alles so vorbereitet ist, wie Sie es gerne hätten. Wozu sind Sie denn Projektmanager? →

Fallstudie:
Buchhaltungssystem

M: Ich kümmere mich sehr proaktiv um das Projekt – aber ich bin nicht für Ihr Personal zuständig. Da waren wir uns doch einig.

F: Herrgott, jetzt komme ich mir bald vor wie auf dem Zulassungsamt. Was ist denn das für eine Einstellung, dass Sie das Projekt schleifen lassen, nur weil das nicht Ihre Zuständigkeit ist? Sie können sich ja trotzdem erkundigen, ob die Leute im Plan sind, ohne diese gleich rumkommandieren zu müssen. Außerdem hat unser Team einen Ansprechpartner und der ist nur einen Telefonanruf weit weg.

M: Herr Fischer, wir hatten doch vereinbart, dass wir uns um Ihr Team nicht kümmern und die Koordination bei Ihnen selbst erfolgt. Deswegen sind wir Ihnen ja auch beim Angebot preislich entgegengekommen.

F: Hören Sie mir überhaupt zu? Wer redet da von Koordination? Das machen wir schon selbst, schließlich sind schon zwei Drittel des Projektes abgeliefert, ohne dass sich jemand aus Ihrer Firma je bei unseren Leuten blicken hat lassen.

Was mir bei Ihnen fehlt, ist eine Verantwortung für das Gesamtergebnis. Bei Ihnen läuft alles nach dem Motto: »Wir machen genau das, was wir schriftlich fixiert haben.« Darüber hinaus rühren Sie keinen Finger. Lieber schauen Sie zu, dass das Projekt den Bach runtergeht, als dass Sie sich aktiv um den Projekterfolg kümmern. »Operation gelungen – Patient tot« – das ist anscheinend Ihre Devise.

M: Gegen derartige Vorwürfe muss ich mich energisch wehren. Wir sind sehr wohl daran interessiert, das Projekt zu einem Erfolg zu bringen. Aber wir dürfen und wollen nicht Ihr Team koordinieren und daher gehen wir davon aus, dass Ihre Leute einen guten Job machen und Ihre Ergebnisse pünktlich abliefern – auch ohne dass wir Ihnen ständig nachlaufen. Dies war unsere Vereinbarung, deswegen haben wir ja auch die Kosten für einen Gesamtprojektmanager gespart.

F: Ich sehe ein, dass das ein Fehler war. Aber wer konnte schon damit rechnen, dass Sie sich partout keinen Deut von Ihrer Position weg bewegen wollen. Etwas mehr Flexibilität hätte ich mir schon erwartet. Auch bei den kleinsten Änderungen, die vermutlich gerade mal 2–3 Stunden Arbeit sind, bleiben Sie stocksteif auf Ihren Plänen – oder wollen gleich wieder mehr Geld dafür. Sie hätten Türsteher werden sollen.

M: Ich glaube, es macht an dieser Stelle keinen Sinn, über die Schuldfrage weiter zu diskutieren. Ich und mein Team stehen weiterhin in der Verantwortung, die wir übernommen haben bezüglich aller vereinbarten Arbeitspakete. Unser Team geht auch weiterhin davon aus, dass Ihr Team dies ebenso handhabt. Sollten Sie sich trotzdem noch für einen Gesamtprojektmanager entscheiden, stelle ich gerne sicher, dass Sie dafür ein Angebot bekommen.

F: Nicht nötig. Ich werde mich hier im Unternehmen um jemanden bemühen, der das erledigen kann. Ich brauche schließlich jemanden, der Verantwortung übernimmt und keinen Bürokraten, der zuerst im Projekthandbuch nachsehen muss, bevor er sich telefonisch erkundigt, ob alles wie geplant abläuft.

Analyse der Fallstudie

Wo liegt das Problem zwischen den beiden Gesprächspartnern?

Die Rhetorik des Gesprächs soll nicht darüber hinwegtäuschen: Das Hauptproblem der Situation liegt darin, dass die Interessen und die damit verbundenen Erwartungen an den jeweiligen Partner offenbar nicht zueinander passen. In diesem Fall liegt der Konflikt in der Haltung, die Kunde und Anbieter zum Projekt einnehmen.

Der Kunde wünscht sich jemanden, der anpackt, eingreift und pragmatisch agiert. Regeln und Vereinbarungen sind zweitrangig, wenn es dem Erfolg dient. In seinem Unternehmen schätzt man offenbar die »Macher« und wenn diese für das rasche Vorankommen auch gelegentlich die Richtlinien »biegen«, schaut man großzügig darüber hinweg.

Der Softwarepartner hingegen beruft sich auf Vereinbarungen und Verträge – weil er sich außerstande sieht, direkt in die Aktionen des Kunden einzugreifen oder um sich vor unbezahltem Aufwand, vor Problemen und vor Verantwortungsgerangel zu schützen. Für viele Unternehmen ist dies auch eine »professionelle« Haltung.

Welche der Haltungen Sie oder Ihr Unternehmen bevorzugen und mit welcher Sie bessere Erfahrungen gemacht haben, sei dahingestellt: In der Praxis funktionieren beide, solange beide Partner das ähnlich sehen. Sind die Haltungen jedoch »über Kreuz«, sind Konflikte vorprogrammiert. Gerade derart tiefgreifende Konflikte in Werten und Haltungen können Sie in einem Verkaufsprojekt normalerweise nicht lösen. Bestenfalls können Sie Regeln erstellen, wie die Partner mit diesen Konflikten umgehen.

Wenn Sie dieses Thema interessiert, werfen Sie einen Blick in das Buch »Soft Skills für IT-Berater« von Uwe Vigenschow und Björn Schneider (dpunkt.verlag).

Kommt es zu Interessenkonflikten zwischen Ihnen und dem Kunden, halten Sie sich vor Augen:

- Es gibt kein »richtig« oder »falsch« – nur ein »kompatibel« oder »inkompatibel«. Beide Parteien sind davon überzeugt, dass ihr Ansatz der richtige ist. Schließlich sind sie »immer gut damit gefahren«. An dieser Einstellung Ihres Kunden werden Sie nichts ändern – egal wie viele Best-Practice-Studien Sie ihm vorlegen, die Ihre eigene Position bestätigen.

- Hinter diesen Einstellungen stehen in der Regel Kulturen, Werte, Glaubenssätze und viele Erfahrungen. Diese innerhalb eines Projektes verändern zu wollen, ist aussichtslos. Finden Sie sich damit ab – Ihr Kunde hat Sie nicht dafür beauftragt, dass Sie ihm ein neues Evangelium verkünden.

- Natürlich gibt es nicht nur die Extreme, sondern auch Organisationen, die ein Mittelmaß bevorzugen. Auch diese Variante ist vernünftig – muss aber ebenso zum Kunden passen. Zu eben jenem Kunden, der genau diese balancierte Variante schätzt. Die goldene Mitte ist nicht immer golden, sondern manchmal für den Kunden auch »weder Fisch noch Fleisch«. Das ist nicht zu verwechseln mit »wir können beides – je nach Kundenwunsch«. Denn das stimmt so gut wie nie. Auch Anbieter haben Kulturen, Werte und Erfahrungen, die sie nicht einfach so ablegen können, weil der Kunde das wünscht.

- Wenn Sie die Interessenkonflikte nicht lösen können, so hilft es trotzdem, sie möglichst rasch zu erkennen. Das ermöglicht allen Parteien, konstruktiv damit umzugehen. Vielleicht erkennen Sie schon vor dem Verkaufsabschluss, dass Sie sich zwar inhaltlich einig sind, aber nicht zueinander passen. In solchen Fällen kann die wirtschaftlichste Entscheidung sein, das Projekt bleiben zu lassen.

- Sehr beliebt, trotzdem unwirksam: Interessenkonflikte zuerst ignorieren, dann dem Unverständnis des Partners zuschieben. Danach sich immer besser absichern und später hoffen, dass man das Ende des Projektes noch schafft, bevor alles aus dem Ruder läuft. In diesen Fällen riskieren Sie, dass der Konflikt gerade dann vehement an die Tür klopft, wenn das Problem zu groß zum Ignorieren ist, die Emotionen bereits Wogen schlagen und das Vertrauen schon kaputt diskutiert wurde.

- Wenn Interessenkonflikte lange unerkannt bleiben, liegt dies selten daran, dass Kunden und Anbieter unerfahren, konfliktscheu oder dumm sind, sondern daran, dass sie lange nicht hinschauen und die Anzeichen ignorieren. Die meisten Menschen sind davon überzeugt, dass ihre Vorgangsweise die »professionelle« ist und der Partner das doch sicher auch so macht – denn andere Haltungen sind undenkbar. Ob der Kunde sich für »nicht professionell« hält, weil er anders vorgeht? Wohl kaum.

2.14 Verkaufshindernis 7: Konflikte im Projekt

Mögliche Konflikte zwischen Kunde und Anbieter	1. Konflikte im Projekt
	2. Konflikte in der Partnerschaft
	3. Konflikte in der gemeinsamen Zukunft

Beispiele für Interessenkonflikte, die das gemeinsame Projekt betreffen

Einer der Partner möchte ein tolles Leuchtturmprojekt – der andere will so wirtschaftlich und effizient wie möglich arbeiten.

Vielleicht möchte der Anbieter aus dem Projekt eine Referenzinstallation machen oder einen Fuß beim attraktiven Kunden in die Tür bekommen. Vielleicht benötigt er auch einen »Proof of Concept« für sein neues System, um damit auf den breiten Markt zu gehen.

In diesen Fällen wird der Anbieter besonders viel Wert auf das Projekt legen, wenn er dafür das Projekt umso besser herzeigen kann.

Auch für den Kunden ist das Projekt wichtig – aber nicht wichtiger als die anderen 17 Projekte, die parallel laufen. Er wird daher mit den Ressourcen haushalten – gerade so, dass das Projekt im Plan bleibt. Der Übereifer des Anbieters und die ständigen Ansuchen, dem Projekt doch mehr Aufmerksamkeit zu schenken, stören dabei.

Auch der umgekehrte Fall ist möglich: Vielleicht möchte der neue Manager des Kunden sich mit diesem Projekt gleich einen guten Namen machen oder eine Wende im Unternehmen einleiten. Für den Anbieter hingegen ist der Auftrag »Business as usual« und der Kunde ist gleich wichtig wie die anderen 17 Kunden auch, die zur gleichen Zeit betreut werden.

Beide Partner wollen so effizient wie möglich arbeiten.

Mit anderen Worten: Kunde und Anbieter wollen das Projekt sauber über die Bühne bringen und dabei so wenig Geld und Ressourcen wie möglich investieren.

In der Praxis sind die Grenzen zwischen den Beiträgen des Kunden und des Anbieters selten präzise zu ziehen. Dadurch entstehen Graubereiche, für die sich niemand zuständig fühlt und in denen für alle Parteien die Devise gilt:

»Soll sich doch der Partner darum kümmern.« Die Verantwortung wird hin- und hergeschoben – so wie in folgendem Fall:

Fallstudie

Produktmanager (PM) des Kunden vs. Entwickler (E) des Anbieters

PM: Die Schnittstelle, die Sie programmiert haben, funktioniert nicht. Sie hätten den Parameter X im Protokoll mit aufnehmen müssen.

E: Davon steht in der Spezifikation nichts. Zumindest ist es unklar.

PM: Was soll daran unklar sein? Klarer geht's doch kaum.

E: Dann lesen Sie sich die Passage noch einmal durch. Das könnte mit oder ohne Parameter X interpretiert werden.

PM: Theoretisch könnte man beiderlei interpretieren. Man könnte aber stattdessen auch ein wenig mitdenken und dann wäre klar, dass nur die Variante mit dem X-Parameter sinnvoll ist.

E: Das stimmt nur dann, wenn man das nötige Hintergrundwissen hat – woher soll ich das nehmen?

PM: Vielleicht könnten Sie einfach mal die Projektdokumente lesen?

E: Vielleicht könnten Sie einfach ein wenig klarer spezifizieren? Das wäre bedeutend weniger Aufwand.

Keiner der Partner will die Gesamtverantwortung

Arbeiten an der Entwicklung eines Systems mehrere Teams mit, die unterschiedlichen Organisationseinheiten angehören, ist die Gesamtverantwortung oft verteilt. Das ist beispielsweise dann der Fall, wenn mehrere Teams aus verschiedenen Abteilungen eines Unternehmers zusammenarbeiten oder bei einem Projekt ein Team des Kunden und ein Team des Anbieters gemeinsam eine Software entwickeln.

Es kann dann vorkommen, dass niemand im Projekt das »Pouvoir« besitzt, also die Befähigung, alleine für alle Beteiligten verbindliche Entscheidungen durchzusetzen. Der Kunde kann zwar verbindliche Vorgaben zum Ergebnis machen, aber den Entwicklern des Anbieters nicht vorschreiben, was diese wie zu erledigen haben. Diese wiederum halten sich im Konfliktfall nicht an die Wünsche des Kunden, sondern an die Vorgaben des eigenen Unternehmens.

Die Gesamtverantwortung zu übernehmen, bedeutet dann, dass man zwar zur Verantwortung gezogen werden kann, aber umgekehrt nicht die nötigen Mittel hat, sich durchzusetzen. Nicht immer ein lustiger Job, wie der folgende Fall zeigt:

Kunden-Systemadministrator (A) vs. Entwickler des Softwarepartners (E)

A: Ich habe die Applikation auf dem Testsystem ausgerollt – sie funktioniert nicht. Die wirft irgendeine kryptische Fehlermeldung.

E: Also, auf meiner Maschine funktioniert die Software einwandfrei. Ich habe sie jetzt mehrfach getestet.

A: Das ist schön, dass das Ding auf deiner Kiste läuft, aber wir betreiben die Software nicht auf deiner Maschine, sondern auf unserem Server. Und dort läuft sie nicht.

E: Und was soll ich jetzt deiner Meinung nach machen? Mit der Aussage »die Applikation läuft nicht« kann ich wenig anfangen – vor allem, nachdem sie bei mir schnurrt wie ein Kätzchen.

A: Ich hab dir schon die Logfiles geschickt, die der Server und dein Programm ausgespuckt haben.

E: Die hab ich mir schon angeschaut. Aus denen lässt sich nicht klar erkennen, woran es liegt. Vielleicht könnte ich den Fehler finden, wenn ich direkt auf der Maschine debuggen könnte. Dazu brauche ich aber Admin-Rechte.

A: Admin-Rechte in unserem System? Bei dir piept's wohl! Was glaubst du, was los ist, wenn du dabei irgendwas abrauchen lässt? Du kennst dich doch in dem System gar nicht aus. Vergiss es!

E: Schon gut, reg dich ab. Aber dann kann ich dir nicht helfen.

A: Gut, soll sich der Projektleiter darum kümmern.

E: O.K.

Der markige Spruch »Wir übernehmen volle Verantwortung für den Erfolg« kommt vor dem Projektstart allen Beteiligten noch leicht über die Lippen. Sind erst einmal emotionale Konflikte auf dem Tisch, sieht die Realität anders aus. Das Problem multipliziert sich, wenn mehrere Anbieter zusammenarbeiten, um gemeinsam eine Leistung für den Kunden zu erbringen, beispielsweise im Rahmen einer Bietergemeinschaft oder eines Netzwerks. Die beste Empfehlung für Sie als Verkaufsberater: Die Erwartungen und den Stil des Kunden bereits im Vorfeld möglichst gut abklären und überprüfen, ob Anbieter und Kunde zusammenpassen.

Einer der Partner möchte Standards – der andere Maßschneiderei.

Standardpakete haben viele Vorteile: Sie sind meist fertig entwickelt, umfangreich getestet und bewährt. Aufgrund der Skaleneffekte ist das Paket oft günstiger, es gibt verfügbares Know-how am Markt, Patches und Upgrades sind regelmäßig verfügbar und die Software wird regelmäßig weiterentwickelt.

Der wesentliche Nachteil: Standardpakete passen praktisch nie hundertprozentig.

Bei einigen Kunden überwiegen die Vorteile den Nachteil und so greifen diese zum Standardpaket. Anderen reicht die Software von der Stange nicht aus: Funktionen fehlen, Anpassungsmöglichkeiten fehlen, die Performance ist unbefriedigend oder die Bedienung oder die Schnittstellen.

Ob der Anbieter zu Standard oder Maßanfertigung tendiert, hängt von dessen Geschäftsmodell ab. Hersteller und Händler von Softwarepaketen betreiben das Standardsoftwaremodell.

Umgekehrt werden Anbieter mit starker Kompetenz im Bereich der Entwicklung eher an kundenspezifischen Lösungen interessiert sein oder an einer Kombination von einem Produkt von der Stange mit individuellen Anpassungen.

Wieder gilt: Es gibt kein richtig oder falsch – solange die Interessen von Kunde und Anbieter zusammenpassen. Die Versuchung des Anbieters ist allerdings groß, den Kunden hier in die Richtung zu »beraten«, die dem eigenen Modell entspricht. Das rächt sich in vielen Fällen.

Die Alternative, dass der Anbieter für den Kunden eine Ausnahme macht, führt langfristig ebenso zu Spannungen – spätestens dann, wenn es der Anbieter leid ist, ständig die Extrawürste des Kunden zu befriedigen.

Tipp

Mögliche Interessenkonflikte in Verkaufsgesprächen anzusprechen, ist nicht angenehm. Schließlich könnte der Kunde den Eindruck bekommen, dass Sie als Anbieter nicht zu ihm passen und er daher den Auftrag anderweitig vergibt.

Es steht Ihnen als Verkaufsberater und Ihrem Unternehmen natürlich frei, auch Kunden zu nehmen, die nicht zu Ihnen passen – weil Sie Erfolge brauchen, Liquidität oder der Kunde es Ihnen wert ist.

Sie sollten in so einem Fall allerdings absehbare Interessenkonflikte mit einkalkulieren und sich gut überlegen, wie viel Ihnen der Kunde wirklich wert ist.

Ebenso sollten Sie Mehraufwand kalkulieren, um die Konflikte in schwierigen Projektphasen überbrücken zu können.

Entscheiden Sie sich in diesem Falle bewusst und ärgern Sie sich später nicht darüber – und schon gar nicht über den Kunden.

2.15 Verkaufshindernis 8: Konflikte in der Partnerschaft

Mögliche Konflikte zwischen Kunde und Anbieter	1. Konflikte im Projekt
	2. Konflikte in der Partnerschaft
	3. Konflikte in der gemeinsamen Zukunft

Unabhängig vom Inhalt des gemeinsamen Projektes können Kunde und Anbieter unterschiedliche Vorstellungen davon haben, wie sie miteinander umgehen und ihre Beziehung gestalten wollen.

Einige der wichtigsten Aspekte sind die folgenden:

Kulturunterschiede

Wenn in Unternehmen über Kulturunterschiede gesprochen wird, dann meinen die meisten Personen das, was besser mit »Nationalität« beschrieben ist: Die Deutschen sind so, die Chinesen sind anders, die Polen sind auch wieder unterschiedlich und die Italiener haben sowieso ihre eigene Art.

Natürlich ist es sinnvoll, sich damit auseinanderzusetzen, welche Verhaltensweisen und Werte in welchem Land üblich sind.

Die Gefahr dabei ist, dass der Eindruck entsteht, damit sei alles rund um den Begriff »Kultur« erledigt. Warum sollen ein deutscher Kunde und ein deutscher Anbieter auch unterschiedliche Kulturen haben?

Tatsächlich gibt es jedoch eine ganze Menge an Kulturunterschieden innerhalb derselben Region. Mindestens genauso wichtig für das Verhalten im Berufsleben sind Kulturunterschiede in Unternehmen und in der Branche. Eine kleine Auswahl über Kulturunterschiede zwischen Unternehmen:

- Wie werden Entscheidungen getroffen: bestimmen Personen (Eigentümer, Manager) oder Prozesse (Regelwerke, Richtlinien)
- Welche Kriterien dominieren: Erfahrungen und »Bauchgefühl« oder Zahlen und Fakten?
- Wie funktioniert die Steuerung: Wird das Unternehmen von Personen geleitet oder geben Systeme und Prozesse vor, was gemacht wird?
- Welche Projektkultur wird gelebt: »Planung und Kontrolle« oder »Improvisation und Macher-Mentalität«?
- Wie funktioniert die Branche und was ist dort üblich: IT-Unternehmen, Industrie, Bau, Landwirtschaft, Handel usw.
- Wie werden Strategien und Pläne entwickelt: hierarchisch oder über Beteiligung und Konsens
- Wie hoch ist die Risikobereitschaft: chancenorientiert oder sicherheitsbewusst?
- etc.

Ob diese Kulturdifferenzen nun stärker oder weniger stark wirken als landestypische Gewohnheiten, kann nicht allgemein beantwortet werden. Während wir bei den nationalen Unterschieden jedoch regelmäßig durch Sprache, Aussehen oder Traditionen an die Besonderheiten erinnert werden, fristen die subtileren Kulturunterschiede ein Leben abseits unserer ständigen Aufmerksamkeit. Die Gefahr darüber zu stolpern, ist demnach viel größer.

Einer der Partner möchte Exklusivität – der andere Freiheit.

Nicht alle wünschen sich in der Beziehung zum Kunden oder zum Softwarepartner eine »Und-wenn-sie-noch-nicht-gestorben-sind«-Variante. Im Gegenteil, manche Unternehmen sind auf ihre Unabhängigkeit sehr erpicht und legen Wert darauf, jederzeit »fremdgehen« zu können – sich also nach Belieben nach anderen Kunden oder Anbietern umzusehen.

Wie bei persönlichen Beziehungen ist das kein Problem, solange beide Parteien das ähnlich sehen.

Gehen die Wünsche jedoch auseinander, machen das die Partner meist auch über kurz oder lang.

Warum manche Kunden oder Anbieter Exklusivität haben wollen:

▨ **Planungssicherheit gegen Commitment**
»Wir sind gerne zu 100 Prozent für die nächsten 12 Monate für Sie da – wenn Sie uns im Gegenzug zusichern, dass wir Ihr exklusiver Anbieter für diese Leistung sind. Ansonsten stehen wir am Projektende ohne Kunden da.«

▨ **Vertraulichkeit und wichtiges Know-how**
»In diesem Projekt werden Sie viel Einblick in unser Know-how und unsere Daten bekommen. Wir können nicht riskieren, dass Sie dieses Wissen später Unternehmen zur Verfügung stellen, die mit uns im Wettbewerb stehen.«

▨ **Absicherung von Investments**
»Das ist sehr viel spezielles Wissen, das wir uns für dieses Projekt aneignen müssen. Es ist unwahrscheinlich, dass wir dies woanders wieder verwenden können. Damit sich dieser Know-how-Aufbau für uns rentiert, benötigen wir eine Zusage, Ihr exklusiver Partner zu sein.«

▨ **Wunsch nach Verfügbarkeit**
»Wir kennen das Spiel. Jetzt versichern Sie uns, dass Sie absolut ausreichend Ressourcen haben, und wenn es dann im Projekt eng wird, sind leider alle Spezialisten auf irgendwelchen anderen Kundenprojekten. Dazu haben wir keine Lust – wenn Sie bei uns reinwollen, dann sind wir bis zum Ende des Projektes Ihr Kunde für Ihre gesamte Java-Mannschaft – und sonst niemand.«

▨ **Gegenleistung**
»Ihre Preisvorstellungen sind deutlich unter unserem Spielraum. Wenn wir Ihnen soweit entgegenkommen sollen, benötige ich eine Zusicherung, dass wir für die nächsten 3 Jahre Ihr exklusiver Partner in dieser Technologie sind.«

Der Wunsch nach Exklusivität kann vom Kunden kommen oder vom Anbieter. Für den Partner ist die Exklusivität allerdings auch mit Nachteilen verbunden:

Der *Kunde* ist vom exklusiven Anbieter abhängig und riskiert, Preis und Service diktiert zu bekommen.

Auch für den *Anbieter* bedeutet Exklusivität Abhängigkeit, denn geht der Kunde verloren (beispielsweise durch Übernahme, Konkurs oder Wechsel der Geschäftsleitung), steht der Anbieter ohne Kunden da. Ebenso sind die Referenzprojekte und das aufgebaute Know-how innerhalb derselben Branche meist besonders wertvoll, aber unbrauchbar aufgrund von Exklusivitätsbestimmungen und Konkurrenzverbot.

Einer der Partner möchte eine Partnerschaft auf Augenhöhe – der andere hat klare Vorstellungen davon, wer den Ton angibt.

Viele Anbieter verstehen sich als Partner des Kunden, der sich gleichwertig in ein gemeinsames Projekt einbringen will.

Viele Kunden hingegen verstehen deren Softwaredienstleister als einen Lieferanten – der einfach liefern soll, was bestellt wurde, dann sein Geld bekommt und seiner Wege ziehen soll. Die Devise ist: »Wer zahlt, schafft an. Keine weitere Diskussion nötig. Wem das nicht passt, soll woanders hingehen.«

Diese Art von Kunden wundert sich regelmäßig darüber, dass Ihre Softwareanbieter über dieses Verhalten enttäuscht sind:

Fallstudie:
»Wer schafft an?«

Kunde (K): Wir haben uns für die Migrationsvariante entschieden. Veranlassen Sie das Nötige.

Verkaufsberater (VB): Ich verstehe das nicht. Haben Sie denn die Vorteile unseres Aufbauszenarios nicht überzeugt? Vielleicht sollten wir noch einmal die wichtigsten Punkte gemeinsam durchgehen?

K: Nicht nötig. Wir haben Ihren Vorschlag zur Kenntnis genommen. Wir entscheiden uns trotzdem für die Migrationsvariante.

VB: Das überrascht mich angesichts der Sachlage. Darf ich fragen, warum Sie diese Version bevorzugen?

K: Ich habe jetzt keine Zeit für lange Ausführungen. Ich denke, die Sache ist klar und die Entscheidung ist getroffen. Am besten, Sie legen gleich los.«

VB: Sehen Sie, wir beschäftigen uns seit Jahren mit dieser Thematik und sind führend auf dem Gebiet. Ich kann Ihnen versichern, dass unsere Expertise ...

K: ... sicher großartig ist. Wir haben trotzdem unsere eigenen Experten und unsere eigene Meinung. Ich muss jetzt weg, aber Herr Wagner, unser Ansprechpartner für dieses Projekt, hat sicher noch ein paar Minuten für Sie, um die nächsten Schritte zu fixieren. Guten Tag.

Viele IT-Anbieter wollen mehr als nur Lieferant sein, bei dem es »Ware für Geld« gibt:

- Es widerspricht dem Selbstverständnis des Unternehmens und der besonderen Leistung, die es versucht, anzubieten.
- Das Unternehmen hat sich lange bemüht, besonderen Mehrwert in der Beratung oder im Know-how aufzubauen, um damit einen Wettbewerbsvorteil zu bekommen.
- Die Verhandlungsposition des Modells »Ware gegen Geld« ist schwach – der Preiskampf sehr hart. Das möchte das Unternehmen vermeiden.
- Gute Mitarbeiter sind für das Unternehmen schwer zu halten, wenn diese sich nur als Erfüllungsgehilfen statt als wertvolle Partner verstanden fühlen.

Einige Anbieter haben hingegen mit dieser Positionierung kein Problem: »Sie bestellen. Wir liefern. Sie bezahlen. Und Tschüss.«

Genauso gibt es Kunden, die Softwareunternehmen schätzen, die selbstbewusst ihren Mehrwert unter Beweis stellen.

Welche Strategie Sie als Anbieter auch verfolgen – stellen Sie sicher, dass Ihr Kunde dafür auch empfänglich ist.

Tipp

Auch hier gilt: Je früher Sie Interessen-, Haltungs- oder Wertkonflikte erkennen, desto besser. Haben Sie nicht das Gefühl, dass der Kunde eine langfristige Bindung anstrebt, dann sollten Sie auch nicht Ihren Preis dafür senken, dass Sie mit diesem Projekt bei diesem Kunden den »Fuß in die Tür bekommen« – denn der scheint wenig wert zu sein.

Sollten Sie umgekehrt merken, dass der Kunde es als normal ansieht, dass Sie in das Projekt und die Partnerschaft investieren und sich beim ersten Projekt keinen besonderen Profit erwarten – dann sollten Sie prüfen, ob das auch die Strategie Ihres Unternehmens ist.

Zusammenfassung Verkaufshindernis 8:
»Konflikte in der Partnerschaft«

- Gehen Sie nicht davon aus, dass alle dasselbe wollen: Nicht alle Unternehmen sind an langfristigen Partnerschaften interessiert und nicht alle wollen so arbeiten, wie es das Lehrbuch vorschreibt.

- Kulturunterschiede machen große Unterschiede in der langfristigen Zusammenarbeit. Machen Sie nicht den Fehler zu glauben, dass Kulturunterschiede an den Staats- oder Sprachgrenzen beginnen.

- Wenn Ihr Gegenüber von »Partnerschaft« spricht, meint er damit noch nicht notwendigerweise eine Beziehung auf Augenhöhe.

- Klären Sie diese Faktoren nach Möglichkeit ab, bevor Sie in aufwendige Pilotprojekte und Workshops mit dem Kunden investieren. Findet der Kunde nämlich dabei heraus, dass Sie und er nicht zusammenpassen, wird er den Auftrag nicht an Sie vergeben und Sie bleiben auf Ihren Investitionen sitzen.

2.16 Verkaufshindernis 9: Konflikte in der gemeinsamen Zukunft

Mögliche Konflikte zwischen Kunde und Anbieter	1. Konflikte im Projekt
	2. Konflikte in der Partnerschaft
	3. Konflikte in der gemeinsamen Zukunft

Manche Konflikte treten paradoxerweise erst dann auf, wenn die Arbeit erfolgreich erledigt wurde – nämlich dann, wenn über die gemeinsame weitere Zukunft gesprochen wird. Oder weil eben nicht darüber gesprochen wird.

Manager mit entsprechender Erfahrung klären das daher bereits vor dem Verkaufsabschluss ab. Findet man keine gemeinsame Basis, sucht sich der Kunde vielleicht einen passenderen Anbieter.

Einer der Partner möchte »nur« ein gemeinsames Projekt, der andere will langfristiges Commitment.

»Wir wollen Ihr langfristiger Partner sein – denn Ihr Erfolg ist unser Erfolg« – so ähnlich lauten wohlklingende Marketingbotschaften auf vielen Hochglanzbroschüren diverser Softwareanbieter.

Ist das wirklich so? Abgesehen von den bereits beschriebenen Interessenkonflikten – ist das Unternehmen wirklich bereit für eine langfristige Partnerschaft mit all ihren Kompromissen, Investitionen und gegenseitigen Abhängigkeiten?

Noch wichtiger: Will der Kunde das?

Fallstudie:
Bei der Abschlussbesprechung

Kunde (K): Die Abnahme Ihrer Software hat geklappt und der Testbetrieb ist auch gut verlaufen. Damit können wir das Projekt offiziell abschließen. Ich werde die Restzahlung heute Nachmittag veranlassen. Gute Arbeit. Wenn es von Ihrer Seite nichts mehr gibt, dann werde ich zur nächsten Besprechung aufbrechen.

Verkaufsberater (VB): Vielleicht haben Sie noch ein paar Minuten Zeit. Wir freuen uns, dass das Projekt so gut gelaufen ist und wollten bei dieser Gelegenheit über die weiteren Möglichkeiten der Zusammenarbeit reden.

K: Wir sind mit Ihrer Arbeit zufrieden. Falls sich wieder ein Projekt ergibt, werden wir auf Sie zukommen. Momentan steht nichts an.

VB: Das freut uns, dass Sie uns wieder berücksichtigen wollen. Wir hatten ja viel Gelegenheit, uns kennenzulernen und daher würden wir Ihnen gerne ein paar Vorschläge machen, wie wir unsere Zusammenarbeit vertiefen könnten.

K: Wenn Sie da ein paar Verbesserungsvorschläge haben, dann schicken Sie diese an die Projektmitarbeiter. Die sollen das in den Projektbericht aufnehmen.

VB: Ich meinte eher, dass wir gemeinsam weiter an Ihrem Erfolg arbeiten. Sehen Sie beispielsweise hier – das wäre ein Vorschlag, für eine verbesserte Skalierbarkeit Ihrer Plattform. Und hier haben wir Ihnen noch eine Idee skizziert, wie wir Sie mit flexiblen Software-Dienstleistungspaketen unterstützen können.

K: Das ist alles schön und gut – vielleicht ergibt sich in Zukunft eine Gelegenheit. Momentan ist nichts derlei geplant.

VB: Jetzt wäre doch der beste Zeitpunkt. Die Teams sind aufeinander eingespielt, die Erfahrungen sind gut und es gibt doch noch so viel zu tun.

K: Irgendwie verstehen Sie mich nicht, oder? Ich habe ein Menü bestellt, das haben Sie mir gekocht und ich war zufrieden. Wenn ich wieder Hunger habe, komme ich wieder. Ich bin nicht auf der Suche nach einem Koch. Jetzt entschuldigen Sie mich bitte, ich bin schon spät dran. Auf Wiedersehen.

Nicht nur bestimmte Kunden, auch manche Anbieter finden ein Angebot auf langfristige Zusammenarbeit mit viel Entgegenkommen und großer Bindung nicht attraktiv.

Gerade Softwareunternehmen im raschen Wachstum haben wenig Interesse, in einzelne Kunden zu investieren, und kümmern sich lieber um die eigene Expansion. Insbesondere Unternehmen, die »noch Großes vorhaben«, empfinden diese Kunden mit ihren langfristigen Verträgen als Klotz am Bein und sind nicht daran interessiert, auf Dauer überholte Softwareversionen im Support zu halten.

Welche Strategie auch immer Sie verfolgen – Hochzeit, Dauerfreundschaft oder One-Night-Stand –, wenn Sie und Ihre Kunden dieselben Vorstellungen haben, dann haben beide mehr Freude daran.

Die Partner streben langfristig inkompatible Ziele an.

Die Aussage »Die passen einfach besser zu uns« drückt das Gefühl des »Kompatibel-Seins« aus – und ist oft kaufentscheidender als Preis und Leistungsumfang.

So suchen kleine Unternehmen oft gezielt nach kleinen Unternehmen für Softwareprojekte, mit denen sie auf Augenhöhe verhandeln; der globale Konzern wünscht sich eher einen ebenso weltweit agierenden Anbieter.

Scheidung vorprogrammiert – einige Beispiele:

- Der Kunde möchte ins Ausland expandieren – der Anbieter sieht sich als regionaler Anbieter und möchte nicht in fremde Märkte investieren.
- Der Anbieter möchte seine Leistungen ins Premiumsegment verschieben – der Kunde bevorzugt die aktuellen günstigen Leistungen ohne »Schnick-Schnack«.
- Der Kunde will den individuellen Service beibehalten, der Anbieter sieht sein Wachstum in standardisierten Paketen.
- Der Kunde will in Zukunft nur noch Full-Service-Anbieter beauftragen, der Anbieter sieht sich außerstande, das komplette Spektrum anzubieten.
- Der Anbieter möchte sein Geschäftsmodell auf regelmäßigen Serviceverträgen ausbauen – der Kunde will sich keine Fixkosten aufbürden.

Zusammenfassung Verkaufshindernis 9:
»Konflikte in der gemeinsamen Zukunft«

- Je wichtiger Ihr Produkt für den Kunden ist, desto mehr Wert wird er darauf legen, dass Ihre und seine Vorstellungen für die Zukunft zusammenpassen. Findet der Kunde, dass Sie als Anbieter »nicht zu ihm passen«, dann verlieren Sie den Auftrag vielleicht auch dann, wenn Ihr Produkt optimal gepasst hätte.
- »Gleich und Gleich« gesellt sich gerne. Das können Sie auch als Vorteil einsetzen, wenn Sie merken, dass sich der Kunde gut in Ihren Visionen und Geschäftsplänen wiederfindet. Streichen Sie dies dann besonders hervor, das kann Ihnen einen wesentlichen Vorteil zur Konkurrenz verschaffen.
- In Kunden zu investieren, die gut zu Ihnen passen, zahlt sich doppelt aus: Sie erhöhen damit die Wahrscheinlichkeit auf Ihren aktuellen Verkaufsabschluss und Sie machen sich in Zukunft das Leben viel leichter. Diese Kunden werden nämlich zu Ihren treuesten Stammkunden und vergeben regelmäßig Aufträge an Sie. Ebenso überlegen diese Kunden es sich dreimal, ob sie wirklich wegen eines geringfügig besseren Preises zur Konkurrenz wechseln.

2.17 4. Problemfeld: Der Verkaufsprozess wird ungeschickt geführt

Unsere vierte Hürde auf dem Weg zum erfolgreichen Verkaufsabschluss ist der Weg selbst – oder besser gesagt: der falsche Weg dorthin.

Auf die ersten drei Hürden – zu wenig Mehrwert, zu hohes Kundenrisiko und Interessenkonflikte – haben Sie als Verkaufsberater nicht immer Einfluss:

- Den Mehrwert Ihrer Leistung können Sie zwar hervorheben, klären und für den Kunden zugänglich machen – erschaffen können Sie ihn nicht.
- Auf die Situation des Kunden und damit sein Risiko haben Sie oft wenig Einfluss und damit auch auf sein Risiko. Sie können geeignete Maßnahmen ergreifen, um dieses zu mindern oder zu managen – manche Risiken liegen jedoch außerhalb Ihrer Reichweite.
- Interessenkonflikte sind oft strategisch und im Geschäftsmodell bedingt. Mit viel Geschick und kreativen Ideen können Sie diese vielleicht umgehen – einige der Konflikte werden Sie jedoch nur sehr schwer auflösen können.

Beim Verkaufsprozess hingegen, sitzen Sie als Berater auf dem Fahrersitz. Das ist gut, denn das bedeutet, dass Sie mit Geschick und Können Ihre Erfolgsquote steigern. Der Nachteil: Sollte der Abschluss an diesem Punkt scheitern, tragen Sie selbst die Verantwortung dafür.

Fallstudie:
Dienstleistung Softwareentwicklung

Das Unternehmen Travel&Co betreibt eine erfolgreiche E-commerce-Plattform im Reisebereich. Für die Erweiterung der Plattform stehen mehrere Projekte an. Daher sucht Entwicklungsleiter Herbert Boltz (HB) nach Verstärkung an Softwareentwicklungsleistung. Ein Berater des Dienstleisters »Softwareguru« (SG) versucht, einen Auftrag zu platzieren.

SG: Also, Herr Boltz, schön, dass Sie Zeit gefunden haben. Was kann ich für Sie tun?

HB: Nun, das würde ich im Detail gerne von Ihnen erfahren. Sie meinten am Telefon, dass Sie Kapazität für Softwareentwicklung bereitstellen können. Wir haben immer wieder Engpässe, wenn viele Projekte gleichzeitig bei uns eintreffen – da könnten wir uns eine Zusammenarbeit mit einem Partner vorstellen.

SG: Das ist genau das, was wir anbieten. Sind Sie dabei an bestimmten Technologien interessiert? Was benötigen Sie besonders häufig?

HB: Das variiert stark. Java und .NET sind immer gefragt, auch HTML 5 ist im Kommen und gelegentlich wird Flash gewünscht.　　　　　　　　　　　　→

Fallstudie:
Dienstleistung Softwareentwicklung

SG: Im Java- und .NET-Bereich sind wir sehr gut aufgestellt. HTML und Flash haben wir auch Ressourcen, jedoch nicht in dieser Menge.

HB: Von welcher Größenordnung an Ressourcen reden wir da? Beispielsweise bei Java?

SG: Grundsätzlich haben wir ca. 30 Java-Experten verpflichtet. Diese sind oft natürlich an andere Projekte gebunden. Die tatsächliche Verfügbarkeit lässt sich am besten anhand eines konkreten Projektes feststellen.

HB: Das heißt, Sie können mir jetzt gar nicht sagen, wie viele Entwickler wir beispielsweise für ein 3-Monate-Projekt haben könnten, das beispielsweise nächste Woche startet?

SG: So kurzfristig ist das sehr schwer – wir sind natürlich an einer guten Auslastung interessiert, damit wir günstige Preise anbieten können. Unsere Mitarbeiter sitzen daher nicht wartend im Büro und drehen Däumchen, sondern sind in Kundenprojekten verpflichtet. Wenn es ein konkretes Projekt gibt, sehen wir nach, ab wann wir die benötigte Kapazität bereitstellen können.

HB: Das heißt, Sie können mir keine Größenordnung nennen, an die ich mich halten kann?

SG: Wir haben schlechte Erfahrungen damit gemacht, wenn dem Kunden Ressourcen mitgeteilt werden, die anschließend nicht zur Verfügung stehen. Deswegen geben wir normalerweise Auskunft nur anhand konkreter Anfragen. Ich kann Ihnen aber versichern, dass Sie sehr schnell eine Antwort bekommen, wenn Sie bei uns Verfügbarkeit von Spezialisten abfragen – meistens noch am selben Tag.

HB: Na gut, ich verstehe die Problematik, da kann man wohl nichts machen. Sie haben vorhin von günstigen Preisen gesprochen – wie günstig sind Sie denn?

SG: Auch das hängt wieder von mehreren Faktoren ab – vom Spezialgebiet, von der Erfahrung der Entwickler und natürlich von der Projektdauer und der Gesamtmenge. Wenn Sie größere Kontingente abnehmen, reduzieren sich natürlich die Kosten.

HB: Eine ungefähre Größenordnung, bitte. Java-Entwickler, erfahren, 3 Monate.

SG: Um Ihnen einen Preis zu nennen, müsste ich die Verfügbarkeit nachfragen. Denn es passiert, dass alle Ressourcen verbucht sind, dann können wir nur Mitarbeiter bitten, beispielsweise Urlaube zu verschieben. Das kostet dann meist eine zusätzliche Prämie.

HB: Ist schon klar. Ungefähr.

SG: Rechnen Sie mit 80–120 € pro Stunde.

HB: Das ist aber eine ganze Menge. Da komme ich ja auf 20.000 € im Monat. Pro Entwickler.

SG: Wie gesagt, das ist eine Größenordnung. Meist wird es billiger. Außerdem kommen wir Ihnen entgegen, wenn Sie größere Kontingente abnehmen.

HB: Vor drei Tagen war ein Anbieter hier, der war ungefähr bei der Hälfte. Der hat mir Stundensätze im Bereich von 50–60 € genannt.   →

SG: Das kann ich mir nicht vorstellen. Damit ist es nicht möglich, kostendeckend zu arbeiten.

HB: Soweit ich das verstanden habe, lagert der Anbieter viele Leistungen nach Osteuropa und Indien aus.

SG: Ach so, dann kann das schon sein. Aber dann haben Sie alle damit verbundenen Nachteile: Sprachbarrieren, Kulturunterschiede, Zeitverschiebung, Reisekosten ...

HB: Das würde alles dieser Partner übernehmen. Sie operieren nach dem Prinzip der verlängerten Werkbank. Unsere Ansprechpartner sind alle vor Ort – wie diese Leute die Koordination dann intern regeln, ist mir prinzipiell egal.

SG: Ich bin skeptisch, ob Qualität und Service bei diesem Modell Ihren Anforderungen entsprechen. Sie kennen sicher selbst die Horrorgeschichten derartiger Outsourcing-Projekte.

HB: Ja, davon kenne ich in der Tat einige. Aber die Industrie lernt ja auch dazu und dieser Partner betreibt dieses Modell schon seit vielen Jahren und ist damit offenbar erfolgreich. Und Projekte, die in die Hose gehen, haben wir mit lokalen Partner auch schon gehabt.

SG: Na gut. Mit diesen Preisen können wir sicher nicht konkurrieren. Ich kann mir aber vorstellen, dass wir Ihnen einmalig ein Sonderangebot machen können, um Sie von unserer Leistung zu überzeugen. Soll ich Ihnen ein unverbindliches Angebot für ein Projekt erstellen?

HB: Ja, das können Sie machen – ich bin gespannt, mit welchem Angebot Ihr Unternehmen aufwartet. Sagen wir 3 Java-Entwickler, 2 Monate, ab Anfang Mai.

SG: Gut, mache ich. Ich sorge dafür, dass Sie es spätestens morgen auf dem Tisch haben.

HB: Wie gesagt, ich bin gespannt, was Sie mir da anbieten werden. Auf Wiedersehen.

Analyse des Gesprächs

Ob dieses Gespräch in einem erfolgreichen Abschluss mündet? Wenn ja, dann wohl nur zu einem Sonderkampfpreis, an dem wenig bis nichts verdient wird. Dem Kunden später zu erklären, dass diese Konditionen eine einmalige Aktion waren und dass er ab jetzt den Standardpreis bezahlen soll, ist kaum möglich. In diesem Moment kommt mit Sicherheit wieder der Indien-Outsourcing-Knüppel aus dem Sack.

Einige der Mängel an diesem Gespräch sollten Ihnen schon aus den letzten Abschnitten bekannt sein: Ist dem Kunden der Mehrwert der Leistung wirklich klar? Ist der Ansprechpartner überhaupt der richtige? Sind die wesentlichen Sorgen und Risiken identifiziert? Welche Interessenkonflikte sind absehbar?

In diesem Abschnitt wollen wir uns jedoch auf jene Fehler konzentrierten, die im Verkaufsprozess selbst aufgetreten sind:

Die Ziele sind vom Berater nicht identifiziert worden

Dass sich der Kunde für Softwareentwicklungsleistung interessiert, ist natürlich offensichtlich. Jedoch aus welchem Grund? Warum stellt er nicht selbst Mitarbeiter an? Gibt der Arbeitsmarkt das nicht her? Dauert das zu lange? Benötigt das Unternehmen die Kapazität nur temporär und will sich daher keine Fixkosten aufbürden? Ist die Suche und das Training neuer Mitarbeiter zu aufwendig? Will der Kunde Risiko mit externen Partnern teilen? Gibt es Strategieüberlegungen (Skalierung)?

Wir wissen es nicht – und der Berater auch nicht.

Ein solider Verkaufsprozess erforscht zuerst das Ziel des Kunden und bringt es in Einklang mit denen des Anbieters. Dazu ist es natürlich nötig, dass nicht nur das Ziel des Kunden, sondern auch das Ziel des Anbieters klar ist. Natürlich will der Anbieter letztendlich einen Auftrag landen – für den Erstkontakt ist das jedoch eine zu ambitionierte Erwartung. Was genau will der Berater also in diesem ersten Termin erreichen? Wir wissen es nicht. Er selbst vermutlich auch nicht.

Der Berater hat keine klare Strategie

Er agiert nach dem Motto: »Mal sehen, was passiert.« Ergebnis: Der Kunde findet im Verkaufsprozess keinen Halt und versucht daher immer wieder, konkrete Fakten zu erhalten. Mehrfach interessiert sich der Kunde, wie er denn letztendlich zu seiner Leistung kommt. Der Berater hat kein passendes Vorgehensmodell anzubieten und versucht, sich nicht festzulegen. Als er sich mehrmals windet, nagelt der Kunde ihn am einzig Konkreten, dem Preis, fest und setzt ihn mit einer vagen Konkurrenz unter Druck. Der Berater gerät in die Defensive, weil der Kunde damit die Hoheit über den Verkaufsprozess übernimmt. Der Berater vermasselt sich damit auch das Timing und muss mit dem Preis rausrücken, bevor er den Mehrwert etablieren konnte.

Die Gesprächsführung wird dem Kunden überlassen

Bereits der Satz zur Einleitung offenbart schon, wie das Gespräch anschließend abläuft: Der Berater hat keine klare Vorstellung davon, wie er das Gespräch strukturieren will, und wirft dem Kunden den Ball zu. Dieser treibt ihn für den Rest des Dialogs vor sich her – der Verkäufer kommt aus dem reinen Reagieren nicht mehr heraus. Souveräne Gesprächsführung sieht anders aus.

Diese drei Aspekte wollen wir uns auf den nächsten Seiten im Detail ansehen.

2.18 Verkaufshindernis 10: Unklare Ziele

> »Würdest du mir bitte sagen, wie ich von hier aus weitergehen soll?«, fragte Alice. »Das hängt zum großen Teil davon ab, wohin du möchtest«, sagte die Katze. »Ach, wohin ist mir eigentlich gleich –«, sagte Alice. »Dann ist es auch egal, wie du weitergehst«, sagte die Katze.
>
> aus: Lewis Carroll, Alice im Wunderland

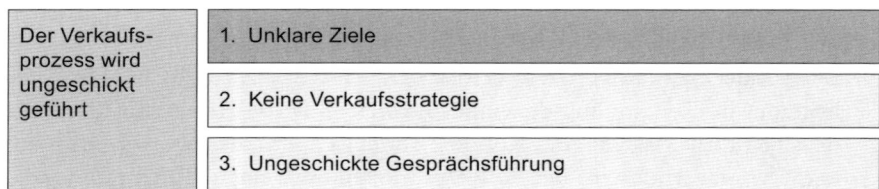

Unklare Ziele machen den Verkaufsprozess zum Glücksspiel. Aber es reicht nicht, wenn Sie selbst klare Ziele haben. Sie müssen auch Klarheit über die Ziele des Kunden bekommen.

Beginnen wir mit Ihren Zielen – denen des Verkaufsberaters: Was genau wollen Sie?

Unklare Ziele des Verkaufsberaters

Was passiert, wenn Sie kein Ziel haben:

- Ihr Kunde merkt, dass Sie keine klaren Vorstellungen haben. Die Gefahr ist groß, dass Sie unsicher wirken und im Gespräch Schleifen drehen, wenn etwas nicht nach Plan läuft.
- Sie vermitteln nicht, dass Sie ein Profi sind, der weiß, was er tut. Sie können nicht führen, wenn Sie nicht wissen, wohin.
- Sie bauen kein Vertrauen in Ihre Kompetenz auf. Die Haltung »Sagen Sie erst mal, was Sie wollen und ich sage Ihnen, ob und wie das geht« wirkt nicht souverän, sondern dilettantisch.

Was wollen Sie also beim ersten Verkaufsgespräch erreichen?

Wenn Sie Versicherungen verkaufen, Gebrauchtwagen oder Notebooks, dann ist die Antwort klar: einen Verkaufsabschluss.

Für komplexe IT-Projekte hingegen ist ein Abschluss beim Ersttermin so unwahrscheinlich wie ein Fußballtor in den ersten 5 Minuten: Es kommt vor, aber eine solide Taktik lässt sich darauf nicht aufbauen.

Also, was wollen Sie in diesem Gespräch erreichen?

Eine häufige Antwort auf diese Frage, die ich bei Trainings erhalte:

>*Das hängt doch vom Kunden ab.*«

Stimmt nicht: Vom Kunden hängt ab, was Sie erreichen können – nicht, was Sie erreichen wollen.

Natürlich ist es wichtig, dass Sie flexibel sind und auf den Kunden eingehen können. Das bedeutet im Umkehrschluss aber nicht, dass Sie gar keine Vorstellungen haben. Eine bessere Vorgangsweise ist, dass Sie mehrere Ziele haben:

1. **Setzen Sie sich ein realistisches Ziel**
   Das ist das Ziel, das Sie erreichen wollen. Wenn Sie mit diesem Ziel in der Tasche aus dem Gespräch kommen, können Sie sich auf die Schulter klopfen. Beispiel: »Der Kunde besucht uns, um eine Demo vor Ort zu sehen.«

2. **Dann setzen Sie sich noch ein ambitioniertes Ziel**
   In manchen Fällen läuft alles wie geschmiert. Dann können Sie Ihre Fleißaufgabe hervorziehen und noch eins draufsetzen. Beispiel: »Termin gemeinsam mit dem Ansprechpartner beim Vorstand, um das Budget zu fixieren.«

3. **Zum Schluss setzen Sie sich noch ein Minimalziel**
   In anderen Fällen gestaltet sich das Gespräch unerwartet kompliziert. Ihr realistisches Ziel entpuppt sich im Gespräch als überhaupt nicht realistisch. Ein Minimalziel hilft Ihnen, dass Sie zumindest einen kleinen Schritt nach vorne schaffen. Beispiel: »Einen weiteren Termin mit dem Kunden vereinbaren.«

Die Ziele, die sich setzen, steigen natürlich mit jedem weiteren Gespräch.

Ambitionierte Ziele für das Erstgespräch sind so vielleicht beim nächsten Termin bereits in realistischer Reichweite. Die Ziele verschieben sich im Laufe des Verkaufsprozesses immer weiter in Richtung Abschluss.

Definieren Sie bei jedem Ihrer Ziele IMMER, den Kunden dazu zu bringen, irgendwas beizutragen. Daran erkennen Sie besonders rasch, ob der Kunde wirkliches Interesse hat. Je mehr er bereit ist, in einen nächsten Schritt zu investieren, desto größer ist sein wirkliches Interesse an einem Projekt.

Beispielsweise stellt der Kunde zur Verfügung:

- Zugang zu wichtigen Personen, Entscheidern oder Beteiligten
- Workshops mit Mitarbeitern und Managern
- Wichtige Informationen und Daten
- Systemzugang (z.B. für Analysezwecke)
- Beteiligung an einer Demo- oder Teststellung
- Neue Spezifikation oder Anforderungsprofil
- Mitarbeiter für die Ausarbeitung eines Business Case
- Kunde besucht den Anbieter

Wenn der Kunde umgekehrt nicht bereit ist, auch nur ein geringes Entgegenkommen zu zeigen – dann sollten Sie sich Gedanken machen, ob Sie hier eine realistische Chance haben.

Fällt Ihnen partout nichts ein, was der Kunde sinnvoll für einen nächsten Schritt beitragen kann, können Sie mit folgendem Trick feststellen, ob der Kunde Sie einfach nur loswerden will oder ernsthaft interessiert ist:

Schreiben Sie nach dem Treffen eine kurze Zusammenfassung der Ergebnisse und der nächsten Schritte in ein Dokument. Bauen Sie dort explizit den Vorschlag ein, dass der Kunde einen (sinnvollen) Arbeitsschritt übernimmt, der nicht explizit besprochen wurde, beispielsweise die Erstellung eines groben Projektplans oder die Bereitstellung von Systemdaten.

Entweder Ihr Kunde erledigt diesen Punkt daraufhin oder er meldet sich und wird Sie korrigieren, dass er den Punkt als Ihre Aufgabe sieht oder als unnötig erachtet. Beide Varianten sind ein gutes Zeichen.

Problematisch ist, wenn keine Reaktion entsteht. Dann ist die Wahrscheinlichkeit groß, dass der Kunde Ihr Dokument gar nicht gelesen hat.

Unklares Ziel des Kunden

Ihr eigenes Ziel für das Gespräch ist Ihnen nun klar. Die wichtigste Frage jetzt: Was will der Kunde erreichen? Mit dem Gespräch. Mit Ihnen. Mit dem Projekt. Je früher Sie die Antworten auf diese Fragen finden, desto besser.

Erfahrungsgemäß werden die meisten Kunden Ihnen die Informationen zu Zielen, Hintergründen und Negativkonsequenzen geben, sobald Sie nachfragen.

Falls der Kunde nicht mit den Zielen rausrücken will, gibt es gute Gründe dafür – und weniger gute.

Warum der Kunde Ihnen seine Ziele nicht erzählt:

- Er ist der Meinung, dass die Hintergründe Sie nichts angehen. Er sagt Ihnen nur, was Sie unbedingt wissen müssen.
- Der Kunde glaubt, dass zu viel Wissen Ihre Verhandlungsposition stärkt und seine eigene schwächt.
- Der Kunde will Sie austesten und Ihre Beratungskompetenz prüfen.
- Es handelt sich um sensible Informationen (persönliche Gründe, Unternehmenspolitik, firmentaktisches Kalkül).
- Er denkt einfach nicht daran und geht davon aus, dass es Ihnen klar ist. Andernfalls würden Sie ja fragen.
- Er glaubt, dass Sie den Auftrag nicht mehr annehmen werden, wenn Sie alle Details kennen.
- Er will nicht, dass Sie es in der Branche oder unter den Mitarbeitern weiter erzählen.
- Der Zeitpunkt ist noch nicht reif und der Kunde wartet noch ab.

Letztlich führt kein Weg daran vorbei, dass Sie die Motive des Kunden verstehen. Ansonsten riskieren Sie, dass Sie an den Bedürfnissen des Kunden vorbei verkaufen.

Fallstudie:
Individualentwicklung zum Fixpreis

Eine vom Kunden »Kaiser GmbH« gewünschte Individualentwicklung einer Software wird vom Anbieter »IT-Profi« auf einen Gesamtaufwand von grob 500 Stunden geschätzt. Der Anbieter kalkuliert gerne auf der sicheren Seite, nach dem Motto: »Lieber den Kunden positiv überraschen als negativ.«

Der IT-Berater bietet Herrn Schulze, dem EDV-Leiter des Kunden, diesen Aufwand zu einem Stundensatz von 100 € an.

Die Verrechnung erfolgt dabei nach tatsächlich erbrachter Leistung (»time and material«). Sollte die Entwicklung weniger Aufwand bedeuten, würde daher die Entwicklung auch günstiger ausfallen. Bei mehr Aufwand würde sich der Endpreis erhöhen, was der Anbieter allerdings nicht glaubt.

Herr Schulze erhält das Angebot und schätzt den Aufwand für realistisch. Auch er glaubt, dass da noch ein Sicherheitspuffer drin ist. Trotzdem bittet er den Anbieter, ihm das Projekt im Fixpreis anzubieten. →

Der Grund ist, dass er das Budget mit dem Geschäftsführer, Herrn Kaiser, verhandeln muss. Herr Kaiser ist bei Softwareprojekten generell etwas skeptisch und auf keinen Fall will Schulze später um ein Zusatzbudget bei seinem Chef vorsprechen müssen. Dies würde möglicherweise ein schlechtes Licht auf sein Management werfen und zu einer unangenehmen Diskussion führen.

Ebenso will er keine Diskussion mit dem Geschäftsführer starten, warum IT nicht »ordentlich« kalkuliert werden kann mit einem »gescheiten« Angebot. Daher also der Wunsch nach einem Fixpreisangebot.

Die Hintergründe betreffend Herrn Kaiser erläutert Schulze dem Anbieter nicht, da sie ihn seiner Meinung nach nichts angehen.

Der Anbieter »IT-Profi« ist daher vom Wunsch überrascht und die Versuche, den Kunden umzustimmen, sind gescheitert. Das Unternehmen muss sich nun verbindlich festlegen. Falls mehr Aufwand benötigt wird als geschätzt, fährt das Unternehmen einen Verlust ein. Da es sich um einen neuen Kunden handelt, gibt es kaum Erfahrungswerte bezüglich der Qualität der Spezifikation, der Kompetenz der dortigen Mitarbeiter, der Vereinbarungstreue und der Verbindlichkeit von getroffenen Entscheidungen. Alle diese Faktoren können jedoch den Aufwand von »IT-Profi« deutlich erhöhen. Außerdem stellt sich das Expertenteam die Frage, warum der Kunde denn unbedingt einen Fixpreis haben will – ist da etwa was faul?

Das Risiko unerwarteter Zusatzaufwände mit strikten Verträgen zu regeln, ist für den Anbieter wenig attraktiv und letztendlich auch kaum erfolgversprechend. Der Kunde dürfte vor einem umfangreichen Vertragswerk zurückschrecken, weil in diesem Fall auch noch die Rechtsabteilung involviert werden müsste. Außerdem will der Anbieter nicht beim ersten Projekt den Eindruck vermitteln, dass bei »IT-Profi« die Rechtsanwälte das Sagen haben.

Das Unternehmen entscheidet sich also dafür, die konservative Schätzung noch mit einem »Risikopuffer« anzubieten. Das Fixpreisangebot an den Kunden beläuft sich daraufhin auf 70.000 €.

Herr Schulze wollte in der Zwischenzeit schon einmal »vorfühlen« und hat bei Herrn Kaiser in einem informellen Gespräch anklingen lassen, dass sich die Kosten des Projektes auf ca. 50.000 € belaufen werden. Herr Kaiser war wie immer skeptisch und meinte: »Das ist aber ziemlich teuer. Holen Sie noch an Rabatten raus, was möglich ist.«

Sobald Schulze nun das Fixpreisangebot erhält, sieht er keine Aussicht mehr, diese deutlich höhere Summe bei seinem Chef aufzutreiben. Ebenso kann er sich nicht vorstellen, dass ein seriöser Anbieter ihm 40% auf das Erstangebot aufschlägt, um es anschließend wieder weg verhandeln zu lassen – und dann noch einen Rabatt gibt, damit der Chef zufrieden ist.

Das Angebot landet daraufhin im Papierkorb. Als der Berater von »IT-Profi« wegen des Angebots nachhakt, meint der Herr Schulze nur noch: »Viel zu teuer.«

Analyse der Fallstudie

Diese Fallstudie illustriert, was passieren kann, wenn Sie die Ziele und Motive Ihres Kunden nicht verstehen.

Es ist für den Anbieter ein großer Unterschied, ob der Kunde den Anbieter auf einen fixen Preis festlegen will, weil

- nur fixe Preise im Unternehmen Budget bekommen;
- man den Anbieter festnageln will, um ihn anschließend zu schröpfen und mit der Bezahlungskeule an der Stange zu halten;
- der IT-Leiter nicht die übliche Diskussion mit der Geschäftsleitung führen will, dass in IT-Projekten Fixpreise schwer zu kalkulieren sind;
- der Kunde lieber fix mehr bezahlt, dafür das Risiko dem Anbieter überlässt;
- es bereits ein festes Budget ohne Spielraum nach oben gibt.

Hätte der Verkaufsberater in der Fallstudie nachgefragt, was denn der Grund für den Wunsch nach einem Fixpreis ist, hätte dieser vielleicht nicht alle Hintergründe erfahren. Er hätte jedoch vermutlich herausbekommen können, dass in dem Unternehmen ein fester Preis verhandlungstechnisch einfacher durchzusetzen ist.

Der Anbieter hätte demnach verstanden, dass der Kunde keine Pläne hat, ihn zu übervorteilen. Der Risikopuffer hätte daher überschaubar bleiben können – vielleicht hätte der Puffer der aktuellen konservativen Kalkulation ausgereicht. Damit hätte das Projekt erfolgreich verkauft und implementiert werden können.

Zusammenfassung Verkaufshindernis 10:
»Unklare Ziele«

- Je klarer Ihre Ziele sind, desto leichter werden Sie diese erreichen. Wenn Sie der Meinung sind, dass Ihre Ziele klar sind, machen Sie einfach den Test und formulieren Sie Ihr Ziel für das nächste Gespräch auf dem Weg zum Kunden – in einem Satz. Wenn Sie das problemlos können, dann sind Sie schon besser vorbereitet als viele Ihrer Kollegen. Falls nicht, haben Sie jetzt noch Zeit dazu.
- Im Idealfall setzen Sie sich gleich mehrere Ziele – ein realistisches, ein ambitioniertes und ein Minimalziel. Damit stellen Sie sicher, dass Sie alles mitnehmen, was in diesem Termin möglich ist.
- Bringen Sie den Kunden immer dazu, beim nächsten Schritt mitzumachen. Selbst symbolische Beiträge sind besser als gar nichts. Wenn es Ihnen gar nicht gelingt, den Kunden dazu zu bringen, auch selbst etwas zu investieren, dann sollten Sie vorsichtig sein – gibt es hier wirklich eine realistische Chance, wenn der Kunde sich überhaupt nicht einbringen will?
- Neben Ihren eigenen Zielen ist es wichtig, dass Sie möglichst rasch die Ziele Ihrer Kunden verstehen sowie die Motive hinter diesen Zielen.

2.19 Verkaufshindernis 11:
Keine Verkaufsstrategie

Der Verkaufs-prozess wird ungeschickt geführt	1. Unklare Ziele
	2. Keine Verkaufsstrategie
	3. Ungeschickte Gesprächsführung

Was genau ist eine Strategie? Eine Strategie beschreibt den Weg von hier zum Ziel. Für einen Verkaufsberater bedeutet das: Wie komme ich vom Erstkontakt zum Verkaufsabschluss.

Wie komme ich überhaupt zu einem Erstkontakt?

In diesem Buch gehen wir davon aus, dass der Verkaufsberater bereits einen Erstkontakt hergestellt hat.

Dieser kann auf drei Wegen zustande kommen:

1. Der Kunde meldet sich selbst. Vielleicht gibt es einen persönlichen Kontakt zum Berater oder zum Unternehmen. Möglicherweise hat der Kunde eine Empfehlung bekommen oder Geschäftspartner oder Mitarbeiter befragt. Vielleicht hat der Kunde auch einen Artikel oder Bericht über Sie, das Produkt oder das Unternehmen gelesen oder er hat Sie im Internet gefunden.

2. Der Kunde reagiert auf Marketingaktivitäten von Ihnen oder von Ihrem Unternehmen. Das können Konferenzen sein, Kundentreffen, Produktdemonstrationen, spezielle Anlässe, Messeteilnahme, Presseartikel in Fachzeitschriften, Werbung in Fachmedien. Kunden hinterlassen auch oft die Berechtigung, sie zu kontaktieren, wenn sie dafür etwas von Wert bekommen, beispielsweise die Ergebnisse einer Umfrage, die Sie durchgeführt haben. Vielleicht hat Ihr Unternehmen auch Mitarbeiter, die versuchen, telefonisch einen Erstkontakt herzustellen und diesen an den Verkaufsberater weiterzuleiten.

3. Der Verkaufsberater stellt selbst aktiv den Kontakt her, in der Regel über das Telefon – die berüchtigte Kaltakquise.

Die erste Variante ist natürlich die für den Verkaufsberater angenehmste. Hier gibt es offenbar Interesse und im Idealfall bereits einen Vertrauensvorschuss. Garantie für einen Abschluss ist das noch lange nicht. In vielen Fällen werden Sie nicht der einzige Anbieter sein, mit dem man Kontakt aufnimmt. Ob Sie sich gegen den Wettbewerb durchsetzen können, entscheiden nach der Qualität Ihres Angebots ganz wesentlich Ihre Beratungsfähigkeiten in dieser frühen Phase.   →

Wie komme ich überhaupt zu einem Erstkontakt?

Die zweite Variante ist für viele Verkaufsberater die häufigste. Je besser das Marketing funktioniert, desto leichter wird es für Sie, denn desto besser sind die potenziellen Kunden bereits adressiert und desto attraktiver wurde das Angebot bereits vermittelt. Im Gegensatz zur ersten Variante haben Sie hier den Nachteil, dass der Kunde oft keinen konkreten Anlass hat und »sich erst mal generell interessiert und sich informieren möchte«. Wenn Sie aus dieser Situation heraus zu einem Auftrag kommen, gehören Sie bereits zu den Profis. Zu passenden Marketingaktivitäten möchte ich keine Empfehlungen abgeben. Vor allem deswegen, weil ein geeignetes Marketing nicht vor der Branche abhängt, in der Sie selbst tätig sind (IT), sondern von jener, in der Ihre Kunden arbeiten. Wenn Sie daher beispielsweise Software für Krankenhäuser schreiben, dann sollte Ihr Marketing nicht auf die IT ausgerichtet sein, sondern auf den Gesundheitsbereich. Wenn Sie hierzu Tipps suchen, empfehle ich Ihnen, sich nach Experten in Ihrer Zielbranche umzusehen.

Die Kaltakquise halte ich persönlich für die ineffizienteste und mit Abstand unbeliebteste Variante – ich möchte daher nicht weiter darauf eingehen. Was natürlich nicht bedeutet, dass sie grundsätzlich nicht klappen kann. Zweifellos gibt es Verkaufsprofis, die damit gute Erfolge erzielen – und wenn Sie glauben, Sie gehören zu diesen: nur zu.

Ansonsten gilt die Faustregel: Für einen ersten Kontakt ist das Marketing zuständig. Danach übernimmt der Vertrieb – und damit der Verkaufsberater. Unterstützen Sie das Marketing Ihres Unternehmens mit Ihrem Wissen über die Kunden, dann können diese Ihnen auch dabei helfen, neue Kontakte zu finden.

Ausnahme: Wenn Sie ein wirklich spezielles Produkt oder eine Dienstleistung anbieten, die sehr klar auf ein Nischensegment zugeschnitten ist, dann ist Kaltakquise sinnvoll.

Wie erkennen Sie, dass Sie **keine** klare Verkaufsstrategie haben? Vor allem daran, dass Sie nach folgenden Mustern vorgehen:

- **»Ich habe eine bewährte ›Haus-und-Hof-Vorgangsweise‹«**
  »Ich mache das immer mit meinem 4-Punkte-System. Damit bin ich immer gut gefahren.« Das klingt danach, als ob Sie sich eine strukturierte Vorgangsweise überlegt haben. Sehr flexibel klingt es allerdings nicht. Was, wenn etwas nicht so klappt wie erwartet? Was, wenn Sie noch Zwischenschritte benötigen? Hält Ihr 4-Punkte-System das aus oder verfallen Sie dann ins spontane Reagieren?

- **Improvisation**
  »Wenn ich erst mal beim Kunden bin, dann verlasse ich mich auf mein Bauchgefühl.« Das kann durchaus gut funktionieren. Vielleicht ist es auch nur eine Umschreibung von »Ich weiß gar nicht, was ich sonst machen sollte«. Strategie ist das auf jeden Fall keine.

- **Richtlinien**
  »Die Profis in unserem Unternehmen haben einen Prozess ausgearbeitet, der für unsere Produkte maßgeschneidert ist.« Ein guter Anfang. Ist der Prozess aber auch auf Ihre Kunden maßgeschneidert mit all ihren indivi-

duellen Problemen? Und ist der Prozess auch auf Ihre eigenen Fähigkeiten maßgeschneidert? Wohl kaum – denn standardisierte Prozesse haben schließlich das Ziel, die Leistung von den handelnden Personen so unabhängig wie möglich zu machen.

Strategie? Wozu denn das?

»Ich fahre zum Kunden, präsentiere unsere Produkte und arbeite mit dem Kunden gemeinsam aus, wie wir weiter vorgehen sollen. Wozu brauche ich eine Strategie?« Fairer Punkt. Wozu überhaupt?

Wozu brauchen Sie eine Strategie?

Brauchen Sie wirklich eine Strategie, um ein IT-Verkaufsgespräch erfolgreich zu führen?

Nein, brauchen Sie nicht. Sind Sie ein Glückspilz oder haben Sie Ressourcen im Überfluss, dann ist eine Strategie ein Luxus, den Sie sich sparen können. Wenn Sie einen Köcher voller Pfeile haben und Sie beliebig lange auf Ihre Scheibe schießen können, bis endlich ein Pfeil richtig sitzt – dann schießen Sie einfach drauf los.

Vermutlich gehören Sie jedoch zu jenen, die nichts zu verschenken haben und mit Ihren Kosten, Ihrer Zeit und Ihrer Energie effizient umgehen müssen. Die Konkurrenz ist Ihnen dicht auf den Fersen. Die Kunden sind anspruchsvoll. Sie haben daher nur einen Pfeil. Wenn Sie den danebenschießen, dann müssen Sie sich wieder hinten anstellen und die Konkurrenz ist erst mal dran.

Fallstudie:
Mit der richtigen Strategie zum Weltmarktführer

Während meiner Zeit als Business Development Manager arbeitete ich mit einem Lieferanten zusammen, von dem wir Produkte im Laserbereich bezogen, eine Kombination aus Soft- und Hardware. Diese Produkte werden auch verwendet, um Fahrzeuge zu kategorisieren, beispielsweise im Rahmen einer Autobahnmaut, wie es sie in vielen Ländern gibt.

Dieses Unternehmen versuchte, sich über Jahre einen Markt aufzubauen. Ohne ausreichenden Erfolg, obwohl das Produkt technologisch der Konkurrenz überlegen war.

Als Kunde sah ich das Problem des Lieferanten, dass dieser seine Technologie in direkter Konkurrenz zu bewährten, auf Infrarottechnologie aufgebauten Systemen platzierte. Obwohl die neue Lasertechnologie Vorteile bot, war keiner dieser Vorteile wirklich überragend und die bekannten Infrarotsysteme hatten ebenso ihre Vorteile.

In einer Disziplin jedoch waren die Lasersysteme den Infrarotsystemen deutlich überlegen: im Hochgeschwindigkeitsbereich.

Dieser Markt war natürlich viel kleiner als der Gesamtmarkt und das Unternehmen wollte sich den gesamten Kuchen sichern, statt nur ein Stück davon. →

Fallstudie:
Mit der richtigen Strategie zum Weltmarktführer

Das Unternehmen ging an dieser Fixierung bankrott.

Die Firma, für die ich damals tätig war, sicherte sich das Produkt und übernahm die Rechte an der Technologie. Ich bekam die Möglichkeit, diesen neuen Geschäftsbereich zu betreuen.

Aufgrund meiner Erfahrungen als Kunde änderte ich die Strategie. Mir war klar, dass die bewährten Infrarotsysteme mit einer großen installierten Basis und einem riesigen Händlernetz eine formidable Konkurrenz waren. Die lokalen Partner vor Ort hatten auch wenig Interesse an der hoch entwickelten Lasertechnologie, da sie diese nicht selbst warten konnten und dadurch Umsätze verloren.

Ich bot die Systeme also ausschließlich Kunden an, die im Hochgeschwindigkeitsbereich tätig waren. In der Tat gelang es durch diese klare Positionierung mit unschlagbaren Vorteilen, die Projekte zu gewinnen. Da wir uns auf die viel geringere Zahl an Projekten konzentrieren konnten, war es außerdem möglich, die einzelnen Kunden besser zu betreuen. Ebenso war es plötzlich möglich, den gesamten Weltmarkt mit einer kompakten Mannschaft zu bearbeiten.

Das Ergebnis: gute Profitabilität und Weltsmarktführer nach kurzer Zeit. Zugegeben, der Weltmarkt dieses neuen Hochgeschwindigkeitssegments war deutlich geringer als der ursprüngliche Gesamtmarkt, konnte aber viel effizienter bearbeitet werden und war aufgrund der Überlegenheit des Produktes auch wesentlich profitabler. Außerdem war es das einzige Segment mit guten Wachstumschancen.

Wie Julius Cäsar schon sagte: »Lieber der Erste im Dorf als der Zweite in Rom.«

Wie diese Fallstudie zeigt, ermöglicht die richtige Strategie häufig Erfolge, die ohne gute Strategie nicht möglich sind.

Strategische Fehler

Beispiele für strategische Fehler sind:

▪ **Sie kontaktieren die falschen Kunden**
Soll ich Ihnen meinen wichtigsten Tipp verraten, um Ihre Abschlussquote zu optimieren?

Bitteschön: »*Suchen Sie sich nur Kunden, die Sie auch gewinnen können.*« Verschwenden Sie Ihre Zeit und Energie nicht an Projekten, bei denen Ihnen das Gefühl vermittelt wird, dass Sie froh sein müssen, überhaupt einen Termin zu bekommen. Bei diesen Kunden sind Sie einer von vielen und das lässt man Sie spüren. Vor allem bei den Preisverhandlungen, in denen der Profi-Einkäufer Sie ausquetschen wird wie eine Zitrone. Wenn es Ihnen so geht wie dem Unternehmen in der Fallstudie und Ihr Kunde piesackt Sie ständig damit, dass Sie keinen wirklichen Mehrwert bieten können, dann wechseln Sie Ihre Strategie.

■ **Sie kennen Ihre wirklichen Stärken nicht**

Alle Anbieter können Ihnen erzählen, was deren Produkt oder deren Leistung kann und was alle anderen nicht können. Wie wir im Abschnitt über den Mehrwert kennengelernt haben, ist es allerdings irrelevant, ob Ihr System etwas kann, was andere Systeme nicht können – es also mehr Funktionen hat. Das Einzige, was zählt, ist, ob Ihr Produkt einen Nutzen bietet, den andere Produkte nicht bieten. Und dieser Nutzen hängt vom Kunden ab.

Tipp

Ein einziger richtig guter Vorteil, der für den Kunden einen konkurrenzlosen Nutzen bringt, ist besser als zehn »Ganz-nett«-Vorteile.

Ich habe das in meinen ersten Jahren als Verkaufsberater gelernt, als ich auf einer Messe einen erfahrenen mexikanischen Geschäftsmann angesprochen habe, den ich als Kunden gewinnen wollte. Er hörte meinen Ausführungen lange geduldig zu und meinte dann:

»Sie haben mir jetzt ein gutes Dutzend ›Nice-to-have‹-Eigenschaften Ihres Produktes erklärt. Ich versichere Ihnen, dass keines davon – und auch nicht alle zusammen – mich dazu bewegen werden, Ihr Unternehmen zu meinem neuen bevorzugten Lieferanten zu machen.

Wonach ich suche, ist ein ›Killer Feature‹, das meinem eigenen System einen großen Vorteil verleihen wird, der in Folge meine eigenen Kunden beeindruckt. Wenn Sie mit einem einzigen solchen ›Killer Feature‹ aufwarten können, unterschreibe ich einen Vertrag – heute und hier.«

In der Fallstudie war die Leistungsfähigkeit im Hochgeschwindigkeitsbereich das »Killer Feature« – das das System im großen Segment der niedrigen Geschwindigkeiten nicht ausspielen konnte. Dort waren die besseren Funktionen nur »Nice-to-have«.

Mit »Nice-to-haves« gewinnen Sie jedoch keine guten Projekte.

■ **Sie treffen die kritischen Punkte des Kunden nicht**

Kunden haben jede Menge Probleme. Die meisten davon sind unangenehm und lästig. Wirklich kritisch sind nur wenige davon. Diese aber sind die für den Kunden und damit auch für Sie wirklich interessanten Punkte. Wenn Sie auch nur eines dieser kritischen Probleme lösen können, sind Sie besser dran, als wenn Sie 10 lästige Probleme lösen können.

Denn: Lästige Probleme lösen – das können andere auch. Außerdem hält der Kunde die Situation im Zweifelsfall auch noch eine Weile aus – manche sogar ein Leben lang. Wenn Sie keine kritischen Probleme lösen können, ist das Risiko hoch, dass Sie vom Kunden die Höchststrafe aufgebrummt bekommen: den Preiskampf.

In der Fallstudie war das kritische Problem der Kunden, dass sie Hochgeschwindigkeitsbereiche überhaupt nicht erfassen konnten, weil ihnen die nötige Technologie fehlte. Es war daher notwendig, die Geschwindigkeit des Verkehrs für die Messung künstlich zu reduzieren – was massive Probleme aufwarf. Der Druck, dieses Problem zu lösen, war daher sehr groß.

Eine solide Strategie schützt Sie vor diesen Fehlern und den Konsequenzen.

Eine Methode, um eine Strategie aufzubauen, erfahren Sie in Kapitel 3 »Der Verkaufsprozess«.

Zusammenfassung Verkaufshindernis 11:
»Keine Verkaufsstrategie«

▨ Strategisch vorzugehen stellt sicher, dass Sie mit Ihren Ressourcen (Kontakten, Zeit, Energie, Aufwand) langfristig das Bestmögliche für sich und Ihr Unternehmen rausholen. Die wichtigsten Faktoren dabei sind:

▨ Die richtigen Kunden (beste Zielgruppe),

▨ Auf Ihren Stärken aufbauen – sowohl als Verkaufsberater als auch im Sinne Ihres Produktes (dann haben Sie den besten Hebel),

▨ Konzentration auf die kritischen Punkte (damit erzielen Sie maximale Wirkung).

2.20 Verkaufshindernis 12: Ungeschickte Gesprächsführung

Der Verkaufsprozess wird ungeschickt geführt	1. Unklare Ziele
	2. Keine Verkaufsstrategie
	3. Ungeschickte Gesprächsführung

Führung im Verkaufsprozess zu übernehmen bedeutet nicht, dass Sie den Kunden vor sich her in Richtung Verkaufsabschluss treiben. Sondern, dass Sie darauf achten, dass stets ein Fortschritt erzielt wird und Sie und Ihr Kunde dem Ziel näher kommen – einen Schritt nach dem anderen.

Gerade zu Beginn erwartet der Kunde klare Führung, schließlich geht er davon aus, mit einem Profi zusammenzuarbeiten. Sie sollten sich in der Materie besser auskennen als er und das will er auch spüren. Wenn Ihnen umgekehrt der Kunde erzählen muss, was Sache ist, dann wird er sich fragen, was Sie ihm anbieten können.

Meistens funktioniert das allerdings nicht so einfach. Nicht immer lässt sich der Kunde einfach an die Hand nehmen und folgt dem Verkaufsberater brav ins Ziel. Im Gegenteil. Die beiden vorangegangenen Punkte – Ziele und Strategie – erleichtern es Ihnen, den Kunden zu führen. Denn ein klares Ziel ist wie ein Leuchtturm, an dem Sie sich immer orientieren können. Eine klare Strategie hilft Ihnen, Antworten auf unerwartete Wendungen im Verkaufsprojekt zu finden.

Was Sie außerdem für eine gelungene Führung des Verkaufsprozesses brauchen:

- Gutes Timing
- Flexibilität
- Geschickte Gesprächsführung

Vom richtigen Timing

Gutes Timing bedeutet: die richtige Reihenfolge und den richtigen Zeitpunkt Ihrer Aktionen.

Bei falschem Timing sind Sie zu früh oder zu spät dran.

Beispiele für falsches Timing
Über die Vorteile des Produktes reden, bevor klar ist, was den Kunden am meisten interessiert.
Mehrwert festlegen, bevor der Kunde den Nutzen überhaupt bestätigt hat.
Über die Probleme des Kunden reden, bevor dieser sie erwähnt hat.
Über ein mögliches Projekt reden, bevor Mehrwert, Ziele, Risiken auf dem Tisch liegen.
Über Implementierung sprechen, bevor die Situation und die Risiken des Kunden klar sind.
Über den Preis sprechen, bevor der Mehrwert klar ist.
Über Partnerschaftsmodelle reden, bevor die Vorstellungen des Kunden zur Beziehung mit dem Anbieter bekannt sind.
Den Verkaufsabschluss ansteuern, bevor klar ist, wer an der Entscheidung noch beteiligt ist.
Einen Abschluss versuchen, bevor Mehrwert, Kosten und Risiken für den Kunden im Gleichgewicht sind.

Eine klare Strategie hilft Ihnen, das richtige Timing einzuhalten. Sind Sie hingegen der »Ich gehe beim Verkaufsgespräch flexibel vor und improvisiere«-Typ, dann laufen Sie ständig Gefahr, das richtige Timing zu verpassen.

Beispiele für Timing-Stolperfallen:

▪ Der Kunde meint: »Dann legen Sie mal los. Was genau bieten Sie denn so an?«

In diesem Moment leuchten die Berateraugen – denn jetzt ist der Berater in seinem Metier. Das Ergebnis: ausführliches »Vorlesen der Speisekarte« und Langweile beim Kunden.

Reaktion für besseres Timing: »Wir bieten eine Palette von Produkten im Bereich Servermanagement an. Ich würde gerne im Vorfeld ein paar Fragen stellen, damit wir uns dann gezielt die geeigneten Leistungen ansehen können, O.K.? Wie viele Server betreiben Sie denn?« (Zuerst Problemanalyse, dann Lösungsdesign)

▪ Kunde: »Das klingt nach einer ziemlich aufwendigen Implementierung.«

Gut vorbereitet zieht der Berater eine Folie mit einem Musterprozess aus der Tasche. »Wir arbeiten mit einem sehr bewährten Prozessmodell. Sehen Sie …«

Reaktion für besseres Timing: »Wo sehen Sie die größten Risiken der Implementierung?« (Appell des Kunden erkennen und nach kritischen Problemen suchen; erst später eine Lösung vorschlagen.)

▪ Kunde: »Ihre Applikation schaut ja ganz gut aus, aber die kostet sicher ein Vermögen, oder?«

Wenn Sie nicht absoluter Preisführer sind, ist der Griff zum Preisblatt jetzt keine gute Idee. Mit Schlagworten wie »Premiumanbieter« oder »gutes Kosten-Nutzen-Verhältnis« bestätigen Sie dem Kunden nur seine Vermutung, dass er viel Geld auf den Tisch legen muss.

Reaktion für besseres Timing: »Ich mache Ihnen gerne ein Angebot, sobald wir uns einig sind, welches Modell für Sie am wirtschaftlichsten ist. Wie lösen Sie denn derzeit das Problem der Dateninkonsistenz – Sie setzen ja bisher keine Software ein, habe ich das richtig verstanden?« (Zuerst nach Informationen suchen, um den Kundennutzen zu bestimmen; erst wenn dieser bekannt ist, einen Preis nennen.)

▪ Kunde: »Wenn wir Ihre proprietäre Software einsetzen, gehen wir eine starke Abhängigkeit ein.«

Als typische Reaktion an dieser Stelle erfolgt defensives Argumentieren: »Das Problem werden Sie auch bei anderen Anbietern haben. Selbst bei Open-Source-Software haben Sie ab einem gewissen Projektfortschritt eine Abhängigkeit vom Projekt-Know-how des Dienstleisters. Unsere Modelle der langfristigen Vertragsbindung haben sich bei vielen Kunden gut bewährt.«

Reaktion für besseres Timing: »Was wäre Ihrer Meinung nach eine gute Möglichkeit, damit umzugehen – gibt es da Erfahrungen in Ihrem Unternehmen? Ich kann Ihnen anschließend gerne erklären, wie andere Kunden von uns das handhaben.« (Kundenappell, das Problem aufzugreifen, Kunden an der Lösung beteiligen. Erst wenn Optionen auf dem Tisch liegen, selbst noch weitere Varianten anbieten.)

Flexibilität im Verkaufsprozess behalten

> *Ein buddhistischer Schüler und sein Lehrer machen auf einer Reise Rast an einem Bach. Aufgrund der Winterschmelze führt der Bach viel Wasser, das reißend ins Tal stürzt.*
>
> *Der Schüler fragt seinen Lehrer:*
> *»Meister, wenn ich in diesen Bach falle, werde ich dann ertrinken?«*
>
> *Der Lehrer meint darauf:*
> *»Nein, nicht wenn du reinfällst. Nur, wenn du drin bleibst.«*

Eine klare Verkaufsstrategie bedeutet nicht, dass Sie einen Weg einschlagen und diesen unter keinen Umständen mehr verlassen.

Es ist sogar wahrscheinlich, dass Sie immer wieder von Ihrem Plan abkommen – schließlich hat der Kunde Vorstellungen, Wünsche, Sorgen, Verhaltensweisen und auch Taktiken, auf die Sie nicht vorbereitet sind. Schlimm ist das nicht – solange Sie rasch wieder ins Gleichgewicht kommen.

Deshalb ist es wichtig, dass Ihre Führung flexibel bleibt.

Fallstudie

Verkaufsberater: Um die 60 Minuten für diesen Termin gut zu nutzen, schlage ich folgende Agenda vor: Zuerst zeige ich Ihnen kurz unser Unternehmen mit einer Präsentation am Projektor. Anschließend stelle ich Ihnen unser Produkt vor, ebenfalls mithilfe einer Präsentation. Dies wird ca. 30 Minuten dauern. Anschließend haben wir dann noch ungefähr 15 Minuten Zeit für Ihre Fragen und im Abschluss definieren wir noch die nächsten Schritte. Ist das für Sie in Ordnung?

Projektleiter: Also die Unternehmenspräsentation würde ich gerne an den Schluss verschieben, denn die ist nicht so wichtig. Ebenso wäre mir recht, wenn Sie die Präsentation des Produktes straffen würden – wir wollen ja vorerst noch keine Details wissen, sondern uns zuerst einen groben Überblick verschaffen. 10-15 Minuten wäre ein guter Zeitrahmen dafür. →

Fallstudie

Verkaufsberater: Die Unternehmenspräsentation geht wirklich sehr schnell, das sind nur wenige Folien. Sie werden dann viel besser verstehen, was wir Ihnen als Partner bieten können. Ebenso sehen Sie unsere Referenzen. Bei der Produktpräsentation kann ich versuchen, etwas rascher durchzukommen, aber die 30 Minuten sind bereits sehr knapp ausgelegt. Da ist wirklich nur das Nötigste dabei – um das ganze Produkt zu beschreiben, bräuchten wir mindestens einen Tag.

Projektleiter: Wenn Sie meinen. Dann fangen Sie schon mal an, ich hole mir inzwischen noch einen Kaffee.

IT-Architekt: Dann erledige ich auch noch kurz ein sehr wichtiges Telefonat. Lassen Sie sich nicht aufhalten, ich bin gleich wieder da.

Sie müssen nicht einverstanden sein mit allen Wünschen Ihrer Kunden. Sie müssen Sie noch nicht einmal akzeptieren. Aber ignorieren Sie diese nicht.

Souveräne Führung bedeutet, dass Sie klare Vorstellungen vom Verkaufsprozess haben, diese im Auge behalten und Ihren Kunden und dessen Wünsche darin integrieren können.

Tipp

Wenn Sie plötzlich mit einer unerwarteten, unangemessenen oder unangenehmen Reaktion des Kunden konfrontiert sind, die Sie aus dem Konzept bringt, empfehle ich folgende Vorgangsweise:

1. **Zur Kenntnis nehmen**
   Kopfnicken, nachdenklicher Gesichtsausdruck. Machen Sie klar, dass Sie verstanden haben, was der Kunde sich wünscht. Reagieren Sie nicht sofort, das wirkt in stressigen Situationen nicht souverän.

2. **Nachfragen**
   »Warum ist Ihnen das wichtig?«, »Habe ich Sie richtig verstanden, Sie möchten … ?«, »Sie bevorzugen also, dass … . Korrekt?«. Damit gewinnen Sie Zeit und Einblick in Motive, Hintergründe, Sorgen. Außerdem fühlt sich der Kunde anerkannt und ernst genommen. In vielen Fällen ergibt sich aus der Erklärung des Kunden ein Weg nach vorne.

3. **Überlegen und Zeit lassen**
   Selbst wenn Sie jetzt bereits wissen, wie Sie reagieren wollen: Halten Sie noch einen Moment inne, vielleicht fällt Ihnen noch etwas ein. Außerdem machen Sie damit Ihrem Kunden deutlich, dass Sie seine Aussagen ernst nehmen und gut abwägen. →

Auf wichtige Aspekte der Gesprächsführung geht Abschnitt 4.3 im Detail ein.

Zusammenfassung Verkaufshindernis 12:
»Ungeschickte Gesprächsführung«

- Eine souveräne Gesprächsführung hat nichts mit rhetorischen Tricks und psychologischen Kniffen zu tun, die Ihnen erlauben, den Gesprächsverlauf nach Belieben zu gestalten. Souveräne Gesprächsführung bedeutet, dass Sie das Gespräch im Griff haben, flexibel auf neue Situationen reagieren können und gemeinsam mit dem Kunden kontinuierlich einen Schritt nach dem anderen in Richtung Verkaufsabschluss machen.
- Das Timing des Gesprächs zu beherrschen bedeutet, dass Sie wissen, welche Aktionen in welcher Reihenfolge besonders wirksam sind und wie Sie damit umgehen, wenn der Kunde das Timing durcheinanderbringt.
- Flexibilität im Gespräch zu behalten heißt, dass Sie solide reagieren, wenn Ihr Kunde es wünscht, und dass Sie Ihren Plan flexibel umbauen können, ohne dass Sie dadurch die Balance im Verkaufsprozess verlieren.
- Fragetechniken und ein strategischer Gesprächsaufbau sind Ihre wichtigsten Werkzeuge in der Gesprächsführung. Diese werden in Kapitel 4 »Werkzeuge für den IT-Verkaufsberater« vorgestellt.

2.21 Problemanalyse: Zusammenfassung und Ausblick

In den letzten Abschnitten haben wir uns ausführlich mit der Problemanalyse von IT-Verkäufen auseinandergesetzt. Wenn Sie die für Ihre Verkaufssituationen besonders relevanten Hindernisse gut kontrollieren, dann steigen Ihre Erfolgschancen auf einen Verkaufsabschluss enorm.

In der folgenden Tabelle finden Sie Empfehlungen, mit welchen Werkzeugen und Aktivitäten Sie am besten die gefundenen Probleme angehen:

Kategorie	Problem	Lösungswerkzeuge	zu finden
Mehrwert vs. Kosten	Kunde erkennt Mehrwert nicht	Kundennutzen bestimmen Elefanten und Reiter Fragetechnik für Verkaufs-berater	Kap. 4 Kap. 3 Kap. 4
	Kunde kann Mehrwert nicht bewerten	Kundennutzen bestimmen	Kap. 4
	Kunde fühlt sich vom Mehrwert nicht ange-sprochen	Stakeholder-Analyse Visionäre und Problemlöser Elefanten und Reiter	Kap. 4 Kap. 4 Kap. 3
Kundenrisiko	Persönliches Risiko beteiligter Personen	Agile Projektpläne Elefanten und Reiter Mit Einwänden umgehen	Kap. 4 Kap. 3 Kap. 4
	Risiko für betroffene Bereiche	Tipps für spezielle Verkaufssituationen Stakeholder-Analyse Agile Projektpläne	Kap. 3 Kap. 4 Kap. 4
	Risiko für das Unternehmen	Tipps für spezielle Verkaufssituationen Agile Projektpläne	Kap. 3 Kap. 4
Interessen-konflikte	Während des Projektes	Tipps für spezielle Ver-kaufssituationen Verhandlungstipps	Kap. 3 Kap. 4
	In der Zusammenarbeit	Tipps für spezielle Verkaufssituationen Verhandlungstipps Stakeholder-Management	Kap. 3 Kap. 4 Kap. 4
	In der Zukunft	Tipps für spezielle Verkaufssituationen Verhandlungstipps	Kap. 3 Kap. 4
Verkaufsprozess	Ziele sind unklar	Agile Verkaufsstrategie Fragetechnik für Verkaufs-berater	Kap. 3 Kap. 4
	Fehlende Strategie	Agile Verkaufsstrategie	Kap. 3
	Ungeschickte Gesprächsführung	Mit Einwänden umgehen Fragetechnik für Verkaufs-berater Verhandlungstipps »Zu teuer!«	Kap. 4 Kap. 4 Kap. 4 Kap. 4

Tipp

Der bisherige Fokus auf Probleme soll Ihnen nicht vermitteln, dass es ständig ein Problem gibt, das Sie lösen müssen.

Manchmal läuft es einfach gut. Stören Sie in diesem Falle den Fortschritt nicht, indem Sie den Kunden mit Lösungsansätzen verwirren, die nach einem passenden Problem suchen.

Die Problemanalyse holen Sie immer dann hervor, wenn es im Verkaufsprozess »ruckelt«, »knirscht« oder »hakt«.

Die Probleme sind gefunden – wie geht es jetzt weiter?

Mit dem vorgestellten Analyseprozess sind Sie bestens gerüstet, die Schlaglöcher im Verkaufsprozess sicher und schnell zu entdecken. Der Rest des Buches wird sich damit beschäftigen, passende Lösungen dafür zu finden.

Kapitel 5 enthält eine Übung zur Problemanalyse einer Verkaufssituation anhand einer Fallstudie. Es ist jetzt ein guter Zeitpunkt, um diese durchzuführen, damit Sie Ihr Wissen bis hierher sichern.

Im nächsten Kapitel entwickeln wir unsere Verkaufsstrategie. Es bleibt also spannend!

3 Der Verkaufsprozess

3.1 Der Verkaufsberater als Stratege und Routenplaner

Dieses Kapitel des Buches ist der wichtigste Teil für den Routenplaner unserer Verkaufsrallye – oder anders ausgedrückt: für den Strategen im Verkaufsprozess.

Wir entwickeln auf den nächsten Seiten eine Methode, mit der Sie Ihren Verkaufsprozess planen können, sodass Sie immer eine gute Route fahren. Gleichzeitig bleiben Sie mit dieser Methode flexibel genug, um laufend auf neue Anforderungen und unerwartete Reaktionen des Kunden reagieren zu können.

Die folgende Fallstudie demonstriert, warum das nicht immer so einfach ist.

> **Fallstudie:**
> **Training »agile Methoden«**
>
> Herr Gross (G), Geschäftsführer von »ExpertSoft« hat sich von einem befreundeten Unternehmer von der Idee überzeugen lassen, die Softwareentwicklung seines Unternehmens auf einen agilen Ansatz umzustellen. Herr Gross sucht sich einen entsprechenden Berater aus der Region, um die Einführung zu unterstützen, und hofft, bei Herrn Klein (K) fündig zu werden.
>
> **K:** Guten Tag, Herr Gross. Vielen Dank, dass Sie mich als Berater in Betracht ziehen. Wie kann ich Ihnen helfen?
>
> **G:** Wie bereits am Telefon gesagt: Ich interessiere mich für agile Entwicklungsmethoden. Ein Freund von mir führt ein ähnliches Unternehmen wie dieses hier. Er hat vor 2 Jahren die Entwicklungsmethodik umgestellt und ist sehr zufrieden damit. Ich glaube, er verwendet Scrum und die Methode klingt, als ob sie auch gut für uns wäre. Ich suche daher einen Berater, der uns bei der Einführung unterstützen kann. →

K: Das ist genau meine Spezialität. Ich würde mich allerdings nicht gleich auf Scrum festlegen – es gibt auch andere Methoden, zum Beispiel Kanban oder Extreme Programming oder Feature Driven Development.

G: Das wusste ich gar nicht. Sind die Unterschiede groß?

K: Das sind sie in der Tat. Obwohl alle Methoden agile Prinzipien unterstützen, arbeiten sie nach anderen Grundsätzen. Je nach Anforderung ist das eine oder andere besser.

G: Das klingt komplizierter, als ich dachte.

K: So schlimm ist das nicht. Meine bewährte Vorgehensweise ist jene, zu Beginn einen Evaluierungsworkshop von 2 Tagen mit wesentlichen Mitarbeitern des Unternehmens durchzuführen. Dort werden die unterschiedlichen Ansätze vorgestellt und geprüft, wie gut diese zum jeweiligen Unternehmen passen. Am Ende bekommen Sie eine Empfehlung, welche Methodik für Sie die günstigste ist.

G: Zwei Tage mit allen wesentlichen Mitarbeitern, nur um eine Entscheidung vorzubereiten?

K: Denken Sie daran, wie viel Aufwand es Sie kostet, die falsche Entscheidung zu treffen. Dieser Workshop ist eine gute Investition.

G: Na gut. Können wir danach gleich loslegen?

K: Danach können wir beginnen, die Einführung zu planen: Zeitplan, Rollen, Verantwortlichkeiten, Budget etc. Sobald die Planung abgeschlossen ist, startet die Einführung der ausgewählten Methode.

G: Irgendwie habe ich mir das »agiler« vorgestellt. Das klingt ja nach einem sehr aufwendigen Prozess.

K: Es ist ein häufiges Missverständnis, dass agile Methoden mit »unstrukturiert« und »planlos« gleichgesetzt werden. Das Gegenteil ist wahr. Daher strukturieren wir auch den gesamten Prozess gut durch.

G: Ich kann mir immer noch nicht vorstellen, wie die Einführung der Methode funktioniert. Wie genau gehen Sie da vor?

K: Ich zeige Ihnen das am besten anhand eines Musterplans. Hier habe ich einen mitgebracht. Wie Sie sehen können, kombiniert die Einführung mehrere Elemente: Trainings zur Erläuterung der Methode, Vor-Ort-Coaching der Teams und spezielle Trainingseinheiten für das Managment.

G: Das klingt alles recht sinnvoll, aber irgendwie fehlt mir immer noch eine konkrete Vorstellung vom Ergebnis.

K: Das ist verständlich. Agile Methoden muss man zu einem gewissen Grad erleben, um sie zu verstehen. Wenn Sie jemandem Fußball erklären wollen, geht das auch nur begrenzt dadurch, dass Sie die Regeln erklären und aufzählen, welche Fähigkeiten ein Fußballer trainiert. →

Das wird sich aber rasch ändern, sobald die Teams mit der Arbeit beginnen. Ebenso ist ja auch das Management intensiv in den Prozess eingebunden. Typischerweise gibt es bereits nach wenigen Tagen »Aha-Effekte«.

Abgesehen davon gibt es auch ein Controlling sowohl für den Einführungsprozess an sich als auch für den Fortschritt mit der gewählten agilen Methode. Sie werden daher die Verbesserung sowohl erleben als auch messen können.

G: Das klingt alles recht gut. Vielleicht muss man sich auf so etwas einfach einlassen. Trotzdem, irgendwie tu ich mir noch immer schwer.

K: Sie sagen es – auf agile Methoden muss man sich einlassen. Den Sprung ins Wasser kann Ihnen niemand abnehmen. Aber ich bin als Begleiter dabei, damit Sie keine unangenehmen Überraschungen erleben und damit Sie und Ihr Unternehmen bekommen, was Sie brauchen. Sie haben ja selbst an unserem Prozess gesehen, dass wir dabei sehr methodisch vorgehen. Dieses System beruht auf der Erfahrung von einem guten Dutzend Einführungen agiler Entwicklungsmethoden.

G: Ich verstehe. Können Sie mir die Unterlagen zur Verfügung stellen? Ich muss mir das noch mal durch den Kopf gehen lassen und mit meinen Mitarbeitern besprechen. Ich melde mich nächste Woche bei Ihnen.

K: Selbstverständlich. Ich sende Ihnen alles noch einmal per E-Mail zu und erwarte Ihren Anruf nächste Woche.

Tipp

Wer sich für agile Softwaremethoden interessiert, wird mit den Büchern »Agile Softwareentwicklung« von Henning Wolf und Wolf-Gideon Bleek, »Scrum« von Roman Pichler und »Kanban« von David J. Anderson fündig; alle dpunkt.verlag.

Analyse der Fallstudie

Wird der Berater aus dieser Fallstudie erfolgreich sein und einen Auftrag platzieren können? Schwer zu sagen. Den Geschäftsführer konnte er noch nicht richtig überzeugen, vielleicht erledigen das noch seine Mitarbeiter.

Genauso gut kann es aber auch passieren, dass Herr Gross sich noch einen zweiten Berater kommen lässt und bei diesem eine weitere Meinung nachfragt. Kann dieser Berater ihn besser »abholen«, schnappt er Herrn Klein den Auftrag weg.

Was hätte Herr Klein also besser machen können?

Vieles hat der Verkaufsberater durchaus gut gemacht. Er war vorbereitet, hatte einen Plan und ein Ziel und er hat das Gespräch aktiv geführt.

Allerdings traf er auf das Problem, dass der Kunde sich von rationalen Argumenten und von seinen Plänen nicht vollends überzeugen ließ. Offensichtlich gab es beim Kunden noch Sorgen, die nicht klar artikuliert wurden.

Vielleicht bestand Unsicherheit über das Ergebnis; der Kunde war überrascht über die Komplexität und den Umfang des Prozesses und konnte mit dieser neuen Erkenntnis möglicherweise nicht sofort umgehen; ebenso kann es sein, dass der Unternehmer Sorge hatte, ob der Ansatz mit dem Unternehmen wirklich kompatibel ist; vielleicht gab es auch Zweifel an der Kompetenz des Beraters.

Was auch immer es war – der Verkaufsberater hat es nicht identifiziert und konnte daher auch nicht darauf eingehen.

Warum hat der Verkaufsberater, Herr Klein, das Problem nicht gesehen?

Der Kunde, Herr Gross, hat sogar mehrere Male seine Schwierigkeiten und seine Sorgen geäußert. Der Verkaufsberater hat diese jedoch nicht aktiv aufgegriffen, sondern sie mit einem rationalen Standardargument »vom Tisch gewischt«. Obwohl der Berater dies rhetorisch geschickt gemacht hat, löst er das Problem des Kunden damit nicht – da dieses offensichtlich eben nicht rational war.

Vielleicht ist der Berater gar nicht in der Lage, mit derartigen Schwierigkeiten des Kunden umzugehen, weil er keine Lösung dafür hat. Wahrscheinlicher ist jedoch, dass er nicht darauf eingehen wollte – denn er wollte vor allem seinen eigenen Plan durchziehen. In diesem Plan waren bereits Lösungen für zu erwartende Einwände des Kunden »eingebaut« und diese hat der Berater auch punktgerecht eingesetzt. Für das Problem »Kunde hat ein nicht rationales Problem« gab es jedoch keine Standardlösung. Die Verkaufsstrategie von Herrn Klein war an dieser Stelle zu starr, um das unerwartet auftretende Problem des Kunden effektiv zu lösen.

Damit Sie nicht dasselbe Problem bekommen wie Herr Klein, benötigen Sie daher eine Methode, die gleichzeitig Struktur und Flexibilität bietet. Diese beiden Eigenschaften – Struktur und Flexibilität – geraten leicht in Konflikt; insbesondere dann, wenn einerseits die Struktur zu eng und zu starr festgelegt wird und andererseits Flexibilität mit »alles ist möglich« verwechselt wird.

Um dieses Spannungsfeld zu beherrschen, leihen wir uns für unsere Verkaufsmethode wirksame Konzepte aus Bereichen, die genau auf diese Anforderung spezialisiert sind: agile Entwicklungsmethoden und das Management von Veränderungen (Change Management). Um diesen Ansätzen eine Basis zu geben, brauchen wir eine Verkaufsstrategie.

Nur: Was genau soll das sein, so eine Verkaufsstrategie?

Die Verkaufsstrategie: der Kompass im Verkaufsprozess

Kehren wir erneut zum Verkaufsberater aus der Fallstudie zurück.

Würde man Herrn Klein fragen, ob er eine Strategie für das Gespräch hatte, würde er vermutlich »Ja« sagen. Er glaubt, eine Strategie und eine strukturierte Vorgehensweise zu haben, stattdessen hat er »nur« einen Plan.

Strategie, Struktur, Plan – Lektionen aus dem Fußball

Zur Erinnerung aus Kapitel 1: Eine Strategie definiert, wie Sie zum Ziel kommen.

Aus der Strategie leitet sich dann der Plan ab, der diesen Weg genauer beschreibt. Mitten im Projekt ändern sich immer wieder Details oder neue Informationen werden verfügbar. Dies macht es nötig, den Plan stets aufs Neue anzupassen.

Die Strategie hingegen bleibt unverändert (außer, das Ziel selbst ändert sich).

Ein Vergleich zum Fußball illustriert dies:

Gute Fußballtrainer haben eine klare Strategie für jedes Match; beispielsweise eine defensive Konterstrategie, um gegen eine angriffsstarke Mannschaft gute Chancen zu haben.

Eine unterstützende Struktur für diese Strategie kann in diesem Falle eine 5-4-1-Aufstellung mit starker Präsenz und engen Räumen in der Verteidigung und im Mittelfeld sein und nur mit einer Sturmspitze, um spontane Chancen in Tore zu verwandeln. Ebenso kann der Trainer auf enge Manndeckung setzen, um gefährliche Stürmer zu kontrollieren.

Die *Strategie* ist in diesem Fall »Defensiv mit Konter«, unterstützende *Strukturen* sind »5-4-1-Aufstellung« und »enge Manndeckung«. Den Rest und die spontanen Entscheidungen während des Spiels überlässt der Trainer den Spielern und dem Kapitän der Mannschaft.

Bei einem *Plan* hingegen würde der Trainer mit den Spielern in der Kabine vor dem Spiel konkrete Spielzüge erarbeiten, beispielsweise: »Der Gegner rückt sicher mit seinem starken Stürmer Robertson vor. Stefan nimmt diesem den Ball ab und passt in zu Markus, dem Libero. Dieser spielt eine hohe Flanke zu Ralf im rechten Mittelfeld, der dann den Ball für Stürmer Olaf auflegt, der sich inzwischen freigespielt hat. Dieser schießt dann das Tor.«

Es ist klar, dass so etwas im Fußball nicht funktioniert, dazu gibt es viel zu viele unvorhergesehene Ereignisse. Derartige Pläne sind daher sinnlos und erzeugen nur die Illusion einer Kontrolle, die faktisch nicht existiert.

Dasselbe gilt für den Verkaufsprozess. Vorgefertigte Abläufe und Pläne gehen regelmäßig schief, denn der Kunde hat seinen eigenen Kopf und seine eigenen Vorstellungen davon, wie das Gespräch abläuft. In den Worten eines Verkaufsberaters: »Der Kunde zickt.«

Positiver formuliert: Der Kunde versucht, im Gespräch das zu bekommen, was er selbst braucht – und nicht, was der Verkäufer gerne hätte.

Ohne passende Strategie kann der Berater bei auftretenden Hindernissen nur »mehr vom selben« machen: Argumente wiederholen, ins Detail gehen oder den Kunden mit bewährten Ansätzen und Erfahrung zu überzeugen versuchen.

Liegt das Problem jedoch woanders, dann versagt dieser Ansatz.

Mein Tipp daher für Herrn Klein: weniger Plan, bessere Verkaufsstrategie, mehr Struktur und damit mehr Flexibilität und Sicherheit, um auf neue Situationen zu reagieren.

Wir entwickeln all das in den folgenden Abschnitten.

3.2 Ihre individuelle Verkaufsstrategie

Sie benötigen also eine gute Verkaufsstrategie, um konstant auf Topniveau erfolgreich zu sein.

Woran erkennen Sie eine gute Verkaufsstrategie? An den 3 E:

Die drei E

Im Englischen werden sie die drei E genannt: Effectiveness, Efficiency, Economy.

Auf gut Deutsch ohne schönes Akronym: Effektivität, Effizienz, Wirtschaftlichkeit.

Effektivität: Die richtigen Dinge tun.

Die kritischen Probleme finden und angehen. Für den Verkaufsberater bedeutet das, dass er herausfindet, was die wichtigsten Punkte, für den Kunden sind: »Was will der Kunde auf jeden Fall loswerden oder was will er unbedingt erreichen?« Die vielen »Ganz-nett«-Punkte werden hingegen nur nebenbei adressiert.

Effizienz: Die Dinge richtig tun.

Dort ansetzen, wo der größte Hebel wirkt – bei den eigenen Stärken. Für den Verkaufsberater bedeutet das, dass er seine individuelle Verkaufsstrategie auf den größten Stärken seines Produktes sowie auf seinen ganz persönlichen Stärken aufbaut.

Wirtschaftlichkeit: Möglichst viel Ergebnis mit den verfügbaren Ressourcen erzielen.

Die richtigen Kunden suchen und keine Zeit, Kosten und Energie mit Projekten verbraten, bei denen die Chancen von vornherein gering sind.

Für den Verkaufsberater bedeutet das, dass er sich ständig überlegt, welche Kunden und Probleme er besonders leicht ansprechen und überzeugen kann, und sich auf diese konzentriert.

Wenn Sie die 3 E beherrschen, haben Sie eine mächtige Strategie.

Im Unterschied zu einem Plan orientiert sich eine Strategie nicht an den Details, die sich ständig verändern.

Eine Strategie orientiert sich am Ziel und wird so lange beibehalten, wie das Ziel besteht (außer, Sie erkennen, dass Ihre Strategie nicht funktioniert).

Wenn eine Strategie sich daher am Ziel orientiert, dann müssen Sie erst Ihre Ziele kennen, bevor Sie eine solide Strategie entwickeln können.

Das Ziel des Kunden

Das Kundenproblem und damit das Ziel des Kunden können Sie natürlich nicht im Vorfeld festlegen, denn das kennen Sie noch nicht. Sie können natürlich Vermutungen anstellen und Kunden danach aussuchen, ob diese voraussichtlich ein Problem haben, das Sie gut lösen können (Wirtschaftlichkeitsprinzip).

Allerdings haben wir im Abschnitt der Problemanalyse festgestellt, dass unsere Kunden meist vielfältige Schwierigkeiten haben, die wir oftmals erst während des Verkaufsprozesses identifizieren können.

Der kundenspezifische Teil der Strategie kann daher erst entwickelt werden, sobald die nötigen Informationen über den Kunden in Erfahrung gebracht werden. Ebenso kann sich die Strategie im Laufe des Projektes ändern, falls sich das dringendste Problem des Kunden, und damit das Ziel des Kunden, verändert.

Ihr eigenes Ziel

Ihr eigenes Ziel ist meist der erfolgreiche Verkaufsabschluss (und in den anderen Fällen ist Ihr Ziel vermutlich, möglichst rasch zu erkennen, dass Sie bei diesem Kunden nur Ihre Zeit verschwenden).

Dieses Ziel lässt sich bei komplexen Projekten nicht in einem einzigen Schritt erreichen. Das Gesamtziel baut daher auf einer Reihe von Teilzielen auf. Gerade diese einzelnen Teilziele lassen sich nur schwer von Anfang an festlegen, denn Sie erfahren ständig Neues, was Ihre Teilziele beeinflusst.

Sie haben also zu Beginn eine grobe Vorstellung der Ziele – Ihrer eigenen und der des Kunden, – aber genau können Sie diese noch nicht definieren.

Als aufmerksamer Leser denken Sie jetzt vermutlich:

- Beißt sich da die Katze nicht in den Schwanz?
- Einerseits brauchen wir eine Strategie, wenn wir mit einem potenziellen Neukunden in Kontakt treten.
- Gleichzeitig kennen wir zu diesem Zeitpunkt das Ziel des Kunden noch nicht.
- Da aber die Strategie der Weg zum Ziel ist, kann ich ohne ein Ziel auch keine Strategie haben.

Stimmt. Einerseits brauchen Sie eine Strategie, andererseits können Sie aber noch keine haben.

Wie lösen wir das Dilemma? Indem wir uns von der Vorstellung verabschieden, dass wir gleich zu Beginn das endgültige Ziel und alle Teilziele bereits vollständig und fix und fertig kennen müssen.

Als Alternative entwickeln wir eine Strategie, die sich selbst im Laufe des Verkaufsprozesses selbstständig stetig weiterentwickelt und sich dabei immer wieder adaptiert: eine agile Strategie.

3.3   Eine Strategie mit Flügeln

Was soll das sein, eine »agile« Strategie?

Eine agile Strategie behält das Gesamtziel im Auge, definiert sich in den Teilzielen aber ständig neu. Sie berücksichtigt und integriert dabei alle bisher verfügbaren Informationen und Optionen, um daraus die beste weitere Vorgangsweise abzuleiten. Das bedeutet, dass Sie sich im ersten Schritt mutig eine Strategie vornehmen, die Ihnen passend für die Erreichung des Gesamtziels (Verkaufsabschluss) erscheint, und stoßen forsch in diese Richtung vor.

Sobald Sie neue Informationen erhalten oder weitere Ereignisse passieren, bewerten Sie Ihre Strategie neu und passen diese entsprechend an.

Sie verwenden also keine übergreifende, einheitliche Strategie über das gesamte Verkaufsprojekt wie unten grafisch dargestellt.

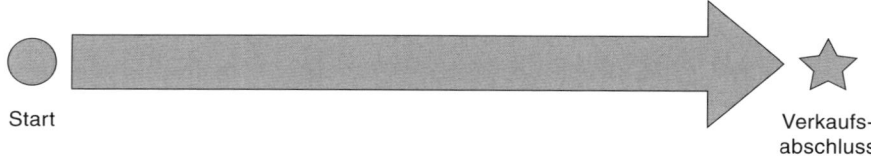

Stattdessen verwenden Sie eine Strategie, die sich aus einer Reihe von Einzelprojekten ergibt mit jeweils eigenen Zielen und Strategien:

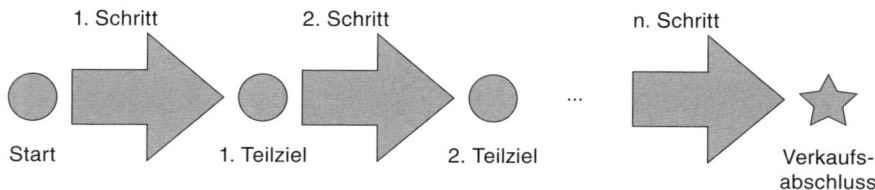

░ *Der Vorteil dieser Strategie gegenüber einer festen Strategie* ist, dass Sie diese laufend anpassen können; Sie bleiben flexibel.

Neue Erkenntnisse und unerwartete Kundenanforderungen, die Strategieanpassungen nötig machen, empfinden Sie damit nicht als störend oder destruktiv, sondern als normalen Prozess, als »Teil des Spiels«.

Sie laufen nicht Gefahr, dass Sie sich starr an Ihren schönen, aufwendig erstellten Plan halten wollen, obwohl dieser nicht mehr zu den Anforderungen passt.

░ *Der Vorteil gegenüber einer »Ich-gebe-einfach-mal-zum-Kunden-und-improvisiere«-Vorgangsweise* ist, dass Sie zu jedem Zeitpunkt eine klare Strategie haben, die effizient, effektiv und wirtschaftlich ist.

Solange Ihre aktuelle Strategie sich bewährt, behalten Sie diese bei und sind solide unterwegs. Ebenso werden Sie nicht bei der ersten neuen Erkenntnis oder Anforderung des Kunden Ihre Strategie zugunsten einer spontanen Idee aufgeben, sondern den Wert der neuen Information mit allem bisherigen Wissen abwiegen und abstimmen. Sie vermeiden dadurch unnötigen Aktionismus und einen Zickzackkurs, der den Kunden verwirrt.

Durch den Verkaufsprozess sprinten

Leser mit Erfahrung in der Softwareentwicklung nach Scrum haben in der grafischen Darstellung der agilen Verkaufsstrategie sicher Ähnlichkeit zu den »Sprints« in Scrum entdeckt.

Das ist wenig überraschend, denn die Scrum-Sprints haben genau die gleiche Aufgabe: Die gesamte Entwicklung einer Software ist in mehrere Einheiten (Sprints) zu teilen, innerhalb derer ein Teilziel erreicht werden soll. Für den nächsten Schritt integrieren die Beteiligten alle bisher gemachten Erfahrungen und Entwicklungen mit den neu hinzugekommenen Anforderungen und planen den nächsten Sprint so, dass ein möglichst guter Fortschritt zum Endziel erreicht werden kann.

Sinnvolle Teilziele im Verkaufsprozess sind beispielsweise:

░ Eine Entscheidung wird gefällt, ein Vertrag unterschrieben
░ Wichtige Informationen stehen zur Verfügung
░ Das Projekt erhält wichtige Unterstützung
░ Vorbedingungen werden erfüllt
░ Ein definierter Fortschritt innerhalb eines längeren Arbeitsschrittes wird erreicht (z.B. Festlegung der Basistechnologie im Rahmen eines Workshops mit dem Kunden)

Alles, was einen klaren Fortschritt in Richtung Endziel bedeutet, kann ein sinnvolles Teilziel sein.

Im Gegensatz dazu steht der Aktionismus, in dem der Berater und andere Beteiligte irgendwelche Aktivitäten durchführen. Dadurch entsteht zwar ein Gefühl von »es geht weiter«, in Wirklichkeit betreiben Sie nur Beschäftigungstherapie und hoffen, dass damit etwas Hilfreiches entsteht.

Keine sinnvollen Teilziele sind demnach:

- Den Kunden besuchen
- Dem Kunden Unterlagen schicken
- Dem Kunden ein Angebot machen
- Mitarbeitern des Kunden Informationen liefern
- Einen technischen Workshop durchführen
- Einen Testaccount zur Verfügung stellen

Alle diese Aktionen mögen hilfreich sein, um bestimmte Ziele zu erreichen, sind an sich aber keine Ziele – denn nur weil wir dem Kunden ein Angebot vorlegen, sind wir noch keinen Schritt weiter gekommen. Dazu muss der Kunde das Angebot annehmen oder uns die für ihn wichtige Vorbedingung nennen, deren Erfüllung dann automatisch zur Annahme des Angebots führt.

Als Faustregel gilt:

Ein Teilziel zu erreichen bedeutet, dass der Kunde sich in Richtung Abschluss bewegt. Unsere eigenen Aktivitäten, die den Kunden nicht bewegen, sind vielleicht dafür notwendig, aber nie ein Teilziel.

Wie in der agilen Softwareentwicklung wird auch im Verkaufsprozess die erforderliche Anzahl von Teilschritten nicht festgelegt. Wichtig ist, mit jedem weiteren Teilziel dem Endziel möglichst nahe zu kommen.

Was für den Softwareentwickler ein neues Release ist, ist für den Verkaufsberater also ein weiterer Entwicklungsschritt im Verkaufsprojekt. Statt Code entwickelt der Verkaufsberater Fortschritt im Verkaufsprozess. Statt mit Softwaredesigns arbeitet der Verkaufsberater mit Strategien.

Strategien vs. Taktiken

Einige Autoren bevorzugen das Wort Taktik, wenn Sie eine Teilstrategie benennen wollen, um den Unterschied zwischen der Gesamtstrategie und deren Einzelteilen präzise zu trennen.

Obwohl ich diesen Ansatz für sinnvoll halte, möchte ich in diesem Buch keinen weiteren Begriff einführen, der zu Verwirrung führen kann. Ich beschränke mich daher auf die Begriffe »Strategie« oder »Teilstrategie«. Der Unterschied ergibt sich für den Leser aus dem Kontext.

Strategien im Verkaufsprozess

In einem meiner Beratungstermine habe ich mich mit meinem Kunden einmal ausführlich über Strategie unterhalten. An dieser Stelle meinte mein Gesprächspartner: »Schön und gut. Ich verstehe, wozu eine Strategie gut sein soll. Ich verstehe auch, dass ich als Verkaufsberater eine Strategie gut gebrauchen kann. Ich habe auch kapiert, was der Unterschied zu einem Plan ist. Und ich verstehe auch, dass die Gesamtstrategie etwas anderes ist als die Teilstrategien, die ich im Verkaufsprozess regelmäßig anwenden will. Was ich immer noch nicht verstehe: Wie genau schauen jetzt diese Strategien aus, die hier zum Einsatz kommen?«

Eine gute Frage.

Hier sind die wichtigsten Strategien, mit denen Sie Ihre Teilziele erreichen:

Teilstrategien im Verkaufsprozess

▦ **Informationen beschaffen**
Fortschritt durch neues Wissen. Diese Strategie ist besonders zu Beginn wichtig, ansonsten wird es Ihnen schwerfallen, die weiteren Strategien zielgerecht einzusetzen.

▦ **Mehrwert erzeugen oder darstellen**
Fortschritt durch attraktive Ziele, die den Kunden anziehen. Auch diese Strategie ist zu Beginn des Prozesses wichtig, um dem Kunden klarzumachen, was Sie ihm anbieten können. Die Strategie kommt erneut zum Einsatz, wenn neue wichtige Personen hinzukommen.

▦ **Probleme lösen**
Fortschritt durch Beseitigen von Hindernissen und Eliminierung von Risiken. Diese Strategie wird laufend eingesetzt, allerdings reaktiv – immer dann, wenn Sie erkennen, dass es ein Problem gibt, das es zu lösen gilt.

▦ **Support aufbauen**
Fortschritt durch Unterstützung von Mitstreitern, Fürsprechern und Allianzen. Mit Support ist es wie mit der Gesundheit – man kann nie genug davon haben. Fehlt der Support, dann geht es Ihnen nicht gut. Diese Strategie wird vor allem zu Beginn und im Mittelteil des Prozesses eingesetzt.

▦ **Vertrauen aufbauen**
Fortschritt durch den Beweis von Kompetenz, Zuverlässigkeit und Kompatibilität. Diese Strategie kommt vor allem im Mittelteil und gegen Ende des Verkaufsprozesses zum Einsatz, also immer dann, wenn das Risiko des Kunden besonders hoch ist und die Angst vor Konflikten besteht.

In den meisten Projekten wird es nötig sein, mehrere oder alle dieser Strategien einzusetzen. Dagegen spricht auch nichts – allerdings spricht sehr viel dagegen, mehrere dieser Strategien *gleichzeitig* zu verfolgen. Erliegen Sie nicht dieser Versuchung, denn die Wahrscheinlichkeit, dass Sie sich dabei verzetteln, ist hoch. Das hat übrigens nichts mit Ihren Fähigkeiten zu tun. Ganz im Gegenteil, denn erfolgreiche Profis erkennen Sie daran, dass diese sich stets auf *ein* Ziel und *eine* Strategie konzentrieren. Denn Konzentration stellt sicher, dass Sie so effizient wie möglich unterwegs sind.

Ihre Strategie ist ein eifersüchtiger Partner und ermahnt Sie: »Du sollst keine anderen Strategien neben mir haben.« Wer mehrere Strategien gleichzeitig hat, hat gar keine.

Alles klar?

Dann wenden wir uns der nächsten Frage zu: Wie gehen wir innerhalb der agilen Verkaufsstrategie vor?

Das 4-Phasen-Verkaufsmodell

In der agilen Vorgangsweise gehen Sie wie bei den agilen Softwareentwicklungsmethoden iterativ vor, das heißt, Sie wiederholen einen Aktivitätszyklus so lange, bis das Ziel erreicht ist.

Grafisch stellt sich die Vorgangsweise in der agilen Verkaufsstrategie folgendermaßen dar (4-Phasen-Modell):

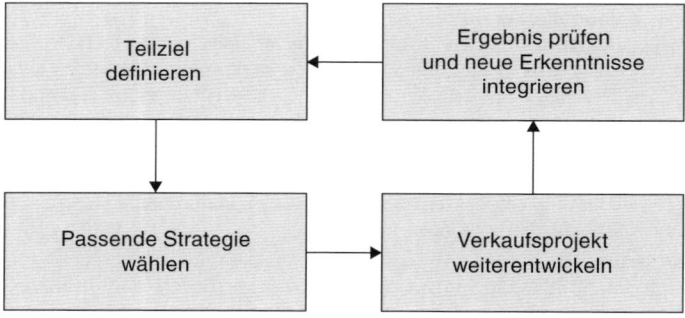

Das folgende Beispiel demonstriert das Vorgehen nach dem 4-Phasen-Modell:

Verkaufsbeispiel:
Ausschreibung einer Softwareentwicklung

Hintergrundinformation:

Ein Unternehmen plant, die Entwicklung einer Individualsoftware bei einem Partner in Auftrag zu geben. Um die Angebote besser vergleichen zu können, organisiert das Unternehmen eine Ausschreibung und lädt bevorzugte Anbieter ein, daran teilzunehmen. Zu diesem Zweck werden Ausschreibungsunterlagen erstellt, die eine Spezifikation, Anforderungen, Bewertungskriterien und eine Darstellung des Vergabeprozesses enthalten.

Verkaufsberater Glück ist ebenfalls zur Ausschreibung eingeladen und vertritt sein eigenes Unternehmen »LuckSoft«. →

Verkaufsbeispiel:
Ausschreibung einer Softwareentwicklung

Das ausschreibende Unternehmen ist Herrn Glück aus vergangenen Projekten bekannt. Offenbar war der Kunde immer zufrieden, sonst wäre LuckSoft nicht zur Ausschreibung eingeladen worden. Die Spezifikation der Software ist ausreichend detailliert und die Anforderungen klar. Der Vergabeprozess ist einfach gehalten. Weitere Informationen zum Inhalt des Projektes benötigt Herr Glück daher vorerst nicht.

Die anderen Anbieter sind im Gegensatz zu LuckSoft alles bekannte Namen im betreffenden Softwaresegment. Herr Glück vermutet daher, dass sein Unternehmen als Branchenaußenseiter eingeladen wird, der die Abläufe beim Kunden besser kennt und aufgrund der Zusammenarbeit in der Vergangenheit ein einschätzbarer Partner ist.

Auswahl des 1. Teilziels:

Herr Glück möchte als Erstes verstehen, wie er sein Unternehmen am besten positionieren soll.

Festlegung der Teilstrategie:

Hilfreiche Informationen erwartet er sich dabei von Kontakten beim Kunden, die er in der Vergangenheit aufgebaut hat. Diese Informationen zu bekommen, ist sein erstes Teilziel, seine Strategie ist damit vorerst »weitere Informationen erhalten«.

Projektentwicklung:

Herr Glück kontaktiert zwei Kontakte aus vergangenen Projekten im Unternehmen telefonisch. Beide kennen das Projekt, da sie auch selbst an der Implementierung beteiligt sein werden.

Beide Personen empfehlen dem Berater, an der Ausschreibung teilzunehmen, weil die Zusammenarbeit »die letzten Male auch gut geklappt habe«. Ebenso bestätigen beide Personen die Einschätzung von Herrn Glück: LuckSoft ist in der Produktpalette Außenseiter, bietet aber aufgrund der gemeinsamen Historie Vorteile, weil die Zusammenarbeit damit einschätzbar ist und somit das Projektrisiko begrenzt.

Erkenntnisse integrieren:

Der Verkaufsberater ist der Meinung, damit seine Positionierung gefunden zu haben.

Gegen die Platzhirsche mit überragendem Mehrwert beim Softwareprodukt zu punkten, dürfte in einer Materialschlacht enden, für die LuckSoft nicht die nötigen Ressourcen hat. LuckSoft wird sich daher inhaltlich rein auf die Muss-Kriterien konzentrieren.

Sinnvoller scheint es, mit dem Bonus zu punkten, dass die Zusammenarbeit während des Projektes bewährt, zuverlässig und damit wenig risikoreich sein wird.

Neues Teilziel:

Im nächsten Schritt möchte Herr Glück Schlüsselpersonen auf seine Seite ziehen, sodass diese kundenintern LuckSoft als bevorzugten Anbieter unterstützen. Das ist sein neues Teilziel.

Neue Teilstrategie:

Die Strategie ist damit »Aufbau von Support«.   →

Projektentwicklung:

Herr Glück bietet den ihm bekannten Kontakten an, das Projektkonzept vorzustellen, bevor er dieses in ein offizielles Angebot gießt. Dies ermöglicht diesen Personen, noch Einfluss auf die angebotene Lösung zu nehmen. Die Kontakte begrüßen diese Vorgangsweise.

Damit erhält LuckSoft Feedback, konkrete Verbesserungsvorschläge und vor allem Unterstützung dieser Personen.

Erkenntnisse integrieren:

Herrn Glück sollte es damit gelungen sein, sich wichtigen Support innerhalb der Firma zu sichern. Die Kontaktpersonen werden seinen Vorschlag unterstützen.

Ebenso konnte der Verkaufsberater in Erfahrung bringen, dass die Person, die die Ausschreibung leitet, später auch Projektmanager für die Implementierung sein wird. Das bedeutet, dass diese Person sich vermutlich persönlich wenig in die Diskussion um den Mehrwert des Projektes einbringen wird, weil sie nicht selbst Anwender ist. Vielmehr hat der Projektleiter Interesse daran, dass die Implementierung ohne große Zwischenfälle abläuft.

Teilziel:

Herr Glück beschließt daher, als Teilziel im nächsten Schritt auch diesen Projektleiter als Support für LuckSoft zu gewinnen.

Neue Teilstrategie:

Diese Schlüsselperson ist vermutlich über eine Minimierung des Projektrisikos zu gewinnen – denn das macht die Arbeit für den Projektleiter wesentlich einfacher und beschert ihm Erfolge.

Das Kundenrisiko könnte mit den Strategien »Kundenprobleme lösen« oder »Vertrauen aufbauen« reduziert werden. Da die effektiven Probleme noch unbekannt sind, wählt Herr Glück vorerst »Vertrauen aufbauen« als Strategie. Sollten sich im Gespräch gute Ansätze für konkrete Kundenprobleme ergeben, kann er wechseln.

Projektentwicklung:

Herr Glück vereinbart daraufhin einen Gesprächstermin mit dem Projektleiter.

Diesen Termin nutzt er vor allem dazu, herauszufinden, welche Sorgen und schlechten Erfahrungen der Projektleiter in vergangenen Projekten dieser Art gemacht hat.

Besonders emotional war der Projektmanager bei einem Bericht über die Zusammenarbeit mit einer Firma, in der die Kernentwickler in Fernost angesiedelt waren. Die damit verbundenen Schwierigkeiten aufgrund von Zeitverschiebung, Sprachbarrieren, Intransparenz und kaum vorhandener persönlicher Präsenz haben dem Herrn damals schwer zu schaffen gemacht.

Der Verkaufsberater bietet daraufhin an, dass LuckSoft in den ersten vier Projektwochen das gesamte Team und später jeweils einen der Entwickler vor Ort beim Kunden stationieren würde. Der Projektleiter scheint positiv überrascht über diese Möglichkeit und wiederholt mehrmals, dass LuckSoft diese Variante explizit in das Angebot aufnehmen solle.　　→

Verkaufsbeispiel:
Ausschreibung einer Softwareentwicklung

Neues Erkenntnisse integrieren:

Herr Glück glaubt nun, dass er ausreichende Vorarbeit geleistet hat, um sich Support beim Kunden und eine klare Positionierung zu sichern.

Daraus lässt sich sicher ein attraktives Angebot erstellen. Ob diese Vorteile ausreichen, um gegen die starke Konkurrenz zu bestehen, wird s ch zeigen. Auf jeden Fall hat sich das Unternehmen bestmöglich platziert.

Ein vereinfachtes Modell

Sobald Sie etwas Übung in der Vorgehensweise haben und Ihnen die Unterschiede zwischen Zielen und Strategien ins Blut übergegangen sind, können Sie auf eine einfachere Version der agilen Verkaufsstrategie übergehen, die statt aus vier nur noch aus zwei Schritten besteht:

1. Problem und Wirkung auf den Kunden erkennen
2. Lösung entwickeln und umsetzen

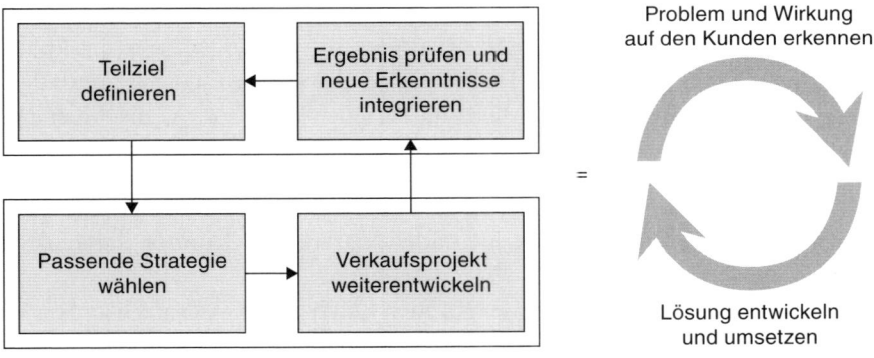

Der Schritt »Problem und Wirkung auf den Kunden erkennen« fasst dabei die beiden Phasen

- Ergebnisse prüfen und neue Erkenntnisse integrieren
- Teilziel definieren

aus dem 4-Phasen-Modell zusammen.

Der Schritt »Lösung entwickeln und umsetzen« fasst die anderen beiden Phasen

- Passende Strategie wählen
- Verkaufsprojekt weiterentwickeln

aus dem 4-Phasen-Modell zusammen.

Die vorgestellte agile Verkaufsstrategie verändert sich daher im Grunde nicht. Sie wird nur in ihrer Darstellung durch das vereinfachte Modell, das sich leichter merken lässt, gegenüber dem detaillierteren 4-Phasen-Modell gestrafft. Außerdem ist dieses Modell der Gesamtstrategie damit auch simpler und leichter mit Ihren Kollegen im Verkaufsteam zu besprechen:

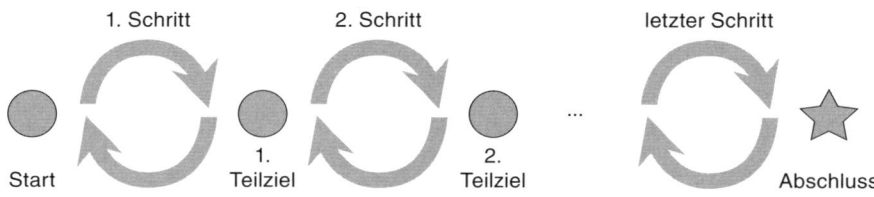

Wir werden für den Rest des Buches mit diesem übersichtlicheren Modell weiterarbeiten.

Was, wenn die angestrebten Teilziele nicht erreicht werden können?

Zur Erinnerung: In Abschnitt 2.18 ist das Konzept der drei Ziele vorgestellt worden: realistisches Ziel, ambitioniertes Ziel, Minimalziel.

Grundsätzlich sollte das Minimalziel so gewählt werden, dass es praktisch immer erreicht werden kann. Damit stellen Sie sicher, dass Sie zumindest einen Schritt weiter sind als vorher und dass der Kunde aktiv am folgenden Schritt beteiligt ist.

Gute Minimalziele sind demnach:

- Den nächsten Schritt mit dem Kunden klären. Den Kunden dabei aktiv beteiligen.
- Die kritische Vorbedingung der Kunden klären, damit der nächste Schritt erfolgen kann (im Idealfall tritt der nächste Schritt dann automatisch ein, sobald die Vorbedingung erfüllt ist).
- Wichtige Informationen vom Kunden erhalten, die uns erlauben, direkt den nächsten Schritt beim Kunden zu setzen (z.B. Zugang zum zuständigen Experten).
- Der Kunde organisiert einen Termin oder einen Workshop.
- Der Kunde öffnet uns die Tür zu einem wichtigen Entscheidungsträger.
- Der Verkaufsberater erfährt, dass die Chancen schlecht stehen und es besser ist, keine weitere Energie in das Projekt zu investieren.

Sie sehen, dass Minimalziele oft keinen großen Schritt nach vorne bedeuten. Trotzdem ist es wichtig, dass Sie sich dieser minimalen Ziele bewusst sind, denn damit stellen Sie sicher, dass Sie zumindest einen kleinen Schritt weiterkommen, am Ball bleiben und auch den Kunden aktiv beteiligt halten.

Sollte es Ihnen trotzdem nicht möglich sein, ein minimales Teilziel zu erreichen, haben Sie folgende Optionen:

Sie überlegen, ob es tatsächlich ein Projekt für Sie gibt
Wenn es Ihnen nicht möglich ist, Ihren Kunden zumindest für einen kleinen Schritt nach vorne zu bewegen, dann vielleicht deshalb, weil es dort nichts mehr gibt. Konzentrieren Sie sich darauf, herauszufinden, ob es tatsächlich eine realistische Chance für einen Auftrag gibt. Bringen Sie Entscheidungswege, Budgets, kritische Personen in Erfahrung. Versuchen Sie, den Kunden zumindest zu symbolischen Investitionen in das Projekt zu bewegen. Hilft das alles nicht, erwägen Sie einen Ausstieg aus dem Projekt.

Vielleicht haben Sie etwas übersehen
Ihr Kunde blockiert, weil er nicht das Gefühl hat, dass Sie seine Bedürfnisse verstehen. Gehen Sie noch einmal einen Schritt zurück und setzen Sie erneut bei der Problemanalyse an. Fragen Sie Ihren Kunden, welche Bedingung er setzt, damit er bereit ist, Ihrem Minimalziel zuzustimmen.

Ihr Kunde will zuerst einen anderen Punkt klären
Bevor er Ihnen Zugeständnisse in Richtung Ihres Teilziels macht, möchte der Kunde einen anderen Punkt klären. In diesem Fall ist es in Ordnung, wenn Sie eine Schleife in der Schleife drehen. Versuchen Sie, dem Kunden das Versprechen abzuringen, dass er direkt zum nächsten Schritt übergeht, wenn Sie die von Ihm gewünschte Vorbedingung erledigen.

Sie erkennen selbstständig eine Vorbedingung
(Beispielsweise, dass Ihr potenzieller Kunde noch nicht das nötige Vertrauen zu Ihnen gefunden hat, um Ihnen die für Ihr Teilziel und Ihren nächsten Schritt notwendigen Informationen zu geben.) Versuchen Sie, mit dem Kunden abzuklären, ob Ihre Vermutung richtig ist. Gehen Sie dann vor wie im Punkt oben (Vorbedingung klären und automatischen Übergang zum nächsten Schritt vereinbaren).

Was Sie auf jeden Fall vermeiden sollten: Dass Sie Ihr Teilziel verfehlen und gleichzeitig nicht wissen, wie Sie jetzt weiterkommen.

Denn dann bleibt Ihnen nichts anderes übrig, als auf gut Glück irgendwelche Aktionen durchzutesten oder sich vom Kunden mit Hausaufgaben beschäftigen zu lassen.

Falls alles schiefgeht und Sie partout Ihr Teilziel nicht erreichen können, auch keine verbindliche Vereinbarung mit dem Kunden treffen können und es auch nicht schaffen, den Kunden aktiv beteiligt zu halten: Hoffen Sie, dass Ihr Kunde einen schlechten Tag hatte, und vereinbaren Sie mit sich selbst, welche Aktionen Sie noch bereit sind, in das Projekt zu investieren, bevor Sie aussteigen und Ihre Verluste begrenzen.

Setzen Sie sich dabei klare Ziele und investieren Sie nur begrenzt. Vielleicht ziehen Sie noch erfahrene Kollegen zurate oder holen sich bei wichtigen Projekten einen Coach.

Die schlechteste Strategie ist, zu glauben, dass Sie nur lange genug dranbleiben müssen, damit der Kunden irgendwann erkennt, dass Sie der Beste sind. Das funktioniert nur im Märchen.

Zusammenfassung:
»Die agile Verkaufsstrategie«

- Wenn Sie als Verkaufsberater langfristig und regelmäßig erfolgreich sein wollen, benötigen Sie dazu eine Strategie.
- Im Gegensatz zu einem detaillierten Schritt-für-Schritt-Plan erlaubt Ihnen eine Strategie, auf neu auftretende Situationen effektiv zu reagieren.
- Da Sie im Verkaufsprozess immer wieder mit unvorhergesehenen Entwicklungen rechnen sollten, bietet sich ein »agiler« Prozess an, der Ihnen erlaubt, Ihre Teilzeile und Teilstrategien laufend anzupassen, ohne je Ihr Ziel und Ihre Gesamtstrategie aus den Augen zu verlieren.
- Die agile Verkaufsstrategie reiht iterative Zyklen von »Problem erkennen« und »Problem lösen« aneinander, bis Sie den Verkaufsabschluss erreichen oder aus dem Prozess aussteigen.
- Ihren Fortschritt im Verkaufsprojekt erkennen Sie daran, dass Sie regelmäßig Teilziele erreichen. Teilziele erreichen Sie dadurch, dass Sie Wirkung beim Kunden erzielen. Dass Sie selbst Aktivitäten durchführen, ist noch kein Teilziel.

Nachdem Sie jetzt das »Rahmenwerk« der agilen Verkaufsstrategie kennengelernt haben, erfahren Sie im nächsten Abschnitt, wie Sie die besten Ziele und Strategien finden.

Dazu bemühen wir sogar Elefanten.

3.4   Die besten Strategien entwickeln – das Elefanten-Reiter-Modell

Mit der agilen Verkaufsstrategie haben Sie eine wirkungsvolle Methode, um kontinuierlich, Schritt für Schritt, dem Verkaufsabschluss näher zu kommen.

Allerdings baut das Konzept darauf auf, dass Sie die richtigen Teilziele erkennen und dazu die passenden Strategien einsetzen können.

Jedoch ist nicht immer offensichtlich, über welche Teilzeile und mit welchen Strategien Sie beim Kunden am besten vorankommen.

Gerade in komplexen Projekten ist die Kundensituation vielschichtig und es kann Ihnen leicht passieren, dass Sie daher in die falsche Richtung stürmen. Sie lösen damit zwar sehr effizient Probleme des Kunden – aber leider die falschen.

Die gängigen Optionen »Ich weiß, was Kunden wollen, und setze meine bewährte Vorgangsweise ein« (Haus-und-Hof-Strategie) sowie »Ich gehe einfach mal zum Kunden und höre mir an, was er zu sagen hat« (gar keine Strategie) haben wir beide als langfristig wenig vielversprechend erkannt.

Was wir brauchen, ist eine systematische Vorgangsweise, die uns hilft, möglichst schnell herauszufinden, was unseren Kunden bewegt.

Dafür stelle ich Ihnen ein Modell des US-amerikanischen Psychologen Jonathan Haidt vor: das Elefanten-Reiter-Modell.

Dieses Modell wurde von Chip und Dan Heath, zwei amerikanischen Brüdern und Autoren, weiterentwickelt. Auf diesen Arbeiten von Haidt und den Brüdern Heath baue ich auf.

Das Elefanten-Reiter-Modell

Jonathan Haidt vergleicht die emotionale Seite von Menschen mit einem Elefanten und die rationale Seite mit seinem Reiter:

Der Reiter sitzt auf dem Elefanten und hält die Zügel in der Hand. Es sieht so aus, als ob er der Chef des Duos ist. Allerdings ist die Kontrolle des Reiters eine wackelige Angelegenheit, weil der Elefant unvergleichlich viel stärker ist als der Reiter. Immer dann, wenn die beiden nicht einer Meinung sind, wird der Reiter früher oder später verlieren.

Die meisten unter uns kennen die Situation, wenn der Elefant den Reiter ignoriert und tut, was er will. In diesen Fällen bleibt dem Reiter nichts anderes übrig, als nachzugeben und darauf zu warten, dass der Elefant irgendwann wieder auf ihn hört. Das ist beispielsweise der Fall, wenn der Elefant vor etwas Angst hat oder sich kurzfristig attraktiven Dingen zuwendet, während der Reiter frustriert sein langfristiges Ziel verloren sieht.

Umgekehrt hat allerdings auch der Elefant seine Stärken. Gerade aufwendige und schwierige Ziele benötigen die Stärke und Bestimmtheit des Elefanten. Der Reiter hingegen tendiert bei schwierigen Entscheidungen dazu, die Optionen endlos zu analysieren. Er kann dabei stundenlang neue Ideen wälzen, ohne je zu einer Entscheidung und damit zu einer Handlung zu kommen.

Menschen, bei denen nur der Elefant zustimmt und der Reiter dies nicht tut, erkennt man am endlosen Grübeln. Sie verfallen in solchen Situationen in eine Paralyse: »Ich will mein Problem unbedingt lösen. Jetzt sofort. Aber mache ich das lieber über Methode A oder Methode B? Ich bin nicht ganz sicher. Am besten prüfe ich noch einmal alles nach.«

Menschen, bei denen der Reiter zustimmt, aber der Elefant nicht, bleiben bei guten Vorsätzen hängen:

Neujahrsvorsätze und Elefanten

Sie kennen vermutlich auch Menschen, die zu Silvester Vorsätze für das nächste Jahr formulieren: »Gewicht reduzieren«, »aufhören zu rauchen«, »mehr Sport«, »mehr Zeit für die Familie«, ...

Die meisten dieser Vorsätze sind im Februar schon wieder Geschichte.

Warum? Weil die Vorsätze meistens vom Reiter kamen, aber der Elefant nicht mitmachen will.

Eine Zeitlang kann sich der Reiter durchsetzen, indem er mit viel Kraft und Disziplin an den Zügeln reißt und den Elefanten ständig in die gewünschte Richtung zerrt. So ein Verhalten hält der Reiter aber nicht lange durch. Der Kampf mit dem starken Elefanten ermüdet ihn rasch. Über kurz oder lang gibt der Reiter auf und der Elefant macht wieder, was er will.

In anderen Fällen wiederum ist der Reiter der Grund dafür, dass Vorsätze liegen bleiben. Beispielsweise will eine Person für ihre Altersvorsorge Mittel ansparen. Dem Elefanten ist es ein Bedürfnis, für seine zukünftige Sicherheit zu sorgen und er will daher, dass sich etwas bewegt. Allerdings stellt sich die Aufgabe als komplizierter heraus als gedacht. Jeder Berater und jede Institution haben andere Empfehlungen. Risiko und Erträge sind schwer abzuschätzen, dazu kommen noch steuerliche Überlegungen. Der Reiter sieht sich aufgrund der vielen Informationen überfordert und wägt ständig ab, ohne je eine Entscheidung zu treffen, und verschiebt das Ganze.

Wie kann Sie das Elefanten-Reiter-Modell nun im Verkaufsprozess unterstützen?

Um unseren Kunden zu unserem Projekt zu bewegen, müssen wir sowohl seinen Elefanten als auch seinen Reiter dazu bringen, gemeinsam in Richtung Verkaufsabschluss zu marschieren.

Die vielbeschworene Formel der Verkäufer, den Kunden vor allem durch Emotionen anzusprechen, ist daher nur halb richtig. Beide – Reiter und Elefant – wollen angesprochen werden. Fehlt nämlich der Reiter, macht der Elefant meist das, was er am besten kennt: Das, was er immer schon gemacht hat.

Wenn Sie in so einer schwierigen Situation den Kunden bewegen wollen, Ihr neues innovatives IT-System einzusetzen, dann kämpfen Sie gegen Windmühlen – oder besser: gegen Elefanten.

Daher ist es nötig, dass wir

- dem Reiter Anleitung und Orientierung geben sowie
- den Elefanten motivieren.

Wie das geht – damit beschäftigen sich die nächsten Abschnitte.

3.5 Der Reiter – die rationelle Komponente

Der Reiter ist ein Denker und Planer.

Was überzeugt den Reiter:

- Rentabilität, ROIs, Kosten-Nutzen-Berechnungen
- Offensichtliche Vorteile, klarer Nutzen
- Eindeutige Ursache-Wirkung-Beziehungen, nachvollziehbare Abläufe
- Beweise, Fakten, Studien, Expertenmeinungen, Tests
- Pläne, Strukturen, Kontrollen

Was den Reiter nicht beeindruckt:

- Große Rhetorik, aufwendige Präsentationen, »Big Pictures«
- Behauptungen, Versprechen, »erzielte Erfolge anderswo«
- »Worst-Case«-Szenarien, optimistische »Best-Case-«Erwartungen

Was den Reiter blockiert:
- Unklarheit, Intransparenz, konfuse Darstellungen
- Fehlende Zusammenhänge, unklare Abhängigkeiten
- Überinformationen, zu viele Optionen, zu große Auswahl

Das Paradox der großen Auswahl

Barry Schwartz, Autor des Buches »The paradox of choice«, stellt in seinem Buch und seinen Vorträgen folgende Erkenntnis dar: Je größer die Auswahl ist, die wir haben, desto schwerer fällt es uns, eine Entscheidung zu treffen.

Vielleicht kennen Sie den Effekt von umfangreichen Cocktailkarten oder Speisekarten in Restaurants:

Die Gastgeber wollen uns ein möglichst umfangreiches Angebot zur Verfügung stellen. Leider ist das oft für die Wahl eines Drinks oder der Speise eher hinderlich als vorteilhaft. Typischerweise geben wir angesichts von mehreren Hundert Cocktails, Weinen oder Eiscremesorten nach wenigen Minuten der Suche auf und nehmen unsere Standardvariante, mit der wir uns sicher fühlen. Dabei bleibt meist ein »unbefriedigendes« Gefühl zurück – schließlich gab es so viele Optionen, die wir nicht probieren konnten.

Das Paradox der großen Auswahl besteht darin, dass Menschen nachweislich von großer Auswahl überfordert sind und davon unzufrieden werden – andererseits stets danach trachten, möglichst viele Optionen zu bekommen, aus denen sie wählen können.

Wie können Sie den Reiter Ihres Kunden unterstützen?

Fallstudie:
Notebookverkauf im Elektronikmarkt

Vor einiger Zeit habe ich mich in einem Fachgeschäft nach Computerzubehör umgesehen. Dabei konnte ich ein Gespräch zwischen einer Kundin und einem Verkäufer in der unmittelbaren Nähe mitverfolgen.

Die Kundin wollte ein Notebook erwerben, war aber offensichtlich keine Expertin. Die unglaubliche Auswahl der ca. 40 ausgestellten Notebooks überforderte die Dame (verständlicherweise). Daher wandte diese sich an den Verkäufer, damit dieser sie bei der Auswahl eines geeigneten Gerätes unterstütze.

Nachdem die wesentlichen Parameter (Preisklasse, Bildschirmgröße und Betriebssystem) definiert waren, hat sich die Auswahl nicht wesentlich reduziert, denn die Dame wollte das, was die meisten Nutzer suchen, und daher war die Auswahl immer noch sehr groß.

Obwohl der Verkäufer sich redlich Mühe gab, zu erklären, welche Auswirkungen ein größerer Prozessor und mehr Speicher haben, war es offensichtlich, dass die Kundin mit der Übersetzung dieser Vorteile in ihren Nutzen nicht klarkam: »Aha, dann laufen die Programme schneller. Sind die denn sonst für mich zu langsam?«

Irgendwann richtete Sie daher die Frage an den Verkäufer: »Was würden Sie mir empfehlen oder was würden Sie für mich kaufen?«

Diese Frage drückte klar aus, dass der Reiter der Frau paralysiert war und um Hilfe rief, aus der Situation endlich herauszukommen.

Vermutlich wurde dem Verkäufer vom Unternehmen eingetrichtert, dass er keine Empfehlungen geben darf, um Kundenbeschwerden wegen falscher Beratung vorzubeugen. Dieser wies daher die Aufforderung zurück und meinte, dass die Kundin das schon selbst entscheiden müsse.

Sie tat es nicht, murmelte noch etwas davon, dass sie noch ihren Bruder fragen will, und verlies frustriert das Geschäft.

Auch wenn der Verkauf eines Notebooks kein komplexer Verkauf im Sinne dieses Buches ist, zeigt das Beispiel deutlich, wie wir den Reiter besser unterstützen können:

Auf das Wesentliche vereinfachen

Wenn der Verkäufer im Notebookbereich bei Begriffen wie Prozessorleistung bleibt, wird die Kundin zwar intuitiv begreifen, dass mehr besser ist, aber nicht, ob das für sie wichtig ist.

Solange bei Ihren Kunden unspezifische Begriffe wie »Sicherheit« oder »Kundenfreundlichkeit« oder »Support« im Raum stehen, wird es für Ihr Gegenüber schwierig, die verfügbaren Optionen präzise zu bewerten. Definieren Sie daher mit dem Kunden, was genau ihm wichtig ist.

Konkretisieren Sie die wichtigen Begriffe, das kommt dem Reiter entgegen.

So wird aus »Premium-Support« eine »2-Stunden-Reaktionszeit« anstelle einer unübersichtlichen Mischung aus Reaktionszeit, Geschäftszeiten, 2nd- und 3rd-Level-Support, Kontaktmöglichkeiten, Eskalationsmechanismen etc.

Wenige, sinnvolle Optionen

Unerfahrene Verkäufer verweisen mit Stolz auf ihre umfangreiche Produktpalette sowie auf die zig Optionen, die sie noch dazu anpassen und dazu entwickeln können, und garnieren das Ganze noch mit drei verschiedenen Finanzierungs- und vier Supportvarianten.

Ist es ein Wunder, dass der Kunde diese Verkäufer wieder wegschickt, weil »er sich das alles in Ruhe überlegen will«?

Vermeiden Sie, dass der Reiter durch zu viele Optionen paralysiert ist. Denn dann beginnt der Reiter ständig hin und her zu überlegen. Er hat die Zügel nicht fest in der Hand und daher macht der Elefant, was er will. Und der Elefant tut im Zweifel das, was ihm am geläufigsten ist: Er bleibt bei dem, was er schon hat oder bereits kennt. Mit anderen Worten: Es gibt keine Veränderung und damit kein neues System und keinen Auftrag für Sie.

Reduzieren Sie daher die Anzahl der Optionen auf einige wenige sinnvolle.

Nutzen klar herausarbeiten

Verkäufer in Fachgeschäften zeigen gerne Ihr Fachwissen, indem Sie viele technische Details aufzählen und sich mit wenig bekannten Fakten als Insider positionieren.

Wenn Ihr Kunde ebenso ein Experte ist, weiß er diese Informationen und damit auch den Verkaufsberater als zuverlässige Wissensquelle zu schätzen. Nicht so jedoch die Dame beim Notebookkauf. Machen Sie daher

Ihrem Kunden die Vorteile klar und helfen Sie bei der Übersetzung in Kundennutzen. Gehen Sie nie davon aus, dass der Kunde das selbstständig kann – außer, er beweist es Ihnen.

Sind Vorteile und damit verbundener Nutzen klar, versteht der Kunde meist auch die Unterschiede der Optionen besser und die Entscheidung wird damit viel leichter – der daraus resultierende »Aha«-Effekt beim Reiter wirkt zu Ihren Gunsten.

Empfehlungen geben

Selbst wenn der Kunde nicht wie die Dame beim Notebookkauf explizit eine Empfehlung haben will – geben Sie eine ab, sobald Sie bemerken, dass Ihr Kunde überlegt, abwägt und offenbar keine klare Entscheidung treffen kann.

Lange zu warten, bis beim Kunden endlich der Groschen fällt, ist nicht aussichtsreich.

Sie sind Experte auf Ihrem Gebiet, haben Erfahrung und Vergleiche mit anderen Kunden – die meisten Kunden sind daher froh, wenn Sie Ihre Expertise zur Verfügung stellen wollen.

Es steht dem Kunden schließlich frei, sich trotzdem gegen Ihre Empfehlung zu entscheiden. Vielleicht wird er sich erst durch Ihre Empfehlung bewusst, dass er bei dieser Variante kein gutes Gefühl hat und er sich daher besser mit der Alternative anfreunden kann.

Machen Sie daher ein klares Angebot. Beispielsweise:

- »Herr Kunde, wir haben jetzt ausführlich Ihre Situation besprochen. Ich hätte da einen Vorschlag und würde gerne wissen, was Sie davon halten.«
- »Ich kann gut nachvollziehen, dass die Auswahl des am besten geeigneten Systems nicht einfach ist. Bei einem unserer Kunden habe ich letztens eine gute Vorgehensweise kennengelernt. Ich denke, dass diese für Sie gut passen könnte. Soll ich Ihnen kurz erläutern, wie dieser Kunden vorging?«
- »Herr Kunde, aus dem bisherigen Gespräch entnehme ich, dass drei Optionen für Sie in die engere Auswahl kommen. Meiner Meinung nach hat die erste Option vor allem den Vorteil des günstigen Preises, die zweite den der Erweiterbarkeit und die dritte den Vorteil des geringen Risikos. Nachdem Sie mehrmals darauf hingewiesen haben, dass gerade die problemlose Zusammenarbeit mit den bestehenden Systemen besonders wichtig ist, würde dies für die dritte Option sprechen. Wie sehen Sie das?«

Nächste Schritte darstellen

Selbst wenn eine Entscheidung getroffen ist, bleibt noch die Frage offen: »Wie geht es jetzt weiter?«

Gerade bei großen Projekten ist nicht immer klar, was als Erstes und als Nächstes zu tun ist. Zuerst spezifizieren? Oder doch erst eine Teststellung? Vielleicht ein technischer Workshop? Oder lieber zuallererst die Machbarkeit einiger kritischer Punkte überprüfen?

Wieder gibt es viele Optionen und wieder kann der Reiter beim Analysieren in eine Paralyse geraten. Retten Sie ihn, indem Sie die nächsten Schritte aufzeigen:

- »Ich glaube, am sinnvollsten ist es, wenn Sie ein Expertenteam zusammenstellen. Ich werde dasselbe in unserem Unternehmen machen und dann vereinbaren wir ein Treffen, um den Projektablauf zu besprechen. Ich schicke Ihnen Terminvorschläge und einen Vorschlag für eine Agenda. Was halten Sie davon?«

Das Ziel klar im Auge behalten

Immer wieder wird der Kunde im Laufe des Projektes den Überblick verliert. Selbst wenn das Hindernis nicht kritisch für das Weiterkommen ist, kann der Reiter sich im Analysieren von Für und Wider verlieren.

Fall dies passiert, zeigen Sie dem Kunden wieder das Gesamtziel und bringen Sie die aktuelle Situation damit wieder in die Gesamtperspektive. Sobald der Reiter wieder die Richtung und das Ergebnis erkennt, wird er sich wieder auf den Weg machen und sich später um die Details kümmern.

Den Elefanten verteidigen

In manchen Fällen müssen Sie gar keine große Überzeugungsarbeit leisten, denn der Kunde will Ihr Produkt. Der Elefant ist schon in den Startlöchern und will endlich los. Alles, was den Kunden davon abhält, den Auftrag zu vergeben, ist seine Sorge, eine falsche Entscheidung zu treffen.

Mit anderen Worten – der Reiter reißt immer noch an den Zügeln und kann sich nicht entscheiden, einfach loszulegen.

In diesem Fall müssen Sie keine Überzeugungsarbeit leisten, sondern gute rationelle Argumente liefern, mit dem der Kunde seinen eigenen Reiter und andere Personen im Unternehmen beruhigen kann.

Studien, Pilotprojekte, Referenzen, Garantien, Expertenmeinungen – all das ist wunderbar dafür geeignet. Oder Sie fragen den Kunden, was seine größte Sorge ist – und unterstützen Sie ihn dabei, diese aufzulösen.

Wichtig: Verschwenden Sie in diesem Fall nicht Ihre Zeit damit, den Kunden mit noch mehr Argumenten zu über-überzeugen. Das macht sein Problem nur noch größer.

Die folgende Fallstudie demonstriert, wie anhand des Elefanten-Reiter-Modells geeignete Ansatzpunkte gefunden werden, um einen Auftrag zu landen.

Fallstudie:
Produktinnovation I

Herr Kühn (K) ist Produktmanager bei einem Unternehmen, das eine große Immobilienplattform im Internet entwickelt und betreibt.

Schon lange hegt er den Wunsch, die Plattform auch für mobile Geräte, also Smartphones und Tablet-PCs, zugänglich zu machen.

Er hat sich gut vorbereitet und einen Termin mit seiner Vorgesetzten, Frau Tanz, (T) vereinbart.

Da er weiß, dass diese persönlich auch ein Fan dieser mobilen Geräte ist, geht Herr Kühn davon aus, dass er seine Chefin nicht davon zu überzeugen braucht, dass es sinnvoll ist, die Plattform auch dieser Nutzergemeinde anzubieten. Er konzentriert sich daher vor allem auf die rationalen Argumente – also auf den Reiter seiner Vorgesetzten.

T: Also, Herr Kühn, worum geht es?

K: Frau Tanz, ich habe Sie schon einmal vor einigen Monaten darauf angesprochen, ob es nicht eine gute Idee wäre, unsere Plattform auch mobilen Anwendern auf modernen Geräte zugänglich zu machen.

T: Ach ja, ich kann mich erinnern. Grundsätzlich gefällt mir die Idee, aber ich glaube nicht, dass das mehr als eine Spielerei ist. Wirkliches Geschäftspotenzial kann ich dabei nicht erkennen, während die Entwicklung und der Betrieb dieser zusätzlichen Plattformen für uns recht aufwendig ist.

K: Lassen Sie mich ein paar Fakten präsentieren, die Sie vielleicht vom Gegenteil überzeugen werden. Geben Sie mir 20 Minuten Zeit dafür. Falls Sie anschließend immer noch glauben, dass es keine gute Idee ist, werde ich Sie damit in Ruhe lassen. O.K.? *(Fokus auf Fakten)*

T: Na gut. Wenn es Ihnen so wichtig ist, dann schießen Sie los.

K: Hier habe ich Ihnen die neuesten Trends mitgebracht. Sehen Sie, wie die Zahlen der mobilen Internetanschlüsse steigen? Praktisch ein Drittel aller Personen hat bereits ein Gerät und eine Verbindung, die mobilen Internetzugang erlauben. Und wenn wir nur die Altersgruppe bis 50 Jahre betrachten, sind es deutlich mehr. Und das ist doch genau unsere Zielgruppe. *(Fakten, klare Ursache-Wirkung-Zusammenhänge, Logik)*

T: Richtig. Ab 60 suchen die Menschen selten eine neue Wohnung – schon gar nicht im Internet.

K: Genau. Das bedeutet, dass vermutlich bereits jeder Zweite unserer Kunden die Möglichkeit nutzt, mobil ins Internet zu gehen.   →

Fallstudie:
Produktinnovation I

T: Das ist mehr, als ich geschätzt hätte. Aber das sagt noch nichts darüber aus, wie viele auch mobil nach Immobilien suchen.

K: Stimmt. Deswegen habe ich hier untersucht, wie die Situation in Märkten ist, aus denen die Trends kommen – vor allem aus der USA, Großbritannien und den Niederlanden. Dort ist der Immobilienmarkt wesentlich dynamischer, nachdem die Leute häufiger umziehen. *(Experten, Trends, Pilotprojekte)*

T: Und? Zu welchem Ergebnis sind Sie gekommen?

K: Dass dort die mobilen Anwendungen besonders im Kommen sind. Das ergibt auch Sinn, denn schließlich sind Immobilien ja immobil – das heißt, die Menschen müssen zu ihnen kommen. Wenn Menschen attraktive Gegenden entdecken oder in einer bestimmten Umgebung suchen, dann ist das häufig eine spontane Aktion. Stellen Sie sich vor, jemand hat eine Wohnung besichtigt, die ihm nicht zugesagt hat. Die Gegend, in die er durch die Suche gekommen ist, gefällt ihm hingegen gut. Er würde also gerne wissen, ob es nicht andere Objekte in der Nähe gibt. Natürlich kann er das auch zuhause machen, aber mobil und zeitnah ist die Informationen attraktiver. *(konkrete Beispiele, Begründungen, Ursache-Wirkung-Zusammenhänge)*

T: Das erscheint mir durchaus sinnvoll. Aber ziehen Sie da nicht einen Einzelfall her? Das rechtfertigt noch keine aufwendige Entwicklung.

K: Die renommierte Immogart-Gruppe hat eine Studie herausgegeben, in der eine ganze Reihe von attraktiven Trends von Immobilienplattformen vorgeschlagen werden. Mehr als die Hälfte der Vorschläge sind dabei auf mobile Anwendungen bezogen. Hier, sehen Sie mal die Übersicht. *(Bestätigung durch Experten)*

T: Unter vielen davon kann ich mir nichts vorstellen.

K: Ich glaube auch nicht, dass das nötig ist. Meines Erachtens bieten die Funktion »Geolocation-Suche« und die »Schlage-ähnliche-Objekte«-Funktion den meisten Mehrwert. Die anderen Funktionen können wir vorerst vernachlässigen und einbauen, sobald die Kunden die anderen Funktionen ausgiebig nutzen. (Reduktion auf das Wesentliche)

T: Na gut, vielleicht haben Sie ja recht und es gibt wirklich eine reale Nachfrage nach diesen Funktionen. Trotzdem bin ich noch skeptisch über die Relation zu den Kosten, die dabei entstehen.

K: Ich habe mit dem Entwicklungsteam gesprochen. Nachdem wir bereits jetzt die meisten Funktionen plattformübergreifend entwickeln, würde nur geringer Mehraufwand bei der Entwicklung der mobilen Plattformen entstehen. Einzig die Benutzerführung müsste auf die kleineren Bildschirme hin zugeschnitten werden. Aber alle wesentlichen Funktionen würden bereits auch für mobile Plattformen zur Verfügung stehen. *(ROI, Kosten-Nutzen-Vergleiche)*

T: Sind Sie sicher?

K: Ja, Thomas hat bereits einen Mini-Prototyp im Omega-Kit entwickelt, um das zu testen. Die Benutzerführung ist bei diesem Prototyp natürlich eine Katastrophe, aber alle Funktionen laufen einwandfrei. *(Den Weg nach vorne aufzeigen)*   →

T: Omega läuft bei uns nicht in der Produktionsumgebung.

K: Frau Tanz, glauben Sie, dass es daran scheitern wird, dass wir das Omega-Kit nicht in eine Produktion überführen können? *(Das Ziel im Auge behalten)*

T: Sie haben recht, das würden wir wohl hinbekommen.

K: Was sagen Sie also zu der Idee?

T: Nun ja, vielleicht ist an der Idee was dran. Aber ich sehe noch viele Unbekannte.

K: Zum Beispiel?

T: Wer sich mit der Entwicklung beschäftigen soll. Wie es vermarktet wird. Wie wir dem Kunden die Applikationen zugänglich machen. Wie wir den Support dafür zur Verfügung stellen. Diese und noch zig weitere Fragen.

K: Das sehe ich auch so. Dazu müssen wir sicher ein paar Leute aus dem Unternehmen zusammenholen. Ich wollte es zuerst mit Ihnen besprechen. Wenn Sie die Idee auch für gut halten, schlage ich vor, ich schreibe das zusammen und organisiere einen Workshop mit den wichtigen Personen aus dem Entwicklungsteam, aus dem Betrieb und unserem Designer. Dann würden wir einen Vorschlag ausarbeiten, auf dessen Basis Sie dann eine endgültige Entscheidung treffen. *(Reduktion auf das Wesentliche, Empfehlung aussprechen, die nächsten Schritte aufzeigen)*

T: Ich glaube, diese Investition können wir treffen.

K: Hervorragend. Vielen Dank, Frau Tanz.

3.6 Der Elefant – die emotionale Komponente

Der Elefant treibt Dinge voran und wenn er etwas will, kann er unglaubliche Energien entwickeln.

Was den Elefanten überzeugt:

- Greifbare Emotionen, besonders dann, wenn Auswirkungen sichtbar, fühlbar, hörbar sind
- Handlungsmöglichkeiten, Hoffnung, Optimismus
- Licht am Ende des Tunnels
- Quick Wins, erreichbare Ziele
- Erste Schritte mit klarem Gewinn

Was den Elefanten NICHT überzeugt:

- Fokus auf Problemen statt auf Lösungen
- Ausführliche Analyse von Situationen und Schwierigkeiten
- Rationelle Erklärungen
- Pläne, Modelle, Berechnungen

Was den Elefanten blockiert:

- Startschwierigkeiten
- Opfer-Rollen (»Wir können nichts dafür«)
- Komplexe, unklare Schwierigkeiten
- Zu hohe Erwartungen
- Fokus auf das Negative
- Misserfolg (und die Erwartung davon)

Was schiefgehen kann, wenn Sie den Elefanten des Kunden nicht ansprechen oder ihn verunsichern, vermittelt die folgende Mini-Fallstudie:

Fallstudie:
Training für IT-Prozessmanagement

Als ich vor Jahren für ein IT-Unternehmen beratend tätig war, wollte sich dieses Unternehmen aufgrund des starken Wachstums mit einer besseren Prozesslandschaft für die steigenden Anforderungen rüsten. Dazu wollte der Kunde sich Unterstützung von einem spezialisierten Beratungsunternehmen holen. Ich war beim Erstgespräch des Verkaufsberaters dabei.

Der Berater war mit vielen Daten, Statistiken, Studien und Prozessmodellen ausgerüstet. Diese waren hilfreich, konnten allerdings den Kunden nicht wirklich überzeugen, da dieser noch nie ein derartiges Projekt durchgeführt hat und sich im Unklaren über die wirklichen Anforderungen und Auswirkungen war.

Der Berater konterte daraufhin mit einer Kombination aus Schreckensszenarien (die eintreten könnten, falls der Kunde nichts tut) und motivierenden Sprüchen (»Wer vorne dabei sein will, muss schon mal ein Risiko eingehen«). Gleichzeitig versuchte er, sich und sein Unternehmen als verlässliche Partner zu positionieren, die den Kunden auf dem schwierigen Weg mit ihrer Erfahrung zur Seite stehen.

Der Kunde fühlte sich dabei zunehmend unwohl angesichts der schwierigen Herausforderung. Zum Leidwesen des Verkaufsberaters driftete das Gespräch dabei immer weiter in Richtung der Risiken ab und der Berater schaffte es nicht, die zunehmend skeptische Stimmung wieder ins Positive zu kippen.

In dieser Situation zog der Berater erneut die Statistiken und Fallstudien vom Anfang des Gesprächs hervor und pochte erneut auf die Fakten.

Der Kunde beschloss zu diesem Zeitpunkt, dass das Gespräch nur weiter im Kreis verlaufe, und beendete das Treffen.

Zehn Tage später sicherte sich eine selbstständige Beraterin mit dem offenbar richtigen Gespür für den Elefanten des Kunden innerhalb von einer Stunde den großen Auftrag.

Das richtige Gefühl finden

Im Beispiel der IT-Prozessberatung hat dem Kunden eine positive Vision gefehlt: eine klare Vorstellung davon, wie das Projekt gut ablaufen könnte und dass danach das Prozessmanagement wie am Schnürchen funktioniert und ihm und der Abteilung die Arbeit leichter macht.

Wenn Sie selbst sich ein neues Tablet-Gerät kaufen, ist vielleicht eine der motivierenden Vorstellungen, dass Sie mit dem Gerät entspannt im Park unter einem Baum liegen und dabei im Internet surfen, mit Freunden chatten oder E-Books lesen können.

Vielleicht ist es andererseits besonders attraktiv, dass Sie beim Kunden professionell Ihre Präsentation auf dem eleganten Gerät vorführen können.

Anderen wiederum gefällt die Vorstellung, das kleine, handliche Gerät einfach in die Jacke zu stecken und ohne Ballast auf dem Fahrrad ins nächste Cafe zum Arbeiten zu radeln.

Finden Sie auch für Ihren Kunden heraus, welches Gefühl das motivierende, attraktive ist, und entwickeln Sie die Vision gemeinsam mit dem Kunden weiter. Dabei beginnt der Elefant schon in den Startlöchern zu scharren und ist kaum noch zurückzuhalten.

In der Fallstudie hingegen hat es der Verkäufer mit der anderen Variante versucht – der Angstvariante mit den negativen Konsequenzen. Auch diese Variante kann Energie erzeugen, auch aus Angst werden Entscheidungen getroffen.

Das Risiko, dass der Elefant dann jedoch blockiert und erstarrt, ist höher als bei der positiven Variante. Das ist im IT-Verkauf umso wichtiger, dann anders als im Spot-Verkauf bekommen Sie im IT-Verkauf den Kunden trotz aller Ängste nicht sofort zu einer Unterschrift. Und ist erst einmal das Wochenende da und hat der Kunde mit ein paar Kollegen über die Situation gesprochen, schaut seine Situation vielleicht schon wieder viel freundlicher aus, als der Verkäufer ihm weismachen wollte.

Das halbvolle Glas

Wenn das Kundengespräch so wie in der Mini-Fallstudie ins Negative abgleitet, ist es wichtig, dass Sie gegensteuern. Der Elefant mag Negativerwartungen nämlich gar nicht.

Für den Elefanten müssen Sie nicht alle Probleme nachvollziehbar lösen und alles begründen. Diesem reicht oft, dass der Blick wieder auf die positiven Aspekte gelenkt wird.

Heben Sie also die positiven Aspekte hervor, statt zu begründen, warum die Negativszenarien des Kunden nicht sehr wahrscheinlich sind.

Wenn der Elefant beunruhigt ist, lösen Sie das Problem nicht mit Logik oder Statistik. Es reicht oft einfach ein Hinweis auf einen positiven Aspekt: »Das stimmt, die Umstellung ist sicher viel Aufwand. Andererseits hat Ihr Management die Gelegenheit, derartige Veränderungsprojekte zu üben. Das kommt Ihnen in zukünftigen Umstellungen sicher zugute.«

> **Tipp**
>
> Mit Was-wäre-wenn-Fragen lösen Sie die Situation oft sehr elegant:
> **Kunde:** »Ich frage mich, ob meine Mitarbeiter dabei mitspielen werden?«
> **Verkaufsberater:** »Was wäre, wenn ja?«

Handlungsoptionen aufzeigen

Der Elefant hasst es, sich als Opfer zu fühlen. Wenn der Kunde sich unsicher fühlt (wie in der Mini-Fallstudie), dann oft deshalb, weil er das Gefühl hat, den äußeren Einflüssen ausgeliefert zu sein.

Helfen Sie in solchen Fällen dem Kunden zurück in den Fahrersitz des Prozesses. Machen Sie klar, was er zum Erfolg beitragen kann und wie Sie ihn dabei unterstützen können. Zeigen Sie Handlungsoptionen auf und Reaktionsmöglichkeiten für den Fall, dass die Dinge sich ungünstig entwickeln.

Steinchen entfernen

Ein Sprichwort lautet: »Es ist nicht der steile Weg, der uns auf der Reise plagt, sondern das Steinchen im Schuh.«

Als Verkaufsberater sind Sie darauf trainiert, die großen Schwierigkeiten aus dem Weg zu räumen. Um die kleinen Details kümmern sich die Spezialisten während des Implementierungsprojektes.

Auch in der Mini-Fallstudie hat der Berater die Bedenken des Kunden gering geschätzt, denn er war sich sicher, dass sich diese leicht lösen lassen.

Dieser Ansatz ist meist auch sinnvoll. In manchen Fällen jedoch ist der Kunde auf eine Kleinigkeit fixiert und »macht aus einer Mücke einen Elefanten«.

Denken Sie daran – wenn der Elefant am Werk ist, dann nützt es nichts, dem Kunden rational zu erklären, dass es am effektivsten ist, das Problem später zu lösen. Wenn möglich, lösen Sie es einfach.

Dem Kunden einen Frühstart ermöglichen

Der Elefant liebt Fortschritt und freut sich, wenn Teilziele rasch erreicht werden. Die einfachste Methode dazu: Geben Sie dem Kunden das Gefühl, dass er bereits von Anfang an einige Schritte überspringen kann. Das gibt ihm das Gefühl, gut unterwegs zu sein. Außerdem macht es einen Abbruch unwahrscheinlicher, denn dann wäre das bereits Erreichte verloren. Ein Beispiel:

Verkaufsberater: Haben Sie die Möglichkeit, uns im Projekt eine virtuelle Umgebung für unsere Testinstallation aufzusetzen?

Kunde: Ja, das ist kein Problem.

Verkaufsberater: Hervorragend. Hätten Sie sogar die Möglichkeit, anonyme Testdaten zur Verfügung zu stellen? Im Idealfall 100.000 Datensätze?

Kunde: Ich denke, das lässt sich machen. Diese Daten verwenden wir für unsere eigenen Tests ebenso.

Verkaufsberater: Fantastisch. Damit hätten wir bereits zwei der drei wichtigsten Voraussetzungen geklärt. Ebenso entfallen wie vorhin besprochen auch die Kompatibilitätstests, denn Sie verwenden bereits die nötigen Technologien. Das bedeutet, dass wir wesentliche Teile im Standardprojektplan überspringen können. Das verschafft uns einen großen Zeitvorteil gegenüber dem normalen Vorgehen, falls wir zu einer Einigung kommen.

Rasche Erfolge

Wenn Sie Ihrem Kunden nicht gleich erste Erfolge schenken können, dann zeigen Sie ihm, dass er diese rasch erringen kann. Entweder gelingt es sogar noch während des Verkaufsprojektes, kleine Erfolge zu erzielen, oder Sie gestalten die nachfolgende Durchführung des Projektes so, dass der Kunde rasch die ersten Meilensteine erreicht.

Meilensteine rasch zu erreichen, motiviert den Elefanten und gibt ihm ein Gefühl des guten Fortschritts. Außerdem helfen bereits erzielte Erfolge, dem Kunden das Projekt im eigenen Unternehmen leichter zu »verkaufen«:

»Herr Kunde, ich habe Ihnen hier einen typischen Projektplan mitgebracht, an dem Sie erkennen können, wie wir unser Programm üblicherweise einführen. Sie können sehen, dass wir dabei aufgrund der günstigen Voraussetzungen und der bisherigen Arbeit Vorteile haben. Die ersten fünf der insgesamt 12 Meilensteine können wir daher innerhalb der ersten 3 Wochen erreichen. Normal sind 6–8 Wochen.«

Ein Schritt auf einmal

Vermittelt das Gesamtprojekt dem Kunden den Eindruck groß, kompliziert und risikoreich zu sein (so wie in der Mini-Fallstudie), dann kann das den Elefanten des Kunden verschrecken. Angesichts dieser Herkulesaufgabe schwinden die Energien, überhaupt erst zu starten.

Wenn es Ihnen nicht gelingt, rasch Erfolge sichtbar zu machen, dann ist es oft hilfreich, den Blick des Kunden weg von der großen Gesamtaufgabe und hin auf den ersten Schritt zu lenken. Und von dort auf den zweiten. Und so weiter. Das gibt dem Elefanten ein Gefühl der kleinen Schritte – das Projekt wird damit erfolgversprechend:

»Sie haben recht, Herr Kunde, das Gesamtprojekt ist durchaus aufwendig. Der Vorteil ist, dass die Einzelschritte hingegen recht einfach sind. Ich zeige Ihnen das gerne hier auf dem Projektplan.«

Auf der Identität des Kunden aufbauen

Gelingt es Ihnen, Ihre Argumentation auf Aussagen des Kunden aufzubauen, dann legt der Kunde selbst das Fundament für Ihr Projekt. Sie holen damit den Elefanten direkt ab. Das schaffen Sie am besten, wenn Sie Argumente und Formulierungen des Kunden aufgreifen:

»Wie Sie selbst vorhin schon sagten, ...«, »Genau dieser Meinung bin ich auch, daher ...«, »Ich möchte noch einmal aufgreifen, was Sie vorhin erwähnten, nämlich ...«.

Dazu ist es nötig, dass Sie gut zuhören.

Wichtig ist, dass Sie lernen zu unterscheiden zwischen wahren Überzeugungen des Kunden und zwischen beeindruckender Rhetorik und »coolen Sprüchen«, die jedoch nichts mit der Identität des Kunden zu tun haben.

Nur weil der Kunde vollmundig tönt, dass »man Mut nicht kaufen kann«, bedeutet das noch lange nicht, dass dieser schwierige Entscheidungen auch wirklich rasch treffen wird.

Wie der Elefant unseres Kunden angesprochen werden kann, demonstriert unser bereits bekannter Herr Kühn erneut, indem er seine Idee der mobilen Immobilienplattform nun dem nächsten internen Kunden verkaufen will:

Nachdem Herr Kühn seine Vorgesetzte, Frau Tanz, davon überzeugen konnte, seiner Idee für eine Produktinnovation eine Chance zu geben, hat dieser weitere Untersuchungen im Unternehmen angestellt. Das Ergebnis ist ein konkreter Vorschlag für eine Umsetzung der Idee in ein Produkt des Unternehmens.

Nun steht Herr Kühn (K) vor der nächsten Hürde: Der Marketingleiter, Herr Doll (D), muss auch noch davon überzeugt werden, ansonsten findet das neue Produkt nicht den Weg in die »Produkt-Roadmap« des Unternehmens.

Der Marketingleiter hat einen kompetenten Ruf, allerdings ist er auch dafür bekannt, allen Produktideen, die nicht aus seiner Abteilung kommen, erst einmal negativ gegenüberzustehen.

Herr Kühn glaubt, dass er mit den Vorarbeiten für rationale Argumente gut gerüstet ist, dass ihm das allerdings bei Herrn Doll nur begrenzt weiterhelfen wird. Er konzentriert sich daher bei dem Gespräch auf den Elefanten von Herrn Doll.

D: Also Herr Kühn, ich habe mir Ihre Unterlagen bezüglich der mobilen Applikationen schon angesehen. Inhaltlich gute Arbeit, das muss ich zugeben. Ich will Ihnen aber nicht verheimlichen, dass ich trotzdem nicht an die große Vision für mobile Funktionen in unserem Markt glaube.

K: Freut mich, dass Ihnen der Vorschlag inhaltlich gefällt. Die aktuellen Trends in anderen Ländern sowie die Expertenstudien überzeugen Sie auch nicht davon, dass es einen Markt für derlei Anwendungen gibt?

D: Sehen Sie, die dort untersuchten Märkte in Amerika und Holland sind einfach grundverschieden von unserem hier. Im Immobilienbereich gibt es viele lokale Unterschiede und Erfolgsrezepte lassen sich kaum von einer Region auf die andere übertragen. Da habe ich schon zu viele Fehlschläge erlebt.

K: Woran glauben Sie denn dann? (*Suche nach dem Gefühl*)

D: Ich glaube, dass wir demnächst in die Phase des harten Verdrängungswettbewerbs eintreten. In den nächsten Jahren kommen sicher eine Reihe von Konsolidierungen auf uns zu. Ich gehe davon aus, dass nur die Unternehmen mit den starken Marken und die mit den besten Netzwerken überleben werden.

K: Wie stelle ich mir das mit den besten Netzwerken vor?

D: Schauen Sie sich einfach die wichtigsten Unternehmen unserer Branche an. Selbst die größten sind letztlich Spezialisten und konzentrieren sich auf Nischen: auf ein Gebiet, auf eine Zielgruppe wie Senioren, auf ein Segment wie Apartments in den Metropolen. Keiner kann alles.

Trotzdem hat jedes Unternehmen eine komplette Marketingmaschinerie.

Langfristig wird das viel zu kostspielig werden. Die Unternehmen werden sich also notgedrungen zusammentun müssen, um sich gegenseitig die Kunden für ihre speziellen Nischen über ihre Portale und Kanäle zuzuschanzen. Die Verrechnung läuft vermutlich auf Provisions- oder Erfolgsbasis und wird gegenverrechnet. →

Fallstudie:
Produktinnovation II

K: Spannend, daran habe ich noch gar nie gedacht. Was ist unsere Strategie?

D: Daran arbeite ich selbst noch. Wir versuchen, uns als besonders attraktiven Partner darzustellen, damit wir uns aussuchen können, mit wem wir zusammenarbeiten, und um attraktive Konditionen zu verhandeln. Wir haben zwar unsere Spezialgebiete, aber momentan noch nichts Außergewöhnliches, was uns eindeutig abhebt.

K: Was wäre denn, wenn wir einen Technologievorsprung hätten, den wir allen Partnern anbieten könnten? (*Was-wäre-wenn, Optionen aufzeigen*)

D: Hmm ... Grundsätzlich könnte das schon attraktiv sein, besondere Kanäle anbieten zu können. Ich glaube, ich weiß, worauf Sie hinauswollen mit Ihren mobilen Applikationen. Ich bin aber weiterhin skeptisch, ob das so erfolgreich ist, dass es dann auch in der Praxis einen Verhandlungsvorteil für uns bedeutet.

K: Das weiß ich natürlich auch nicht. Aber ich glaube, niemand weiß das genau – andererseits mag sich vielleicht niemand einen potenziellen Vorsprung und Vorteil entgehen lassen. (*halbvolles Glas*)

D: Möglich, aber dazu müssten wir schon konkrete Markterfolge nachweisen können. Das dauert aber sicher noch Jahre, selbst wenn die Erfolge wirklich eintreten. Bis dahin haben wir nur Kosten.

K: Ich glaube auch, dass wir einen Gesamterfolg nicht sofort nachweislich belegen können. Aber ich könnte mir schon vorstellen, dass wir zumindest aus manchen Segmenten, die besonders gut zu uns passen, wesentlich früher positive Signale erhalten.

D: Wie meinen Sie das?

K: Ich habe das Segment der jungen, hippen Großstadtsingles, für die ihr mobiler Lebensstil zur Identität gehört, im Auge. Bei denen bekommen wir sicher viel einfacher einen Fuss in die Tür. (*ein Schritt auf einmal*)

D: Möglich, aber das ist doch eine kleine Gruppe. Außerdem sind wir gar nicht auf diese Zielgruppe spezialisiert.

K: Wenn ich Sie vorhin recht verstanden habe, dann ist ja eines der wichtigen Ziele nicht nur ein Geschäftsvorteil für uns selbst, sondern für potenzielle Partner. Damit steigt möglicherweise unsere Attraktivität als Partner bei den Firmen mit dieser Zielgruppe. Das würde doch Ihre Strategie unterstützen, oder? (*auf die Identität des Kunden aufbauen*)

D: Da haben Sie möglicherweise recht. Wenn wir alle Kunden dieser Zielgruppe aus mehreren Unternehmen zusammenlegen, könnte sich eine wirtschaftliche Größe ergeben.

K: Das wäre doch gut, oder?

D: Kann sein. Aber seien wir realistisch – bis wir damit vorzeigbare Resultate erzielen, das dauert doch noch Jahre.

K: Eben nicht. Wir haben bereits die ersten Prototypen testweise entwickelt – die funktionieren schon. Natürlich sind noch einige Arbeiten nötig, damit die Applikationen gut zu bedienen sind. Aber wir reden hier von einigen Wochen. (*Frühstart ermöglichen*)   →

D: Tatsächlich? Kann man diese Prototypen mal sehen?

K: Ja, wir können sofort in die Entwicklung gehen, wenn Sie wollen. Erwarten Sie sich nur im Moment noch keine ansprechende Optik. Aber von den Funktionen sind alle wesentlichen bereits lauffähig, mit denen könnten wir rasch online gehen. Weitere Funktionen können wir ja in den nächsten Versionen dazu entwickeln, dann können Sie in der Zwischenzeit schon Märkte testen. *(Quick Wins, kleine Schritte)*

D: Das klingt ja vielversprechend. Lassen Sie uns gleich zu den Entwicklern gehen, ich bin schon richtig gespannt.

Zusammenfassung:
»Das Elefanten und Reiter Modell«

- Einige Verkäufer versuchen, den Kunden mit guten und rationalen Argumenten zu gewinnen. Andere wiederum schwören auf die emotionalen Komponenten. Beide haben recht. Besonders in komplexen Verkaufsprozessen müssen Sie sowohl rationale als auch emotionale Elemente ansprechen.

- Das Elefanten-Reiter-Modell erlaubt Ihnen, die jeweils wichtigen Punkte gezielt anzusprechen. Gleichzeitig ist das Modell leichtfüßig und gut zu merken. Sie können es also direkt im Verkaufsgespräch auch ohne Vorbereitung einsetzen. So können Sie flexibel auf die aktuellen Bedürfnisse des Kunden reagieren.

- Falls Sie nicht wissen, welche Komponente gerade überwiegt: Bieten Sie beide an. Sie werden merken, welche davon den Kunden besser anspricht. Dann können Sie mehr von diesen anbieten. Dasselbe gilt, wenn mehrere Personen gleichzeitig anwesend sind.

- Damit Sie schnell passende Argumente entwickeln können, ist es hilfreich, dass Sie bereits im Vorfeld von Verkaufsgesprächen zum Kunden und Produkt passende Elefanten- und Reiter-Kriterien identifizieren. Je nachdem, was Sie brauchen, können Sie diese dann rasch einsetzen.

3.7 Spezielle Verkaufsprozesse

Die bisher vorgestellten Modelle und Methoden für Problemanalyse, Verkaufsstrategie und Verkaufsprozesse sind universal und leicht zu adaptieren.

Darüber hinaus gibt es natürlich Verkaufssituationen, die besondere Anforderungen haben.

Davon werden einige in den folgenden Abschnitten vorgestellt:

- Der Eigeninitiative-Verkauf
- Der unternehmensinterne Überzeugungs- und Verkaufsprozess
- Unterschiede im Verkauf an kleine und mittlere Unternehmen zum Verkauf an große Unternehmen

- Unterschiede im Verkauf an IT-Unternehmen zum Verkauf an Nicht-IT-Unternehmen
- Unterschiede im Verkauf von Produkten zum Verkauf von Dienstleistungen

Diese zusätzlichen Anregungen und Schwerpunkte ergänzen den bisher vorgestellten Verkaufsprozess.

Interviews mit Kunden und erfolgreichen Verkaufsberatern geben Ihnen weitere Tipps.

3.8　Wenn der Verkaufsberater den Kontakt beginnt

In vielen Fällen gibt es beim Kunde ein Interesse am Angebot des Anbieters oder einen Bedarfsfall. Der Kunde kontaktiert daher das Unternehmen oder bekundet Interesse, um es dem Anbieter leicht zu machen, in Kontakt zu treten.

Der Kunde reagiert daher auf die Bekanntheit des Unternehmens, auf Marketingmaßnahmen oder auf Empfehlungen. Genauso effizient kann sich ein Kontakt aus Konferenzen, Messen oder Branchenveranstaltungen ergeben.

Praktisch alle Verkaufsberater bevorzugen es, wenn der Kunde auf sie zukommt statt umgekehrt, und das aus gutem Grund. Denn durch seine Aktion bekundet der potenzielle Kunde sein Interesse und gibt explizit Erlaubnis, ihn zu beraten. Außerdem besteht sofort ein Anknüpfungspunkt und damit vielleicht auch ein konkreter Wunsch des Kunden.

In anderen Fällen hingegen gibt es zwar einen Gesprächstermin, aber dieser ging nicht vom Kunden aus. Beispielsweise spricht der Verkaufsberater den möglichen Kunden auf einer Konferenz oder eine Messe an. Oder er kontaktiert einen potenziellen Kunden, der sich auf der Webseite für einen Newsletter oder den Download einer Studie registriert hat. Vielleicht hat der Verkaufsberater auch eine Empfehlung von einem Bestandskunden oder über gemeinsame Bekannte bekommen.

Kunde und Verkaufsberater haben daher einen Termin, es ist jedoch noch unklar,

- ob der Kunde überhaupt Interesse an oder Verwendung für die Leistung hat,
- ob der Kunde an einer Zusammenarbeit mit dem Anbieter interessiert ist,
- ob der Kunde ein Problem hat, das er mit der Leistung des Anbieters lösen will, oder ob er ein Ziel hat, das er mithilfe des Anbieters erreichen will.

Im Gegensatz zu Verkaufssituationen, in denen der Kunde durch seine eigene Initiative dies bereits unterstellt, müssen Sie daher bei Gesprächen, die vom

Verkaufsberater eingeleitet wurden, diese Voraussetzungen erst erfahren oder herstellen.

Dies ist eine heikle und gerade für unerfahrene Berater eine unangenehme Aufgabe mit vielen Stolperstellen. Da der Kunde dem Anbieter gegenüber bestenfalls neutral eingestellt ist, reichen schon wenige Fehler, damit der Kunde den Berater mehr oder weniger höflich vor die Tür setzt.

Gerade Anfänger im IT-Verkauf machen den Fehler, dass Sie das Gespräch folgendermaßen eröffnen: »Ich würde Ihnen gerne unser Angebot vorstellen.« Das ist für den Kunden bequem, daher stimmt dieser dem Vorschlag in den meisten Fällen zu.

Der Verkaufsberater beginnt nun, dem Kunden pauschal das ganze Leistungsspektrum vorzustellen in der Hoffnung, dass der Kunde irgendwann ruft: »Stopp. Genau das brauche ich. Was kostet das?«

Das Problem: Das passiert so gut wie nie.

Wesentlich wahrscheinlicher ist, dass Sie den Kunden bei dieser Vortragsarbeit rasch langweilen. Außerdem drängen Sie dem Kunden so den Eindruck auf, dass Sie kein Berater sind, sondern ein unangenehmer Verkäufer, der seine »Speisekarte« vorliest. Damit verspielen Sie sich die Chance auf einen guten Eindruck und in der Regel auch auf einen Verkaufsabschluss.

Ein deutlich besseres System ist das folgende 5-Schritt-System.

Der aufmerksame Leser denkt jetzt vielleicht:

> »Moment! In diesem Buch haben Sie, Herr Autor, mehrfach dargelegt, warum Schritt-für-Schritt-Anleitungen im IT-Verkauf wenig erfolgversprechend sind. Warum jetzt dieser Sinneswechsel?«

Weil es sich in diesem Fall um den ersten Schritt in die Welt des Kunden handelt und Sie wahrscheinlich noch gar keine Informationen über den Kunden haben.

Sie haben zwar einen Termin, aber noch keine Einladung zum Verkaufen. Dass Ihr Kunde Ihnen in so einer Situation sofort von seinen Problemen erzählen wird (»Sie schickt der Himmel. Bei uns geht es drunter und drüber, wir brauchen dringend Ihre Hilfe«), ist unwahrscheinlich.

Im Gegenteil, der Kunde ist zu diesem Zeitpunkt vermutlich noch reserviert und wenig auskunftsfreudig. Für ihn sind Sie derzeit noch einer von vielen Verkäufern, die ihm etwas verkaufen wollen.

In dieser Situation brauchen Sie – gerade wenn Sie kein Profi-Verkaufsberater sind – eine »Starthilfe«.

Sobald Sie merken, dass Sie einen Zugang zum Kunden gefunden haben, können Sie einen Gang höher schalten und auf die bisher vorgestellten agilen Verkaufsprozesse übergehen.

Als »Starthilfe« gibt die folgende Vorgangsweise über 5 Schritte eine gute Orientierung:

1. Situation des Kunden in Erfahrung bringen
2. Problemgebiete eingrenzen, Ziele konkretisieren
3. Negativkonsequenzen bestimmen
4. Nutzen herausarbeiten
5. Lösung anbieten

1. Schritt: Situation des Kunden in Erfahrung bringen

Nach Austausch der Höflichkeiten und einer Vorstellungsrunde versuchen Sie, wichtige Parameter des Kunden in Erfahrung zu bringen.

Kündigen Sie an, dass Sie einige Fragen stellen wollen, um die Situation des Kunden besser zu verstehen. Damit bekommen Sie meist die Erlaubnis, fortzufahren.

Offene Fragen eignen sich dazu besonders gut: »Wie lösen Sie derzeit Ihr Speichermanagement?«, »Welche Erfahrungen haben Sie bisher bei Teleworking in der Softwareentwicklung gemacht?«.

In manchen Fällen ist der Kunde noch nicht bereit, umfangreich Auskunft zu geben. Dann kommen Sie mit geschlossenen Fragen oft weiter, weil diese leichter zu beantworten sind: »Wie viel Speicherkapazität verwalten Sie aktuell?«, »Rechnen Sie in Zukunft mit einer ähnlichen Menge oder planen Sie eine Erweiterung?«, »Wie viele Mitarbeiter sind bei Ihnen im Speichermanagement beschäftigt?«.

Mehr zur verkaufsorientierten Fragetechnik finden Sie in Abschnitt 4.3.

Bleiben Sie auf jeden Fall wertschätzend und anerkennend und in einer neutralen Beraterrolle, der sich mit Bewertungen zurückhält.

Unerfahrene Berater glauben, dass es Ihnen leichter fällt, Ihre eigene Lösung zu positionieren, indem Sie sofort auf Probleme hinweisen: »Da geben Sie aber viel mehr Geld aus als der Durchschnitt«, »In der Branche ist das Server-Administrator-Verhältnis deutlich höher«, »Offenbar setzen Sie keine State-of-the-Art-Lösung ein«.

Damit wird versucht, den Kunden unter Druck zu setzen, damit dieser sich umso mehr für das Angebot des Verkaufsberaters interessiert.

Meine Empfehlung: Lassen Sie diese Taktik in der Schublade. Erstens funktioniert Sie nur bei Kunden, die Ihnen gegenüber einen wesentlichen

Wissensnachteil haben – und das wissen Sie zu diesem Zeitpunkt noch nicht.

Der noch wichtigere Grund: Bei selbstbewussten und erfahrenen Kunden ist diese Taktik ein Schuss ins eigene Bein. Der Versuch, den Kunden in die Defensive zu drängen, löst die Haltung aus: »Der arrogante Besserwisser glaubt wohl, dass er meinen Laden besser kennt als ich.«

Die weiteren Chancen für einen Abschluss sind dann gleich null.

Wenn Sie hingegen anerkennend auf gute Leistungen hinweisen oder dem Kunden die Möglichkeit geben, Ihnen diese ausführlich zu schildern, legen Sie eine gute Basis. Der wesentliche Vorteil dabei: Wenn die positiven Leistungen des Kunden anerkannt wurden, dann fällt es ihm anschließend leichter, auch über die Bereiche zu sprechen, die nicht so gut laufen – und da wollen Sie schließlich hin.

Natürlich sollen Sie niemandem Honig um den Mund schmieren – denn wenn Sie damit nicht authentisch sind, merkt der Kunde das sofort und Sie erreichen damit das Gegenteil: dass er Sie als nicht vertrauenswürdig einstuft. Sie haben vermutlich bereits selbst die Erfahrung gemacht, dass viele Verkäufer ihre schauspielerischen Fähigkeiten hoffnungslos überschätzen. Machen Sie nicht denselben Fehler.

Es reicht daher, wenn Sie dem Kunden gegenüber positive Fakten anerkennend erwähnen oder hervorheben: »Mit dieser Anzahl von Servern sind Sie sicher unter den 10 größten Betreibern der Region«, »In sechs Monaten komplett auf agile Methoden umgestellt? Beachtlich. Ich kenne Unternehmen, die haben doppelt so lange benötigt.«.

Ziel dieses Verkaufsschritts ist es, die wichtigsten Hintergrundinformationen und die nötige Bereitschaft des Kunden zu erhalten, um den nächsten Schritt anzugehen:

2. Schritt: Problemgebiete eingrenzen, Ziele konkretisieren

Sobald Sie erfahren haben (oder eine solide Vermutung haben), wo der Schuh drückt, ist es Zeit, das Ziel oder das Problem des Kunden einzugrenzen.

Hierzu eignen sich besonders gut offene Fragen. Sie wählen die Fragen derart, dass das Gespräch auf die Bereiche zielt, in denen Ihr Angebot besonders wirksam ist:

»Kunden mit einer ähnlichen Installation berichten uns häufig darüber, dass die Informationsübergabe beim Schichtwechsel der Administratoren regelmäßig zu Missverständnissen führt. Wie ist das bei Ihnen?« (Wenn

Ihre Lösung beispielsweise ein Ticketsystem oder eine Wissensdatenbank ist.)

»Sie erwähnten, dass sich Ihr Unternehmen in rasantem Wachstum befindet. Wie stellen Sie sicher, dass Ihre IT-Infrastruktur da mithalten kann?« (Wenn Ihre Lösung beispielsweise ein System für die Serveroptimierung ist.)

Möglicherweise sind mehrere Anläufe notwendig und auch mehrmaliges Nachfragen, um zum Kern zu kommen.

> *Vorsicht: Unerfahrene Verkaufsberater stoppen die Fragen, sobald sie den ersten Aufhänger gefunden haben, mit dem sie ihr Produkt ins Spiel bringen können: »Gut, dass Sie das sagen – denn genau dafür haben wir eine bewährte Lösung, und zwar ...«*

Dazu ist es noch zu früh.

In diesem Fall kann es passieren, dass sich der Kunde nicht ernst genommen fühlt. Er vermutet, dass Sie sich nur deswegen für seine Situation interessiert haben, um irgendwann über ein passendes Stichwort das Gespräch zu übernehmen und Ihr tolles Produkt in allen Details vorzustellen.

Wichtig ist, dass Sie zuerst die Situation, die Probleme, Wünsche und Ziele des Kunden komplett erfassen und dies noch einmal mit dem Kunden kontrollieren, bevor Sie fortfahren:

»Wenn ich Sie richtig verstanden habe, dann ist derzeit eines Ihrer wesentlichen Probleme, passende Spezialisten am Arbeitsmarkt zu finden. Dadurch sind die Mitarbeiter überlastet und können sich nicht darum kümmern, andere Mitarbeiter auszubilden. Sozusagen ein Teufelskreis. Habe ich das richtig verstanden?«

Dies ist für einen skeptischen Kunden kein einfacher Schritt, denn er gibt Ihnen gegenüber in diesem Moment zu, dass er ein Problem hat. Haben Sie bisher das Gespräch wertschätzend und mit Fingerspitzengefühl geführt, haben Sie gute Chancen, dass der Kunde zugibt, dass »es in diesem einen Bereich vielleicht noch Optimierungspotenzial gibt«.

Auf gar keinen Fall sollten Sie versuchen, dem Kunden ein Problem »in den Mund zu legen«. Wenn er dies bemerkt, wird er sich möglicherweise energisch dagegen wehren. Dann stehen Ihre Chancen schlecht, den Kunden dazu zu bringen, einen Nutzen Ihrer Leistung zu bestätigen.

3. Schritt: Negativkonsequenzen bestimmen

Negativkonsequenzen sind das, was eintritt, wenn der Kunde sein aktuelles Problem nicht löst oder seine Ziele nicht erreichen kann.

Die Negativkonsequenzen zu erfassen ist wichtig, damit Sie den Nutzen Ihrer Lösung für den Kunden klar und griffig darstellen können.

Negativkonsequenzen sollten vom Kunden und nicht von Ihnen aufgezeigt werden, denn nur dann sind sie unstrittig und werden nicht zurückgewiesen.

Daher verwenden wir auch in diesem Schritt vor allem Fragen zur Gesprächsführung:

»Falls Sie das Problem der Mitarbeiterfluktuation und damit des Knowhow-Verlustes nicht lösen können: Was hat das langfristig für Konsequenzen?«

Falls der Kunde gar nicht weiß, was dann passieren wird, können Sie auch mit einigen möglichen Szenarien nachhelfen. Dosieren Sie hier geschickt, sonst fühlt sich der Kunde von Ihnen manipuliert:

»Letztens hat mir ein Kunde in einer anderen Region von exakt demselben Problem berichtet. Das Unternehmen ist dann schweren Herzens dazu übergegangen, auch Mitarbeiter aufzunehmen, die nicht dem gewünschten Standard entsprechen. Ich habe allerdings den Eindruck, dass der Kunde damit nicht wirklich glücklich ist. Wie wäre das bei Ihnen?«

Aus den Antworten des Kunden können Sie nun ablesen, welche Alternativen für den Kunden zur Verfügung stehen und wie attraktiv diese sind. Ebenso erfahren Sie vielleicht etwas über die Kosten oder nicht realisierbare Entwicklungschancen.

In einigen Fällen wird dem Kunden erst durch dieses Gespräch bewusst, was es bedeutet, wenn er keine Lösung für seine Situation findet.

Verkaufsberater: »Das heißt, wenn es Ihnen nicht gelingt, die IT-Leistung in den nächsten Jahren trotz des Mitarbeitermangels zu steigern, dann könnte das für Ihr Unternehmen zur Konsequenz haben, dass Sie das geplante Wachstum nicht durchführen können?«

oder

Kunde: »Wenn wir das nicht schaffen, könnte unser Unternehmen die nächste Investitionsrunde nicht plangerecht durchführen. Wir würden daher notwendiges Kapital entweder gar nicht oder erst viel später erhalten. Damit verschärfen wir das Problem allerdings noch weiter.«

Dieser Schritt ist dann beendet, wenn Sie und Ihr Kunde sich einig über die wahrscheinlichen Konsequenzen (und im Idealfall über deren ungefähre Kosten) geworden sind.

Das sind wesentliche Informationen für den nächsten Schritt:

4. Schritt: Nutzen herausarbeiten

In diesem Schritt klären Sie gemeinsam mit dem Kunden, welchen Nutzen oder Mehrwert eine Lösung des Problems ihm bietet.

> *Wichtig: Es handelt sich dabei noch um eine generelle Lösung, nicht um jene, die Sie anbieten.*

Auch hier arbeiten Sie im Dialog mit dem Kunden. Fragen sind auch hier sehr hilfreich, können aber auch durch Aussagen, Ergänzungen und Meinungen unterstützt werden:

Verkaufsberater: »Das bedeutet aber auch: Sollten Sie im umgekehrten Falle in der Lage sein, das Problem zu lösen, würden Sie einen aktiven Beitrag leisten, damit das Unternehmen keine Kunden und Umsätze auf der Straße liegen lässt.«

Dieser Punkt ist wichtig, weil der Kunde damit auch die Kehrseite der Situation kennenlernt. Wo er bisher nur ein Problem gesehen hat, gibt es plötzlich die Möglichkeit, einen wertvollen Beitrag zu leisten. Der Mehrwert, der in der Lösung des Problems oder im Erreichen des Ziels liegt, wird damit konkret.

Ein positiver Nebeneffekt ist, dass er durch diese Erfahrung in die Lage versetzt wird, die Lösung im Unternehmen selbst weiter »zu verkaufen«. Statt über IT-Infrastruktur kann er mit der Geschäftsleitung sehr konkret über die Unterstützung des Unternehmenswachstums sprechen – eine Sprache, die dort wahrscheinlich wesentlich besser verstanden wird.

In Abschnitt 4.2 werden verschiedene Techniken zur Nutzenbestimmung ausführlich vorgestellt. Ebenso finden Sie dort mehrere Methoden, diesen Nutzen in messbare Größen zu gießen.

Sobald der Nutzen für den Kunden klar und greifbar ist, gehen Sie zum nächsten Schritt über.

5. Schritt: Lösung anbieten

Erst jetzt kommt Ihre Lösung auf den Tisch.

Sie haben an dieser Stelle das Problem oder den Wunsch des Kunden erfasst und mit ihm gemeinsam die Negativkonsequenzen definiert. Der Mehrwert ist für den Kunden klar.

Der Weg ist damit offen für Ihr Angebot, das den Kunden genau dabei unterstützen wird, sein Problem zu lösen oder sein Ziel zu erreichen:

»Vielleicht können wir Sie in diesem wichtigen Punkt unterstützen. Unser System konzentriert sich genau auf dieses Problem der Performance-Optimierung von IT-Infrastruktur. Soweit ich Ihre Situation verstanden habe, sind dabei die Module ›Server‹, ›Storage‹ und ›Knowledge Management‹ am wichtigsten. Ich schlage vor, ich erkläre Ihnen das dahinter liegende Konzept und Sie teilen mir mit, ob das bei Ihnen funktionieren könnte, O.K.?«

Voilà: Damit haben Sie Ihr Angebot sehr gut eingeführt. Haben Sie damit jetzt den Verkaufsabschluss in der Tasche? Natürlich nicht. Im Idealfall haben Sie jetzt eine Lösung präsentiert, die für den Kunden zumindest einen attraktiven Mehrwert bietet.

Das ist eine gute Ausgangsbasis, mit der Sie jetzt direkt in den bereits vorgestellten agilen Verkaufsprozess einsteigen können.

Bis zum Verkaufsabschluss liegt vermutlich immer noch ein weiter Weg mit vielen Hindernissen vor Ihnen, wie sie in Kapitel 2 »Problemanalyse« im Detail untersucht wurden.

Aber den ersten und vielleicht schwierigsten Schritt haben Sie damit geschafft.

Optional können Sie jetzt noch einen weiteren Schritt anfügen, um die Attraktivität Ihres Angebot noch zu steigern.

Sie gehen damit allerdings auch das Risiko ein, dass die Aufmerksamkeit des Kunden über die erarbeiteten kritischen Punkte verloren geht. Entscheiden Sie daher selbst von Fall zu Fall, ob Sie den nächsten Schritt noch mit aufnehmen oder lieber direkt im agilen Verkaufsprozess Ihr nächstes Teilziel ansteuern.

6. Schritt (optional): Positivkonsequenzen erforschen

Positivkonsequenzen sind die günstigen Folgen, falls Ihre Lösung eingesetzt wird. Neben dem bereits definierten Hauptnutzen sind positive Nebeneffekte besonders interessant.

Dieser Schritt bewährt sich dann, wenn es nötig ist, im weiteren Verlauf des Projektes mehrere unterschiedliche Stakeholder zu überzeugen. Indem Sie weitere positive Nebenwirkungen identifizieren, bekommen Sie und Ihr Kunde gute Argumente für weitere Personen im Unternehmen.

Erfahren Sie beispielsweise, dass durch eine Optimierung des Servermanagements Mitarbeiter entlastet werden, die dann weitere Agenden der IT-Sicherheit angehen können, ist das vermutlich ein positives Argument für den IT-Sicherheitsbeauftragten. Das kann dazu führen, dass dieser das Projekt ebenso unterstützen wird.

Auch die Personalabteilung kann es gut finden, wenn es dadurch nicht mehr erforderlich ist, weitere Mitarbeiter zu rekrutieren, die in der Region sowieso kaum zu finden sind.

Die Mithilfe des Kunden mit seinem Insiderwissen über die Herausforderungen der anderen Abteilungen kann dabei eine große Hilfe sein.

Übrigens

Diese Methode habe ich leicht verändert aus der klassischen Verkaufstechnik übernommen, da sie auch für Nicht-IT-Projekte gut einsetzbar ist. Sie können die Methode daher auch gut im Privatbereich nutzen, wenn Sie jemanden für Ihre Idee gewinnen wollen.

Es gibt eine Reihe von Autoren, die für sich in Anspruch nehmen, diese Methode »erfunden« zu haben. Wer es wirklich war, konnte ich nicht herausfinden.

3.9   Der unternehmensinterne Überzeugungs- und Verkaufsprozess

Wenn Sie Ihre Ideen, Projekte und Leistungen nicht an andere Unternehmen verkaufen wollen, sondern der eigenen Abteilung, der Geschäftsleistung oder anderen Bereichen Ihres eigenen Unternehmens, dann starten Sie einen »internen« Verkauf.

Als »interner« Verkaufsberater haben Sie einige Vorteile – und einige Nachteile.

Vorteile des internen Verkaufsberaters

▓ **Insiderwissen**

Sie kennen Strukturen, Abläufe, Entscheidungsprozesse und viele Personen und Netzwerke im Unternehmen. Vielleicht kennen Sie sogar die Budgets und die Strategien der Abteilung, an die Sie herantreten wollen. Dieses Wissen kann einen enormen Vorteil bedeuten, insbesondere wenn es darum geht, Risiken zu identifizieren, Interessenkonflikte vorauszusehen oder die kritischen Probleme rasch zu erkennen. Ebenso kennen Sie oft die wichtigen, einflussreichen Personen, die Meinungsbildner.

In den meisten Fällen ist es firmenintern auch wesentlich leichter, zu Experten, Managern und Entscheidungsträgern Zugang zu bekommen. Darüber hinaus wissen Sie besser als externe Anbieter Bescheid um günstige und weniger günstige Zeitpunkte, beispielsweise zu bevorstehenden Firmenübernahmen oder Investitionsplänen.

▓ **Legitimierung**

Möglicherweise steht Ihre Idee oder Ihr Projekt in direktem Zusammenhang mit Ihrer Aufgabe im Unternehmen, beispielsweise wenn Sie als IT-Architekt einen Vorschlag zur Einführung neuer Technologien machen. Das verleiht Ihnen Legitimität. In dieser Rolle können Sie Besprechungen einberufen, ohne dass Sie vorher um Erlaubnis fragen müssen. Bis zu einem gewissen Grad können Sie Ihre Chance zur Präsentation sogar erzwingen.

▓ **Zeitvorteil**

Als interner Beauftragter sind Sie nicht davon abhängig, regelmäßig Erfolge im Verkauf vorzuweisen. Wenn Sie solide Konzepte entwickeln, die im Unternehmen gut ankommen, leider jedoch aufgrund von mangelnden Ressourcen verschoben werden müssen, dann ist das für Sie kein Beinbruch. Natürlich ist diese Situation auf Dauer wenig motivierend – Ihre Aufgabe, Anerkennung und Ihr Job sind deswegen jedoch nicht direkt gefährdet. Das ermöglicht Ihnen, wesentlich gelassener mit Vertröstung auf das nächste Quartal oder mit einer Entscheidung gegen Ihren Vorschlag umzugehen – Sie haben ja trotzdem einen guten Job gemacht. Genau diese Gelassenheit ermöglicht Ihnen umgekehrt, recht entspannt an das Verkaufsprojekt heranzugehen und damit Ihre Erfolgsaussichten wesentlich zu verbessern.

Nachteile des internen Verkaufsberaters

- **Befangenheit**

  Internen Verkäufern wird nur schwer Neutralität zugestanden, da sie auch Mitglieder der Organisation sind. Es ist bekannt, dass sie zu bestimmten Abteilungen und Personen ein gutes und zu anderen Bereichen und Personen ein weniger gutes Verhältnis haben.

  Grundsätzlich wird internen Verkäufern und Beratern daher bei deren Vorschlägen ein offenes oder verstecktes Eigeninteresse unterstellt, selbst wenn die Idee oder das Projekt neutral formuliert wird.

  Externen Anbietern wird natürlich ebenso Eigeninteresse unterstellt – dieses ist jedoch durch die organisatorische Trennung deutlich erkennbar und damit für die meisten Personen leicht einzuschätzen. Externe Anbieter können sich auch in der Regel nicht in die Unternehmenspolitik einmischen.

- **Hierarchiebindung**

  Interne Verkäufer streben normalerweise ebenso wie andere Mitarbeiter eine Karriere an. Sie sind somit von der positiven Einschätzung bestimmter Personen in der Hierarchie des Unternehmens abhängig und damit »korrumpierbar«.

  Es ist für interne Berater schwierig, Dinge anzusprechen, wenn deren Vorgesetzte sich davon »auf den Schlips getreten fühlen«. Andere Mitarbeiter gehen daher davon aus, dass die Vorschläge des internen Verkaufsberaters bereits im Vorfeld in der Hierarchie geprüft und »unpassende« Alternativen erst gar nicht in Betracht gezogen wurden.

  Ebenso kann internen Beratern leicht unterstellt werden, Handlanger für andere Personen und dahinter liegende Interessen zu sein.

- **Auf die Person gemünzt**

  Interne Verkäufer sind Teil des unternehmensinternen Beziehungsgeflechts. Inhaltliche Aussagen und Ideen des Verkaufsberaters werden daher der Person direkt zugeschrieben, nicht der Meinung einer externen, unpersönlichen Firma, wie das bei einem unternehmensfremden Verkaufsberater der Fall wäre.

  Was Sie sagen, hat somit unmittelbare Auswirkungen auf Ihre direkten Beziehungen zu anderen Personen und Organisationsbereichen.

  Wenn Sie beispielsweise die Idee vorbringen, Systeme einzuführen, die den Wegfall von Arbeitsplätzen zur Folge haben werden, kann es sein, dass die betroffenen Personen Ihnen das persönlich übel nehmen werden.

Vor diesen Konflikt gestellt, sind interne Verkaufsberater oft in einer schwierigen Position.

■ **Der Fluch des Wissens**
Interne Verkäufer können sich nicht »dumm stellen«. Für Verkaufsberater ist es eine wichtige Eigenschaft, bestimmte Dinge »naiv« hinterfragen zu können, beispielsweise um Vorwände zu entlarven oder »blinde Flecken« zu finden (wie das vom berühmten Inspektor Columbo in der gleichnamigen Fernsehserie gerne genutzt wird).

Beispielsweise kann ein externer Verkaufsberater fragen: »Sie sagen, dass Sie das Ihrem Chef nicht erklären können. Ich kenne Ihren Chef nicht. Was genau wären denn vermutlich seine Vorbehalte oder seine Argumente?«

Ein interner Verkaufsberater kann diese Technik nicht anwenden, wenn er den Chef selbst kennt.

Empfehlungen

■ **Bestimmen Sie den Ruf, der Ihnen vielleicht vorauseilt**
Ihre Geschichte, Ihre bisherigen Taten und Ihr Ruf spielen eine große Rolle, wie Ihre Verkaufsbemühungen wahrgenommen werden. Als interner Verkäufer sind Sie selten ein unbeschriebenes Blatt im Unternehmen. Wenn Sie anerkannt sind und sich Respekt verschafft haben, ist das ein Vorteil. Genauso werden negative Erfahrungen, die Personen im Unternehmen mit Ihnen gemacht haben, Ihnen lange nachhängen und es beeinflussen, ob man Ihre Ideen unterstützt.

Aus meinen Erfahrungen schätzen Mitarbeiter im Unternehmen ihre Reputation oft nicht korrekt ein, obwohl sie selbst davon überzeugt sind. Bevor Sie daher selbstbewusst irgendwo auftreten, fragen Sie vielleicht vertraute Personen nach deren Einschätzung.

■ **Nutzen Sie Ihre Stärken**
Ihre wichtigste Stärke ist die des überlegenen Wissens über die Organisation: Finden Sie günstige Zeitpunkte für Ihre Idee (z.B. kurz bevor die Budgets für nächstes Jahr definiert werden). Erkundigen Sie sich über die Probleme und Situationen im Unternehmen, um Ihre Idee mit den richtigen Nutzenversprechen in den richtigen Bereichen zu positionieren. Fragen Sie Vertraute, ob die Ihnen Tipps geben können, welchen Argumenten wichtige Personen besonders zugänglich sind.

Sichern Sie sich Unterstützung

Vor allem die Unterstützung von Schlüsselpersonen im Unternehmen sollten Sie sich sichern. Wenn Sie die einflussreichen Personen nicht kennen, ist es Ihnen bestimmt möglich, diese herauszufinden.

Je mehr Personen Sie hinter Ihre Idee bringen können, desto besser. Außerdem macht es einen soliden Eindruck, wenn Sie bereits mit betroffenen Personen gesprochen haben, um mögliche Probleme abzuklären. Je mehr Unterstützung Sie für Ihr Projekte bereits haben, desto leichter machen Sie es weiteren Personen, »Ja« zu sagen.

Der Preis ist in manchen Fällen, dass diese Personen anschließend ebenso einen Anspruch auf einen Teil des Erfolges erheben können, wenn Ihre Idee gut ankommt. Ob Sie damit leben können, müssen Sie selbst entscheiden.

Holen Sie Unterstützung von außen

Auch wenn es Ihren Stolz als Spezialist anknacksen könnte: In manchen Fällen ist es empfehlenswert, Experten von außen hinzuzuziehen, um Ihre Aussagen zu untermauern. Auch wenn diese Personen nicht mehr wissen als Sie, zählt deren Meinung oft mehr. Das liegt nicht daran, dass man Ihnen als Person nichts zutraut, sondern dass man Ihnen aus den oben beschriebenen Gründen keine Neutralität zugesteht. Oft reichen Studien von renommierten Quellen (z.B. Gartner Group oder Forrester) ebenso aus.

Seien Sie flexibel

Passen Sie sich dem Stil des Unternehmens an und erwarten Sie nicht, dass das Unternehmen sich an Sie anpasst.

Das klingt logisch, in der Beraterpraxis stoße ich jedoch immer wieder auf Personen, die gute Ideen nicht im Unternehmen platzieren können. Häufig haben diese Personen eine klare Vorstellung davon, wie das Unternehmen oder bestimmte Abteilungen mit Ihren Ideen »professionell« umzugehen hätte. Offenbar scheint das Unternehmen oder die betroffenen Bereiche allerdings anderer Meinung zu sein. Besonders leicht tritt diese Situation auf, wenn Kaufleute IT-Abteilungen überzeugen wollen und umgekehrt.

Ich schlage dann vor, das auszuprobieren, was die erfolgreichen »nicht professionellen« Personen im Unternehmen machen. In manchen Fällen ernte ich daraufhin Ablehnung – denn so »unprofessionell« wolle man nicht agieren. Das ist eine legitime, nachvollziehbare Einstellung. Damit treffen diese Personen allerdings eine klare Entscheidung: für Ihre eigenen Vorstellungen und gegen den Erfolg Ihrer Ideen in diesem Unternehmen.

3.10 Unterschiede im Verkauf: Große Unternehmen im Vergleich zu kleinen und mittleren Unternehmen

Die auf Webseiten von Anbietern vielzitierte Phrase: »Wir sind sowohl für kleine als auch große Kunden der geeignete Anbieter« ist in der Praxis nicht haltbar.

Entweder Ihre Zielgruppe sind die kleinen und mittleren Unternehmen – oder die großen. Die beiden Gruppen unterscheiden sich so stark, dass die Betreuung aller Unternehmensgrößen notwendigerweise ineffizient ist. Was für die einen gerade richtig ist, finden die anderen entsetzlich. Entscheiden Sie sich daher für die einen oder die anderen und halten Sie sich daran.

Einige wichtige Unterscheidungsmerkmale:

Entscheidungsträger
In kleinen und mittleren Unternehmen (KMU) sprechen Sie oft direkt mit dem Entscheidungsträger. Dem technischen Leiter, dem Geschäftsführer oder dem Eigentümer. Dieser kann Entscheidungen rasch treffen und verfügt meist auch über die nötigen Mittel.

In großen Unternehmen ist es bedeutend schwieriger, gleich an die Personen zu kommen, die auch tatsächlich Entscheidungen treffen und Ressourcen und Geldmittel zur Verfügung stellen können. Allein deswegen dauern Verkaufsprojekte in großen Unternehmen meist länger.

Budgets
In KMU trifft die Frage nach dem Budget oft auf Verwunderung: »Ein Budget? Wozu denn das?« Viele Unternehmen in dieser Größenordnung vergeben keine Projektbudgets, sondern Mittel werden vom Geschäftsführer nach Bedarf freigegeben. Oder eben nicht. Es ist also in der Regel wenig sinnvoll, danach zu fragen.

In großen Unternehmen hingegen sind Budgets üblich, um Finanzspielräume für bestimmte Investitionen zu regeln. Hier ist es notwendig, dass Sie die Spielregeln der Budgetkonstruktionen beherrschen und auf Wünsche des Kunden eingehen können: Miete oder Leasing statt Verkauf, Finanzierung über mehrere Budgetperioden, Verlagerung des Angebots von CAPEX (Investitionen) zu OPEX (laufende Kosten) und umgekehrt.

Kontakt

In KMU zahlt es sich oft aus, direkt mit der Geschäftsleitung Kontakt aufzunehmen. Diese müssen Sie dann vom Nutzen Ihres Produktes für das Unternehmen überzeugen. Dazu müssen Sie die Sprache des Chefs sprechen (siehe Abschnitt 2.7).

Wenn das gelingt, dann haben Sie gute Chancen, dass Sie sich anschließend mit dem Segen des Chefs mit Experten im Unternehmen auseinandersetzen können.

In großen Unternehmen hingegen legen die Entscheidungsträger viel Wert darauf, nicht direkt von Verkäufern kontaktiert zu werden, und schotten sich dagegen ab. Unabhängig davon ist es meistens vielversprechender, zuerst mit einem Manager der Fachabteilung zu sprechen, in der Ihre Leistung eingesetzt werden soll. Dieser unterstützt Sie dann im Verkauf nach oben.

Manche erfahrene Verkaufsberater bevorzugen auch in großen Unternehmen den Top-down-Ansatz. Wenn Sie sich in der Lage sehen, direkt mit einem CIO Kontakt aufzunehmen, dann spricht auch nichts dagegen. Die Hürde ist aber bedeutend höher und diese Vorgangsweise ist daher etwas für Routiniers.

Beraterhaltung

In KMU sind die Wege oft kürzer und daher sind weniger Prozesse nötig. Deshalb kommen Sie auch als Verkaufsberater mit einer pragmatischen Haltung oft besser an. Umfangreiche Verträge und aufwendige Richtlinien hingegen wirken auf diese Unternehmen eher suspekt und unnötig kompliziert.

Manager in großen Unternehmen sind im Gegensatz dazu in eine Reihe von Prozessen eingebunden und erwarten, dass Sie als Verkaufsberater sich darauf einstellen können, dass bei einem Verkauf eines IT-Systems auch die Rechtsabteilung, die Personalabteilung, der Datenschutzbeauftragte und vielleicht der Betriebsrat überzeugt werden müssen. Ebenso sollten Sie ein Gespür entwickeln für die Notwendigkeiten der unternehmensinternen Entscheidungsprozesse und etwaiger politischer Anforderungen.

Wichtig für den Ersteindruck

Wenn Sie als Anbieter vollkommen unbekannt sind, dann hilft es Ihnen weiter, wenn Sie gegenüber KMU als Referenz andere Unternehmen der Region, der Branche oder Wettbewerber des Unternehmens nennen können. Diese Organisationen sind für das KMU ein besserer Vergleich als

»Airbus« oder »Siemens«. Damit zeigen Sie auch, dass Sie mit den Anforderungen (und auch mit den finanziellen Möglichkeiten) dieser Unternehmen gut umgehen können.

Ähnliches gilt für große Unternehmen. Diese orientieren sich ebenso an ähnlichen Referenzen in deren Größe und Branche. Gut etablierte Markennamen sind hier hilfreich. Wertvoll ist auch, wenn Sie von den bekannten »Research-Factories« wie Gartner oder Forrester empfohlen werden.

Interview mit Johannes Hobel, Abteilungsleiter IT Operations, bwin

bwin ist als Online-Sportwettenanbieter einer der großen E-Commerce-Betreiber im deutschsprachigen Raum.

600 IT-Mitarbeiter des Unternehmens entwickeln und betreiben Applikationen auf 1600 Servern und eine der weltweit größten MSSQL-Datenbankinstallationen in mehreren Rechenzentren. Das Unternehmen bezieht zahlreiche IT-Systeme und Leistungen von spezialisierten externen Anbietern.

Zum Zeitpunkt der Veröffentlichung ist das Unternehmen mit dem Pokeranbieter PartyGaming zu bwin.party fusioniert.

Herr Hobel, wie kommen Sie zu Anbietern von IT-Leistungen – oder kommen diese zu Ihnen?

JH: Ich bin schwer zugänglich für Angebote per Telefon, Post oder E-Mail von Anbietern, die ich nicht kenne. Das ist vor allem ein Zeitproblem. In den meisten Fällen beginnt die Zusammenarbeit mit externen Anbietern daher auf unsere eigene Initiative. Andere Partnerschaften sind auch über Empfehlungen von Geschäftspartnern entstanden.

Wie suchen Sie Anbieter aus?

JH: Zu 90% gibt es eine konkrete Aufgabenstellung. Diese kann sich aus unserer Strategie ergeben, aus den Notwendigkeiten der täglichen Arbeit oder aus Anforderungen zur Unterstützung neuer Geschäftsideen.

Zuerst kontaktiere ich befreundete Geschäftspartner und bekannte Kontakte in Unternehmen mit ähnlichen Herausforderungen. Alternativ recherchiere ich oder ein Mitarbeiter im Internet, wer sich mit dem Thema bereits beschäftigt hat und offenbar über geeignete Kompetenzen verfügt. Ebenso stütze ich mich auf professionelle Recherchen und Studien, beispielsweise die der Gartner Group. Mitarbeiter bringen oft auch gute Ideen von Konferenzen mit.

Falls ein Anbieter bisher noch nicht unter den etablierten Namen auftaucht – wie könnte dieser es schaffen, bei Ihnen seine Ideen zu präsentieren?

JH: Dazu sollte er oder sie eine »gute Geschichte« haben. Diese Person muss mich in wenigen Minuten davon überzeugen können, dass sie mir etwas Besonders anbieten kann – etwas, das ich anderswo nicht bekommen kann. Schließlich haben wir im eigenen Haus viele Experten und umfangreiches Know-how, ebenso eine breite Basis von bestehenden Beziehungen mit externen Partnern. Für »Me-too«-Leistungen gibt es daher kaum Spielraum für weitere Anbieter.

Angenommen, es gibt einen Präsentationstermin. Worauf achten Sie besonders?

JH: *Frage 1: Haben diese Personen sich mit unserem Unternehmen beschäftigt?*

Wenn wir lang und breit erklären müssen, was diese Personen im Internet selbst hätten recherchieren können, dann ist das nicht die kundenorientierte Haltung, die wir uns wünschen.

Frage 2: Passen die zu uns?

Wir streben meist langfristige Beziehungen mit externen Partnern an, denn unsere Anforderungen an Stabilität und Verfügbarkeit der Infrastruktur lassen sich nur in enger Zusammenarbeit mit den Anbietern erreichen. Entweder der Anbieter passt zu uns und zur Aufgabenstellung – oder eben nicht.

Frage 3: Was können diese Leute, was wir nicht können?

Gibt es wertvolle Erfahrungen oder Expertise in für uns wichtigen Problemstellungen? Gibt es Systeme, die deutlich leistungsfähiger sind, als jene, die wir aktuell im Einsatz haben? Kann uns dieser Anbieter helfen, Ziele zu erreichen, die wir alleine nur schwer schaffen? Wenn ja: hervorragend. Falls nein, wird es ein kurzer Termin werden.

Frage 4: Sind das die Personen, mit denen wir zusammen arbeiten werden?

Ich verstehe natürlich, dass Anbieter zu Beginn die besten Leute schicken. Also jene, die sich selbst gut präsentieren und verkaufen können. Gleichzeitig bin ich die Praxis leid, dass ich diese Personen nicht mehr zu Gesicht bekomme, sobald der Auftrag vergeben ist, und für uns nur noch Junior Consultants arbeiten, die kein vergleichbares Wissen und Können haben.

Was wünschen Sie sich von Verkaufsberatern?

JH: Offene und wissbegierige Persönlichkeiten schätze ich. Diese interessieren sich für unsere Probleme und bringen sich engagiert ein. Ein gewisses Maß an Vorleistung und Demonstration der Fähigkeiten auf eigene Kosten erwarte ich mir dabei. Falls diese sehr umfangreich werden sollte, bin ich bereit, darüber zu verhandeln, dass im Erfolgsfall auch eine Auftragsvergabe erfolgt.

Ebenso wünsche ich mir fachliche Kompetenz. Mit reinen Verkäufern, die bei jedem technischen Detail erst bei einem Experten nachfragen müssen, kann ich nicht viel anfangen. Idealerweise ist diese Person während des Projektes weiterhin aktiv mit im Boot. Mit der klaren Trennung zwischen Verkäuferteam und Implementierungsteam habe ich keine guten Erfahrungen gemacht.

Ich nehme es positiv auf, wenn die Berater sich mit der Problemstellung befasst haben und sich offensichtlich auskennen. Wenn jemand »aus dem Nähkästchen plaudern« kann, dann zeugt das von Erfahrung und von Reflexion.

Wichtig ist mir ebenso, dass die Angebote, Vorschläge und Ideen eine nachvollziehbare Logik und Struktur haben. Die dargestellten Analysen sind klar und aussagekräftig. Hingegen sind individuelle, unreflektierte Meinungen und Behauptungen sowie auswendig gelernte Phrasen unerwünscht.

Vielen Dank für das Gespräch.

3.11 Unterschiede im Verkauf: IT-Unternehmen im Vergleich zu Nicht-IT-Unternehmen

IT-Unternehmen sind Unternehmen, deren eigene Leistung gegenüber deren Kunden wesentlich auf IT-Leistungen aufbaut, beispielsweise Unternehmen der Telekommunikation, Unternehmen im E-Commerce, IT-Outsourcing-Unternehmen etc.

Nicht-IT-Unternehmen sind hingegen Unternehmen, die zwar IT einsetzen, deren Angebot am Markt selbst jedoch nichts mit IT zu tun hat, beispielsweise Pharmaunternehmen, Handelsketten, Maschinenbau etc.

Manche Nicht-IT-Unternehmen sind so groß, dass deren IT-Abteilungen derart umfangreich sind, dass diese wie ein eigenes Unternehmen wirken. In diesem Falle wird der Verkaufsberater eine Kombination der beiden Unternehmensformen vorfinden.

Die für den Verkaufsberater wichtigen Unterschiede sind:

- **IT-Know-how**

  IT-Unternehmen haben nicht notwendigerweise besseres IT-Know-how als Nicht-IT-Unternehmen, aber sind von der Expertise meistens breiter aufgestellt. Während viele Unternehmen gutes Know-how im Betrieb von EDV-Systemen besitzen, sind Bereiche wie Softwareentwicklung, IT-Architektur und Spezialgebiete wie Aufbau eines Data Warehouse normalerweise nur in IT-Unternehmen gut abgedeckt.

  Für den Verkaufsberater bedeutet dies, dass er einerseits in IT-Unternehmen kompetente Ansprechpartner vorfinden wird, andererseits auch exzellentes Spezialistenwissen benötigt – denn Standard-Know-how ist im Unternehmen bereits ausreichend vorhanden.

- **IT-Kultur**

  Nicht-IT-Unternehmen, insbesondere jene, die noch wenig Erfahrung mit IT-Projekten und externen IT-Anbietern haben, wundern sich regelmäßig über die Eigenheiten der IT. Das Problem reduziert sich, wenn Sie mit den EDV-Spezialisten des Unternehmens sprechen – aber ist deswegen nicht vom Tisch. Es ist ein großer Unterschied, ob Spezialisten eines Unternehmens ein ERP-System betreiben können – oder eines entwickeln. Daher kann es auch zwischen IT-Experten zu allerlei Meinungsverschiedenheiten kommen.

  Derartige Verständnisschwierigkeiten haben Sie mit IT-Kunden in geringerem Maße, dafür werden diese Unternehmen Ihnen möglicherweise vielerlei Vorgaben machen, wie Ihr Team zu arbeiten hat (Vorgaben, Richtlinien, Testprozesse etc.) – was wiederum zu Schwierigkeiten führen kann.

- **Entscheidungsträger**

  In Nicht-IT-Unternehmen ist die EDV-Abteilung häufig einem anderen Bereich unterstellt, beispielsweise der Finanzabteilung oder dem Controlling. Damit haben meist Personen ohne IT-Spezial-Know-how die Verantwortung über das IT-Budget, was gerade bei sehr technischen Leistungen zu Herausforderungen für den Verkaufsberater werden kann.

  Auch IT-spezifische Vorgangsweisen sorgen regelmäßig für Verwirrung bei diesen Personen, beispielsweise agile Methoden der Softwareentwicklung.

  Ebenso regelmäßig auf Probleme stoßen Verkaufsberater mit den Erwartungen des Kunden an genaue Kalkulationen, Angebote und Projektpläne selbst bei sehr umfangreichen IT-Projekten.

In IT-Unternehmen haben Verkaufsberater es in diesem Punkt leichter. Allerdings sind auch die Erwartungen deutlich höher und die Konkurrenz (intern wie extern) ist möglicherweise bedeutend intensiver.

Angebot

Nicht-IT-Unternehmen wollen sich meist keine speziellen IT-Kompetenzen aneignen, sie streben daher oft nach Full-Service-Paketen. Positionieren Sie sich als Spezialanbieter, der nur eine schmale Nische abdeckt, hat dieser Kunde das Problem, dass er sich selbst um die fehlenden Teile der Lösung kümmern muss. Das ist für den Kunden deshalb ein Problem, da er damit fürchtet, dass die unterschiedlichen Anbieter sich gegenseitig die Schuld zuschieben, wenn etwas nicht funktioniert. Er wünscht sich daher jemanden, der für ihn die Gesamtverantwortung übernimmt.

Die umgekehrte Situation finden Sie in IT-Unternehmen vor. Dort sind die meisten Bereiche gut abgedeckt und man erwartet von Ihnen eine spezifische Expertenlösung. Breit aufgestellte Angebote treten hingegen in Konkurrenz zu internen Bereichen, die diese Lösungen anbieten.

3.12 Unterschiede im Verkauf: IT-Produkte im Vergleich zu IT-Dienstleistungen (inkl. Entwicklung von Individualsoftware)

IT-Produkte sind in diesem Kontext Software- oder Hardwaresysteme, die bis zu einem hohen Grad vorgefertigt zum Kunden kommen, beispielsweise CRM-Systeme, Speicherlösungen, E-Commerce-Frameworks. Die meisten dieser Produkte müssen noch konfiguriert, an bestehende Systeme angepasst und für Kundenbedürfnisse erweitert werden.

Das wesentliche Kriterium für ein Produkt ist, dass sich der Kunde bereits während des Verkaufsstadiums ein gutes Bild vom Endergebnis machen kann, beispielsweise durch Demonstrationen von bereits eingesetzten Systemen.

IT-Produkte sind leichter mit Konkurrenzprodukten vergleichbar und daher auch öfter einem Preiswettbewerb ausgesetzt.

IT-Dienstleistung hingegen zeichnet sich dadurch aus, dass die Leistung praktisch vollständig erst nach Verkaufsabschluss erbracht wird.

Kombinationen von Produkten und Dienstleistungen sind ebenso häufig. In diesem Falle hat der Verkaufsberater die doppelte Herausforderung.

Die wesentlichen Unterschiede für den Verkaufsberater:

Kundenrisiko

Das Kundenrisiko ist bei Dienstleistungen meistens höher, da der Kunde nicht nur das Umsetzungsrisiko trägt (die Leistung wird nicht zufriedenstellend erbracht) sondern auch das Produktrisiko (die Leistung entspricht nicht den Erwartungen).

Bei Produkten hingegen ist das Produktrisiko bereits im Vorfeld leichter einzugrenzen, beispielsweise durch Tests und Demo-Installationen.

Für den Verkaufsberater bedeutet dies, dass er bei dienstleistungsintensiven Produkten ein besonders wachsames Auge auf Probleme des Kundenrisikos hat (siehe auch Abschnitt 2.8).

»Greifbare« Produkte

Häufig ist es für den Verkaufsberater bei Produkten einfacher als bei Dienstleistungen, den Nutzen zu demonstrieren. Er kann das Produkt herzeigen und dem Kunden auch erlauben, es ausgiebig zu testen – zumindest in der Grundfunktionalität. Der Kunde kann das Produkt »anfassen« und damit wesentlich besser einschätzen. Dadurch ist das Produkt meist auch leichter an Nicht-IT-Kunden zu verkaufen.

Bei Dienstleistungen hingegen sind Demonstrationen schwierig. Insbesondere bei Beratungsleistungen ist eine »Kostprobe« kaum von der eigentlichen Leistung zu unterscheiden und wenn der Kunde das Angebot anschließend nicht annimmt, hat der Anbieter bereits Leistung erbracht, bleibt jedoch auf den Kosten sitzen.

Das konkrete Darstellen des Nutzens von IT-Dienstleistungen ist daher für Verkaufsberater eine der wichtigsten Herausforderungen.

Tipps dazu finden Sie in Abschnitt 4.2.

Beteiligte Experten

Dienstleistungen werden erst nach dem Verkaufsabschluss erbracht. Gleichzeitig ist die Qualität von Dienstleistungen besonders von den durchführenden Experten abhängig, da es meist weniger qualitätssichernde Maßnahmen gibt als in der Software- und Hardwareentwicklung.

Der Kunde ist daher bei Dienstleistungen wesentlich stärker davon abhängig, dass die beteiligten Experten kompetent sind. Der Kunde wird daher – bewusst oder unbewusst – seinen Eindruck der beteiligten Personen in die Entscheidung mit einfließen lassen.

Der Verkaufsberater sollte den Kunden daher dabei unterstützen, sich ein klares Bild von den Spezialisten zu machen, anstatt ausschließlich die Leistung und das Endergebnis in den Fokus zu rücken.

Absicherung

Während der Kunde sich bei einem Produktkauf leichter absichern kann (beispielsweise über Garantie, Rückgaberecht, Gewährleistung), wird dies bei Dienstleistungen bedeutend schwieriger. Hat der Kunde die Beratung oder Dienstleistung bereits in Anspruch genommen, kann dies nicht wieder rückgängig gemacht werden (während beispielsweise ein defekter Router an den Anbieter zurückgeschickt werden kann).

Da der Kunde bei Dienstleistungen – wie oben beschrieben – ein höheres Risiko eingeht, wirkt die schwierige Absicherung doppelt schwer.

Für den Verkaufsberater ist es daher besonders wichtig, mit dem Kunden geeignete Maßnahmen zu definieren, um das Risiko zu begrenzen (Teilabnahmen, laufende Überprüfungen, erfolgsabhängige Anteile des Angebots).

Interview mit Hans Schmit, Geschäftsführer ANECON, Wien

ANECON ist eines der führenden, mittelständischen Softwarehäuser in Österreich. Das Unternehmen ist spezialisiert auf Individualsoftwarelösungen und ist Marktführer bei Dienstleistungen im Bereich Softwaretests. Der Unternehmenssitz ist in Wien.

Herr Schmit – was halten Sie für die größte Hürde beim Verkauf von Individualsoftwareentwicklung ?

HS: Die Hürde ist beim Anbieter und beim Kunden dieselbe: Man kennt sich nicht, es existiert noch kein Vertrauen. Bevor der Kunde aber kein Vertrauen zu einem etwaigen Lieferanten oder Partner gefasst hat, wird es in der Regel zu keinem Auftrag kommen. Andererseits, gelingt es, das Vertrauen des Kunden zu gewinnen, dann ist man von einer Beauftragung nicht mehr weit entfernt.

Wie ist Ihre Strategie beim Aufbau von Vertrauen zu einem neuen Kunden – wie gehen Sie da vor?

HS: Wir fahren sehr gut mit der Strategie, uns mit der Aufgabenstellung inhaltlich intensiv auseinanderzusetzen. Der Kunde muss spüren, dass wir uns mit der Aufgabe identifizieren und diese auch wirklich verstanden haben. Dazu ist es natürlich nötig, einigen Aufwand mit einem erfahrenen Team in die Analyse der Anforderungen zu stecken. Denn dabei ergeben sich rasch die wichtigen bzw. guten Fragen. Die Fragen nach dem, was fehlt, was ungewöhnlich ist, nach dem, was nicht präzise beschrieben ist. Wenn wir den Kunden dann mit diesen Fragen konstruktiv konfrontieren, merken die Leute: ›Holla, die haben sich das ja wirklich sehr genau angeschaut‹, und dann diskutiert das Lösungsteam intensiv mit den Experten des Kunden – das stiftet Vertrauen und beweist Kompetenz.

Sobald der Kunde unser Interesse und Engagement spürt, wenn er die Lösungsansätze und -wege erkennt und damit eine erste Vertrauensbasis gelegt ist, dann gewinnen die anderen Faktoren des Verkaufsprozesses mehr an Bedeutung – die Kundenbetreuung, das Angebot, die Flexibilität in der Zusammenarbeit.

Stichwort: Aufwandsschätzung von Softwareprojekten. Das ist ja einer der Gründe, warum sich in der individuellen Softwareentwicklung immer mehr die agilen Techniken durchsetzen. Wie kommen die agilen Ansätze bei Ihren Kunden an?

HS: Sehr unterschiedlich. Manche Unternehmen beschäftigen sich bereits seit Jahren mit diesen Ansätzen und sind davon überzeugt, andere können wir von den Vorteilen überzeugen. Aber es gibt auch Kunden, die sagen: »Bleiben Sie mir bloß weg mit dem Hokuspokus!«

Was machen Sie in solchen Fällen – wenn der Kunde partout nicht »agil sein mag«, die agile Softwareentwicklung ablehnt?

HS: Wenn wir glauben, dass sich das Projekt als Fixpreisprojekt klassisch abwickeln lässt, dann machen wir das natürlich. Allerdings arbeiten wir vor allem an größeren Projekten, von zehn Mannjahren aufwärts. Da wird es mit den exakten Schätzungen schwierig und es läuft erfahrungsgemäß in ein umfangreiches Change Management der Anforderungen hinaus. Das macht wenig Spaß, tut dem Projekt nicht gut und strapaziert in der Regel die Kundenbeziehung. Daher bemühen wir uns in der Akquisitionsphase gerade in größeren Projekten, den Kunden von der agilen Vorgangsweise und den Prinzipien zu überzeugen.

Sie glauben, dass sich die agile SW-Entwicklung durchsetzen wird?

HS: Ich bin davon überzeugt, Untersuchungen zeigen es bereits. Und der Trend wird anhalten.

Was sind die häufigsten Argumente gegen die agile Entwicklung und wie gehen Sie damit um?

HS: Ein Klassiker unter den Argumenten ist, dass die Spezifikation klar und vollständig sei und dass genau diese umzusetzen ist. Oft haben hier Firmen ja auch viel Geld hineingesteckt, bevor sie einen Entwicklungspartner suchen. Die Kunden sind dann meist überzeugt, dass die Spezifikation hält – aber das wäre das erste Mal, dass ich so was wirklich erlebe. Manchmal können wir den Kunden davon überzeugen, dass die Spezifikation lange nicht so klar ist, wie er das glaubt. Dies machen wir, indem wir Fragen stellen und dabei einige offene Punkte identifizieren.

Ein weiteres Thema ist die Unsicherheit, welches Ergebnis dann am Ende des Projektes vorliegt. Wir bieten dann eine Art »Hybridmodell« an – grundsätzlich agile Entwicklung, aber einige der Parameter fixieren wir, wie grobe Inhalte, Termin, Budgetrahmen. Ergänzend sind wir bereit, Risiken zu übernehmen.

Es gibt aber Situationen, in denen der Kunde bewusst die gesamten Risiken an den Realisierungspartner abwälzt. in diesen Fällen ist der agile Ansatz klarerweise kein Thema.

Welche Tipps haben Sie für Preisverhandlungen?

HS: Am wichtigsten ist das Herausstreichen von Vertrauen und die Kompetenz – davon hängt es ab, ob wir den Kunden vom Wert unseres Angebotes überzeugen können. Es gilt hervorzuheben, wovon der Kunde am meisten profitiert und dass der Preis dazu in einem guten Verhältnis steht. Darauf zielt die Preisverhandlung ab.

Wenn das nicht ausreicht, dann versuchen wir, Leistungen an den Kunden abzugeben, um mit dem Preis entgegenkommen zu können. Beispielsweise einige Teile der Entwicklung selbst, die zeitliche Befristung der Gewährleistung oder Testaktivitäten. Hier ist oft Kreativität gefragt.

Vielen Dank für das Gespräch, Herr Schmit.

4 Werkzeuge für den IT-Verkaufsberater

In diesem Bereich des Buches füllen wir Ihren Werkzeugkoffer. Sie finden hier eine Auswahl der wichtigsten Werkzeuge, speziell angepasst an die Besonderheiten des IT-Verkaufs.

Übersicht über die Werkzeuge:

1. **Gutes Timing im Verkaufsprozess**
   Was ist wann wichtig?

2. **Kundennutzen darstellen**
   Wie Sie den Wert Ihrer Leistung für den Kunden greifbar machen können.

3. **Fragetechnik für Verkaufsberater**
   Die wichtigsten Fragetechniken und ihr Platz im Verkaufsprozess

4. **»Agile« Projektpläne**
   Wie Sie auch in unklaren Projekten klare Strukturen erstellen.

5. **Mit Einwänden umgehen**
   Wie Sie herausfinden, ob der Kunde wirklich meint, was er sagt.

6. **Stakeholder-Management**
   Wie Sie mit den vielen Beteiligten in großen Projekten umgehen.

7. **Verhandlungstipps für Verkaufsberater**
   Die besten Tipps zur Verhandlungsführung, die sich leicht anwenden lassen

8. **»Zu teuer!«**
   Keine Angst mehr vor der berüchtigten Reaktion auf den Preis

4.1 Werkzeug 1:
Gutes Timing im Verkaufsprozess

Die Wünsche des Kunden ändern sich im Laufe des Verkaufsprojektes

Was will der Kunde? Wie wir in diesem Buch bisher ausführlich untersucht haben, kommt das sehr auf den Kunden an.

Eine wichtige Komponente gibt es aber trotzdem, die fast universell auf alle Kunden wirkt – nämlich das Timing im Verkaufsprozess. Damit ist gemeint, dass den Kunden unterschiedliche Dinge interessieren, je nachdem, an welcher Stelle er sich gerade im Verkaufsprozess befindet: zu Beginn, mittendrin oder kurz vor dem Abschluss.

Da sich die Prioritäten des Kunden während des Verkaufsprojektes verschieben, müssen wir flexibel darauf reagieren. Welche Informationen sind für den Kunden daher in welcher Phase besonders interessant?

In der folgenden Tabelle sind die Prioritäten in den einzelnen Phasen gelistet:

	Anfangsphase	Entwicklungsphase	Abschlussphase
hohes Interesse	Nutzen	Risiko	Preis
mittleres Interesse	Preis Anbieter	Anbieter	Anbieter Risiko
geringes Interesse	Risiko	Nutzen Preis	Nutzen

Anfangsphase

Dazu zählt das Erstgespräch sowie mögliche weitere Gespräche, in denen Sie Ihre Lösung vorstellen und an die Bedürfnisse des Kunden anpassen.

Der Nutzen bekommt am meisten Aufmerksamkeit: Der Kunde will wissen, ob die Leistung einen wesentlichen Nutzen erbringt, der im attraktiven Verhältnis zum Preis steht.

Etwas weniger wichtig, aber immer noch signifikant ist der Preis. Oder besser gesagt: das Nutzen-Kosten-Verhältnis. Die Höhe des Preises selbst ist vor allem deswegen wichtig, weil der Kunde einschätzen will, ob er sich das Projekt überhaupt leisten kann.

Auch für den Anbieter selbst interessiert sich der Kunde in dieser Phase: Ist der Partner seriös und leistungsfähig – oder stiehlt er nur meine Zeit?

Im Moment noch von geringem Interesse für den Kunden ist das Projektrisiko: Natürlich schielt der Kunde bereits mit einem Auge auf mögliche Konsequenzen bei einer Implementierung – davon ist er jedoch zu diesem Zeitpunkt noch mehrere Schritte entfernt.

Einige solide Referenzen und Erfolgsstories bei anderen Kunden können bereits ausreichen, um den Kunden vorerst zu befriedigen.

Entwicklungsphase

Diese Phase erreichen Sie nur, wenn Sie den Kunden davon überzeugen konnten, dass Ihr Angebot für ihn sinnvoll ist. Nun folgen weitere Gespräche, vielleicht auch Tests, Demonstrationen und Pilotinstallationen.

In dieser Phase geht es nun zur Sache. Damit wird plötzlich das Projektrisiko zum Thema. Der Kunde will einschätzen können, wie einfach oder kompliziert das Projekt wird. Dabei bezieht er auch die Details im Unternehmen mit ein, auf die der Verkaufsberater keinen Einfluss hat (z.B. interne Ressourcenkonflikte).

Mittelwichtig ist für den Kunden nun der Anbieter. Dass dieser grundsätzlich die Leistung erbringen kann, davon hat sich der Kunde bereits in der Anfangsphase überzeugt. Nun interessiert ihn vor allem die Motivation des potenziellen Lieferanten und die Fähigkeit, den Kunden bei der Umsetzung bestmöglich zu unterstützen.

Kaum von Interesse ist in dieser Phase der Nutzen, denn davon hat sich der Kunde ebenfalls bereits überzeugt. Es kann allerdings sein, dass neue Stakeholder hinzukommen, die der Verkaufsberater erneut überzeugen muss.

Auch nicht im Fokus des Interesses steht der Preis. Die grundsätzliche Finanzierbarkeit scheint gegeben und über die Details will sich der Kunde erst unterhalten, wenn alle anderen Fragen geklärt sind.

Abschlussphase

Die Fragen des Nutzens und der Umsetzung sind weitgehend geklärt. Der Kunde beschäftigt sich nun, ob er eine finale Entscheidung über die Anschaffung treffen soll.

Erwartungsgemäß zu einem wichtigen Thema wird nun der Preis. Nachdem viele der anfänglichen Unklarheiten beseitigt worden sind, schlägt nun die Stunde der Wahrheit: Wie hoch ist die Investition des Kunden?

Neben der absoluten Zahl bewegt den Kunden die Frage, ob er ein faires Angebot bekommt – oder über den Tisch gezogen wird. Daher versucht der Kunde meist auch Alternativangebote zum Vergleich zu bekommen.

Von Bedeutung ist auch das Risiko des Kunden. Zwar ist an dieser Stelle bereits geklärt, dass das Projekt wohl machbar ist, aber kurz vor der Entscheidung kann bei komplexen, risikoreichen und teuren Herausforderungen Panik beim Kunden ausbrechen. War er bisher immer noch in der Evaluierung, überschreitet er nun den »Point of no Return«.

Aus demselben Grund schielt der Kunde auch immer wieder auf den Anbieter: Steht dieser wirklich zum Kunden oder will er doch nur den Projektabschluss? Ist der Anbieter »kompatibel« und wird er im Notfall den Kunden nach vollen Kräften unterstützen oder gibt es ungeklärte Interessenkonflikte?

Der Nutzen interessiert den Kunden zu dieser Zeit nicht mehr: Wenn der Nutzen an diesem Punkt noch eine wichtige Frage ist, dann ist im Verkaufsprozess etwas falsch gelaufen.

Was bedeutet das für Sie als Verkaufsberater?

- Konzentrieren Sie sich in jeder Phase auf die Informationen, die der Kunde vermutlich am dringendsten benötigt. Beispielsweise sind Implementierungsdetails oder Fragen der Finanzierung und des Supports im Erstgespräch verfrüht und verwirren den Kunden mehr, als dass sie helfen (außer der Kunde fragt explizit danach). Konzentrieren Sie sich stattdessen darauf, den Kundennutzen möglichst klar zu definieren.
- Viele Verkaufsberater versuchen in Ihren Unterlagen und Präsentationen alle Aspekte unterzubringen. Sie haben nämlich die Erfahrung gemacht, dass sich irgendwann einmal ein Kunde ganz besonders genau für diesen Aspekt interessiert hat. Das Problem ist, dass diese Präsentationen dadurch viel zu umfangreich werden und Informationen zur Verfügung stellen, die erst später wichtig werden. Versorgen Sie daher den Kunden gezielt mit den Informationen, die dem aktuellen Timing entsprechen. Es gibt einen Unterschied zwischen »das ist alles wichtig« und »das ist alles jetzt sofort wichtig«.
- Wundern Sie sich nicht, wenn sich der Kunde für bestimmte Aspekte, die bisher besonders wichtig waren, plötzlich nicht mehr interessiert. Wenn beispielsweise der Nutzen für den Kunden geklärt ist, hakt er das Thema ab und konzentriert sich auf Fragen zum Projektrisiko. Das ist eine gute Nachricht für Sie, denn daran erkennen Sie, dass das Projekt sich gut entwickelt. Umgekehrt sind Fragen, die dem Timing widersprechen (z. B. Diskussionen über den Produktnutzen in der Abschlussphase), verdächtig: Ist das eine reine Verhandlungstaktik oder gibt es plötzlich ein Problem?

▨ Verwechseln Sie das Kundenrisiko der Entwicklungsphase nicht mit der in der Abschlussphase. Letztere ist meist eine emotionale Reaktion darauf, dass der Kunde nun einen entscheidenden Schritt macht, den er nicht mehr leicht rückgängig machen kann. Es ist daher auch wichtiger, ihm Backup- und Notfallszenarien anzubieten, als erneut den Projektplan durchzugehen, um die riskanten Phasen zu besprechen.

Hinweis: Das erste Mal habe ich das Konzept des Verkaufs-Timings mit unterschiedlichen Kundeninteressen bei Michael Bosworth entdeckt. Sein Modell habe ich auf die Bedürfnisse des IT-Verkaufs zugeschnitten und weiterentwickelt. Das Ergebnis ist das hier vorgestellte Modell.

4.2 Werkzeug 2: Kundennutzen darstellen

Den Nutzen seiner Leistung darzustellen, ist eine der wichtigsten Aufgaben eines Verkaufsberaters. In manchen Fällen ist der Nutzen dem Kunden sehr klar. Häufig ist das jedoch nicht der Fall, besonders bei Dienstleistungen oder komplexen Systemen.

Die besten Methoden, um auch in solchen Fällen den Nutzen für den Kunden konkret zu machen, werden in den nächsten Abschnitten vorgestellt:

▨ Nutzen aus dem Produkt oder der Dienstleistung berechnen
▨ Nutzen »übersetzen«
▨ Nutzen aus Vergleichen und Alternativen ableiten

Variante 1:
Der Nutzen ergibt sich aus dem Produkt oder dem Service direkt

---

Beispiel für Kundennutzen aufgrund frei werdender Arbeitskraft

Angenommen, durch Ihr System sind Systemadministratoren in der Lage, in derselben Zeit 200 Server zu betreuen, während diese bisher nur 150 Server betreuen konnten.

Ein Kunde, der 600 Server betreibt, könnte daher in Zukunft mit 3 statt mit 4 Administratoren zurechtkommen und die damit frei gewordene Arbeitskraft mit anderen Aufgaben betrauen.

Akzeptiert der Kunde dieses Szenario, ergibt sich für ihn der Nutzen direkt aus der damit verfügbaren Arbeitskraft. Das können die damit verbundenen Personalkosten sein inklusive aller Nebenkosten.

Vielleicht sucht der Kunde zur gleichen Zeit händeringend nach guten Fachkräften. In diesem Fall ist der Nutzen für den Kunden sogar noch höher, weil er eine erfahrene Fachkraft direkt zur freien Verfügung bekommt, statt diese am Arbeitsmarkt rekrutieren und integrieren zu müssen. →

Beispiel für Kundennutzen aufgrund frei werdender Arbeitskraft

Arbeitet der Kunde im 24-Stunden-Schichtbetrieb, dann multipliziert sich der Effekt sogar mit der Anzahl der Schichten und möglicherweise gibt es noch weitere Zusatzeffekte, weil auch am Wochenende weniger Mitarbeiter bereitstehen müssen.

Der Gesamtnutzen des Systems beläuft sich auf die Summe dieser Ersparnisse multipliziert mit der geplanten Laufzeit des Systems.

Kalkuliert ein Unternehmen die Kosten eines entsprechenden Mitarbeiters inklusive aller Neben- und Gemeinkosten beispielsweise auf 5.000€ pro Monat, dann ergibt sich eine Einsparung von 60.000€ pro Jahr oder von 180.000€ in drei Jahren (der typischen Abschreibungszeit von IT-Technologien).

Im Zweischichtbetrieb verdoppelt sich die Ersparnis, im 24/7-Betrieb können Sie von einem 5- bis 10-Fachen dieser Einsparungen ausgehen (je nach Besetzungsgrad in den Nacht- und Wochenenddiensten).

Beispiel für Kundennutzen aufgrund von Profitpotenzial

Ein IT-Systemhaus möchte einen lukrativen Auftrag an Land ziehen und ist dafür auch bestens positioniert. Was diesem Unternehmen fehlt, ist allerdings eine besondere Softwarekomponenten, die spezielle mathematische Berechnungen bereitstellt.

Das Systemhaus sieht sich außerstande, diese Komponente in der gewünschten Zeit selbst zu entwickeln. Ihr Unternehmen bietet diese Komponente an und Sie könnten diese dem Unternehmen in einfacher Weise zur Verfügung stellen.

Wie hoch ist der Nutzen oder Wert Ihrer Software?

Der Wert dieser Komponente wird durch den Wert des Projektes bestimmt, das das IT-Systemhaus durch die Partnerschaft mit Ihnen realisieren könnte.

Schätzt das Unternehmen das Profitpotenzial ihres eigenen Projektes auf 50.000€, wird es bereit sein, einen bestimmten Teil dieses Profits an Sie für die fehlende Komponente abzugeben.

Wie hoch dieser Anteil ist, hängt dabei vor allem von Ihrem Verhandlungsgeschick ab (und von Ihrem Wissen über den Wert des Projektes Ihres Kunden).

Am zweiten Beispiel lässt sich gut erkennen, dass der Nutzen und damit der Wert Ihrer Leistung stark davon abhängt, was der Kunde damit macht.

Im obigen Berechnungsfall sind vielleicht 15.000€ ein angemessener Preis für Ihre Komponente. Der Wert könnte jedoch auf ein Vielfaches steigen, wenn der Kunde sein eigenes Profitpotenzial in diesem Projekt auf 500.000 € statt auf 50.000€ schätzt.

Umgekehrt ist es unwahrscheinlich, dass Sie 15.000€ erhalten werden, wenn der Kunde selbst nur 10.000€ Profit aus seinem Projekt schlagen kann. Hier wäre vermutlich 3.000€ ein fairer Preis für Ihre Komponente.

Beachten Sie, dass es sich bei all diesen Varianten immer um ein und dieselbe Softwarekomponente handelt. Der Preis, der für den Kunden akzeptabel ist, hat also im Grunde nichts mit dem Aufwand zu tun, den Sie in die Entwicklung gesteckt haben.

Vielleicht haben Sie die Software sogar im Zuge eines früheren Kundenprojektes bereits fix und fertig entwickelt. Theoretisch könnten Sie daher die Software sogar verschenken, ohne einen Verlust zu erleiden. Dies wäre natürlich kaufmännisch unklug.

Natürlich ist es nicht immer möglich, die nötigen Details von Ihrem Kunden zu erfahren. Im Gegenteil, dieser wird sich hüten, Ihnen mitzuteilen, dass Ihre Software die einzige noch fehlende ist, um eine halbe Million Profit zu machen. Der Kunde würde vermuten, dass Sie sofort den Preis erhöhen werden (und hat damit auch recht).

In manchen Fällen ist der Kunde auskunftsbereit – in anderen Fällen können Sie selbst nur Vermutungen anstellen oder schätzen. Ebenso können Sie natürlich gezielt jene Kunden ansprechen, die die Voraussetzungen für einen Mehrwert Ihrer Leistung besonders gut erfüllen.

So ist im ersten Beispiel Ihr System, das es Administratoren ermöglicht, mehr Server zu betreuen als bisher, für Kunden mit weniger als 150 Servern kaum interessant. Denn Ihr System wird dann nicht dazu führen, dass eine vollständige Arbeitskraft frei wird. Vielleicht gewinnt der derzeitige Mitarbeiter eine oder zwei Stunden Zeit, diese Ersparnis ist jedoch für viele Kunden zu gering, um hohe Investitionen zu tätigen und den Betrieb umzustellen.

Umgekehrt sind Kunden mit großen Serverfarmen und vor allem Kunden mit 24/7-Betrieb besonders interessant.

Die wahren Projektkosten

Wenn Sie als Anbieter Kosten und Nutzen für Ihre Kunden kalkulieren, dann müssen Sie Klarheit über die Kostenstruktur Ihrer Kunden haben.

Hier ein Beispiel einer ausführlichen Kostenrechnung bei der Anschaffung eines IT-Systems:

Kostenart	in €
einmalige Anschaffungskosten	50.000
Lizenzkosten pro Jahr (50€ pro Monat und Mitarbeiter, 30 Mitarbeiter)	18.000
Berateraufwand für Anpassungen (20 Tage à 1.000€)	20.000
Hardwarekosten	12.000
ergibt: Kosten aus dem Angebot des Anbieters (Summe)	**100.000**
Zusätzliche interne Kosten:	
Eigener Entwicklungsaufwand sowie Aufwand für Informationsbereitstellung inklusive Opportunitätskosten (Mitarbeiter stehen nicht für andere Geschäftstätigkeiten zur Verfügung) 10 Tage à 500 € (kalkulatorische Kosten der MA)	5.000
Internes Projektmanagement, Kommunikation und Koordinationskosten 10 Tage (kalkulatorisch)	5.000
Arbeitsausfall Mitarbeiter für Schulung auf die neuen Programme 2 Tage, 30 Mitarbeiter (kalkulatorisch)	30.000
Arbeitsausfall Mitarbeiter während der Umstellung und Einarbeitung (Produktivitätsverlust 20% über 10 Tage, 30 Mitarbeiter, kalkulatorisch)	30.000
Erhöhter Aufwand im IT-Support für Installation der Programme, Support der Mitarbeiter und Fehlerbehebung 5 Tage (kalkulatorisch)	2.500
Einmaliger Aufwand im IT-Betrieb (Konfiguration des Monitoringsystems, der IT-Security-Programme, Netzwerkfreigaben, extra Tests während der Umstellung, Einrichtung Backups und Fail-over-Systeme) 8 Tage (kalkulatorisch)	4.000
Update der betroffenen Prozesse sowie Dokumentation (Training neuer Mitarbeiter, IT-Change-Prozess, Notfallprozesse, Alarmdokumentation, 1st-Level-Support) 15 Tage (kalkulatorisch)	7.500
Gesamtkosten intern (kalkulatorisch)	**84.000**

Wie das Beispiel zeigt, sind die substanziellen Kosten an den Anbieter noch nicht alles. Die internen Aufwände und die Kosten für die an das Projekt gebundenen Arbeitskräfte können diese noch wesentlich steigern und sind nicht selten höher als die Kosten für die Leistungen des Anbieter.

Variante 2:
Sie »übersetzen« und konkretisieren den Nutzen

In manchen Fällen hat der Kunde zwar eine grobe Vorstellung seines Nutzens, aber wie hoch dieser Mehrwert nun wirklich ist, darüber herrscht Unklarheit.

Das Risiko bei unklarem Mehrwert:

Wenn Sie einen unklaren Mehrwert einem sehr klaren Preis gegenüberstellen, dann erhöhen Sie damit schlagartig das Risiko für den Kunden – und mindern damit Ihre Chancen für einen Abschluss. Denn der Kunde spürt in diesem Moment, dass er sich nun auf Euro und Cent festlegt und gleichzeitig nicht genau weiß, was er letztlich davon haben wird. Häufig rettet sich der Kunde in diesem Moment in das »Zu teuer!«.

Gerade IT-Dienstleistungen sind anfällig für das Problem »unklarer Nutzen«. Daher ist es gerade dort besonders wichtig, den Mehrwert gemeinsam mit dem Kunden sauber herauszuarbeiten.

Dazu gehen Sie in drei Schritten vor:

1. Kritische Punkte finden
2. Möglichst quantifizierbare Größen festlegen
3. Mehrwert gemeinsam berechnen

Das folgende Fallbeispiel illustriert die Vorgangsweise:

Fallbeispiel:
Unterstützung bei der Einführung eines IT-Change-Managements

Verkaufsberater (VB): Schönen Guten Tag, Herr Kaiser. Fein, dass das mit dem Termin so rasch geklappt hat. Sie erwähnten am Telefon, dass Sie gerne Ihr IT-Change-Management optimieren wollen, habe ich Sie da richtig verstanden?

Kunde (K): Genau darum geht es. Wir haben letztes Jahr bereits das IT-Change-Management gemeinsam mit anderen IT-Managementprozessen eingeführt, um mehr Stabilität in den EDV-Betrieb zu bekommen. Viele der Prozesse laufen ganz gut, aber mit dem Change Management bin ich noch nicht zufrieden. Daher suche ich nach Unterstützung, um diesen Prozess zu optimieren.

VB: Ich verstehe. Wo genau sehen Sie denn die aktuellen Schwächen des Prozesses?   →

K: Das ursprüngliche Ziel, mehr Stabilität in den EDV-Betrieb zu bekommen, haben wir nur teilweise erreicht. Immer noch passieren Dinge, die ein solider Change-Prozess vermeiden sollte. Beispielsweise, dass neue Softwareversionen ausgerollt werden, obwohl es dabei zu Konflikten mit anderen Softwareupdates kommt. Ebenso ist die Koordination der Aktivitäten noch nicht zufriedenstellend. Immer wieder kommt es vor, dass an manchen Tagen Hochbetrieb herrscht, während zu anderen Zeiten nichts los ist. Natürlich lässt sich das nicht vollständig vermeiden, aber ich bin sicher, dass wir hier eine deutlich bessere Verteilung erreichen könnten.

Außerdem bin ich unzufrieden mit der Geschwindigkeit des Prozesses. Das dauert alles viel zu lange.

VB: Welches dieser drei Probleme stört Sie dabei am meisten?

K: Das ist von Tag zu Tag verschieden. Ich glaube, alle drei Probleme sind für mich gleich störend und ich hätte gerne alle drei gelöst.

Kommentar

Der Verkaufsberater hat nun drei Möglichkeiten, mit dem Kunden einen möglichst konkreten Nutzen zu bestimmen.

- Die Konflikte in den Updates sind vermutlich am schwierigsten zu quantifizieren, da diese nicht regelmäßig auftreten und auch sehr unterschiedliche Auswirkungen haben.
- Die Koordinationskonflikte sind klarer darzustellen, aber auch nicht einfach zu bewerten. Es ist zweifellos nötig, hier den Umweg über Kennzahlen zu finden, was das Vorgehen verkompliziert.
- Die Geschwindigkeit des Prozesses hingegen ist am einfachsten zu messen und drückt sich direkt in Zeiten und Frequenzen aus, die vermutlich bereits bestimmt werden.

Der Verkaufsberater beschließt also vorerst, sich auf die Nutzenbestimmung über die verbesserte Geschwindigkeit zu konzentrieren und die beiden anderen Optimierungen als Zusatznutzen beizugeben.

Fallbeispiel (Fortsetzung):
Unterstützung bei der Einführung eines IT-Change-Managements

VB: Lassen Sie uns etwas detaillierter darauf eingehen, dass der Prozess Ihnen zu langsam abläuft. Wie erkennen Sie das?

K: Wie meinen Sie?

VB: Nun, Sie sind der Meinung, dass es viel schneller gehen könnte. Woran machen Sie fest, dass der Prozess derzeit nicht optimal läuft?

K: Es kann doch nicht sein, dass ein Change Request für einen Softwarepatch 4 Tage dauert von der Erstellung bis zur finalen Genehmigung.

Kommentar

Gerade Anbieter in der IT-Beratungsbranche werden häufig damit konfrontiert, dass der Kunde zwar unzufrieden mit der aktuellen Situation ist, aber nicht genau artikulieren kann, woran es genau liegt. Daher werden oft Allgemeinplätze formuliert (»das kann doch nicht so lange dauern«) oder Einzelfälle werden zur Illustration herbeigezogen (»letzten Monat hat das Board zwei Wochen für eine Entscheidung benötigt«).

Diese Situation beinhaltet gleichzeitig eine schlechte und eine gute Nachricht.

Die schlechte Nachricht ist, dass Sie jetzt geschickt und vorsichtig vorgehen müssen. Wenn Sie den Kunden damit konfrontieren, dass er selbst nicht weiß, was er wirklich braucht, oder ihm Fragen stellen, die er nicht beantworten kann, besteht das Risiko, dass der Kunde abblockt und die Beziehung beschädigt wird.

Die gute Nachricht ist, dass der Kunde Sie als guten Berater erkennen wird, wenn Sie es schaffen, ihm zu mehr Klarheit über seine Vorstellungen und Erwartungen zu verhelfen.

Der Verkaufsberater beschließt, an dem Geschwindigkeitsthema dranzubleiben und dort konkret zu werden.

Fallbeispiel (Fortsetzung):
Unterstützung bei der Einführung eines IT-Change-Managements

VB: Das ist in der Tat recht lange, besonders wenn der Change Request sehr wichtig ist. Passiert es ständig, dass so viel Zeit vergeht bis zur Genehmigung?

K: Ständig nicht, aber immer wieder. Abgesehen davon werden wir mit dieser Geschwindigkeit kaum mit dem Firmenwachstum mithalten können.

VB: Sie erwarten also ein Verschärfung der Situation in Zukunft und wollen daher jetzt in puncto Geschwindigkeit optimieren.

K: Ganz recht.

Der Verkaufsberater scheint auf dem richtigen Weg zu sein. Durch geschickte Fragetechnik hat der Kunde ihm weitere wichtige Hintergrundinformationen geliefert. Ebenso ist der Kunde beim Geschwindigkeitsthema geblieben, ohne die anderen Themen wieder anzusprechen – daher kann der Berater davon ausgehen, wirklich einen wichtigen Punkt getroffen zu haben.

Er beschließt daher, jetzt noch konkreter zu werden.

Fallbeispiel (Fortsetzung):
Unterstützung bei der Einführung eines IT-Change-Managements

VB: Wann erwarten Sie denn diese Verschärfung der Situation?

K: Das wird nicht lange auf sich warten lassen. Wir kommen ja schon heute kaum noch nach. Wenn das so weitergeht mit dem Wachstum, halten wir das höchstens noch 6 Monate durch.

VB: Damit Sie für die Zukunft in 6 Monaten gut aufgestellt sind – wie müssten sich die Durchlaufzeiten für die Change Requests denn verändern?

K: Das hängt natürlich von der Priorität ab. Wir haben derzeit 3 Prioritäten: Standard, Priority, Urgent. Priority ist für die wichtigen Projekte reserviert und Urgent für Sicherheitspatches oder Bugfixes im Livebetrieb.

VB: Das klingt nach einer vernünftigen Aufteilung. Lassen Sie uns das in einer Tabelle hier festhalten. Wir haben also jeweils eine aktuelle sowie eine Zieldurchlaufzeit für jede der drei Prioritäten. Haben Sie die Zahlen und die Anforderungen im Kopf oder sollen wir schätzen?

K: Also die Anforderungen sind mir klar. Urgent muss innerhalb von ein paar Stunden erledigt werden.

VB: Wie viele sollen wir festhalten? Zwei Stunden, vier, acht?

K: Zwei Stunden wäre schön, aber das ist nicht realistisch. Vier Stunden sollte erreichbar sein.
Priority hätte dann 8 Stunden, also einen Arbeitstag, und Standard 16 Stunden.

VB: Und wo stehen wir derzeit ca. mit den Durchlaufzeiten?

K: Ich habe die Werte nicht im Kopf, aber ich glaube, wir machen keinen großen Fehler, wenn wir für Urgent 6-8 Stunden angeben, Priority 2-3 Tage und Standard kann schon mal eine Woche dauern. Im Schnitt sind es vermutlich 4 Tage.

VB: Wenn Sie diese Zielwerte erreichen würden, können Sie dann die Anforderungen in 6 Monaten erfüllen?

K: Ja, das sollte gehen.

Kommentar

Der Berater hat jetzt viel erreicht. Er hat sehr konkrete Ziele festgelegt, an denen er selbst und auch der Kunde sich orientieren können.

Die Aufgabe wird überschaubar (Start- und Zielwerte sind bekannt) und das Wichtigste: Dem Verkaufsberater ist es gelungen, diese Leistung mit einem für den Kunden wichtigen Schritt in direkte Verbindung zu bringen: Der EDV-Leiter kann damit dem Unternehmen das weitere Wachstum sichern.

Der nächste Schritt ist nun, diesen Wert zu quantifizieren.

Fallbeispiel (Fortsetzung):
Unterstützung bei der Einführung eines IT-Change-Managements

VB: Ich kann im Moment natürlich noch keine Aussage darüber treffen, ob die Durchlauf-geschwindigkeit in dieser Größenordnung verbessert werden kann – dazu müsste ich wohl noch mit einigen Beteiligten sprechen. Grundsätzlich klingen diese Werte jedoch nicht unrealistisch – ich habe in vergangenen Projekten ähnliche Verbesserungen erzielen können.

Auch die 6 Monate klingen nach einem sportlichen, aber machbaren Zeitrahmen.

Erwarten Sie in dieser Zeit eine kontinuierliche Verschärfung der Anforderungen oder wird das eher sprungweise passieren?

K: Es wird eine leichte kontinuierliche Erhörung der Change Requests geben, aber in ca. 6 Monaten erwarte ich mir einen deutlichen Anstieg.

VB: Was ist die Ursache?

K: Wir erweitern derzeit wieder unsere Marktpräsenz und in einem halben Jahr werden vermutlich zwei neue Länder dazu kommen, die wir bedienen. Das bedeutet mehr Kunden, mehr Applikationen, mehr Volumen.

VB: Das klingt gut für das Unternehmen, aber auch herausfordernd für Sie und die Abteilung. Ist das eine große Erweiterung oder haben Sie Ähnliches schon mehrmals gemacht?

K: Wir haben schon öfters ein neues Land angebunden. Aber diesmal sind es gleich zwei Länder auf einmal und mit Italien ist ein sehr großes Land dabei. Da wird schon ein Ruck passieren.

VB: Damit ich eine ungefähre Größenordnung habe – von wie viel mehr gehen Sie da aus?

K: Über Kunden und Umsatz kann ich Ihnen nicht viel sagen – das ist natürlich vertraulich. Wichtig ist für uns, wie viel mehr Daten wir abwickeln müssen, und ich schätze, dass die Anzahl der Transaktionen um ca. 20% zunehmen wird. Erfahrungsgemäß wachsen die Change Requests ungefähr im gleichen Verhältnis mit.

Kommentar

Dem Verkaufsberater ist damit fast eine Punktlandung geglückt. Obwohl er den Wert der Leistung nicht selbst in Euro festlegen kann, ist es ihm gelungen, seinen Dienst in einen direkten Zusammenhang mit einer großen Geschäfts-erweiterung zu bringen. Er kann seinen Nutzen also ausdrücken: »Meine Leistung stellt sicher, dass Sie Ihr Geschäft in 6 Monaten solide um 20% erweitern können.«

Jeder Manager des Unternehmens kann diesen Nutzen gut bewerten.

Mit ein wenig Recherche wird der Berater auch die Größenordnung der Geschäftserweiterung ermitteln können – allerdings dürfte dies nicht nötig sein, denn im Vergleich zum Nutzen wird sich die Leistung des Beraters auch bei komfortabler Kalkulation gut rechnen.

Statt seine Leistung ganz generell als »Optimierung des IT-Change-Management-Prozesses« zu verkaufen bietet er nun an, dass er sicherstellt, dass der IT-Betrieb fit für die Wachstumspläne des Unternehmens ist.

In diesem Vergleich (Wachstumssicherung statt Prozessoptimierung) wird das Honorar des Experten deutlich vorteilhafter ausfallen.

In Kapitel 5 »Übungen« zeige ich Ihnen in einem weiteren Fallbeispiel, wie Sie komplexe Beratungsleistungen darstellen können und wie ein entsprechendes Angebot aussehen könnte.

Variante 3:
Sie finden konkrete Vergleichswerte für den Kundennutzen

Besonders schwierig wird es bei der Festlegung des Kundennutzens, wenn es dem Kunden um Leistungen geht, die per Definition schwammig sind wie Image, Design, Benutzerfreundlichkeit, Innovation, Sicherheit, Zukunftsfitness und dergleichen.

In diesen Fällen bieten sich Vergleiche an, mit denen der Kunde bereits vertraut ist: Alternativen, bisherige Aktivitäten, Ersatz.

Die »Zauberformel« lautet in diesem Falle:

> *» Was müssten Sie tun, falls wir unser Ziel nicht erreichen können? Und was würde das kosten?«*

Beispiele:

- Ein besseres Webshopdesign soll Ihre »Conversion Rate« – also den Teil der Besucher, die auch wirklich kaufen – um 50% erhöhen. Alternativ dazu müssten Sie wohl 50% mehr Besucher durch Onlinemarketing auf Ihre Webseite locken. Wie hoch schätzen Sie die Kosten für eine derartige Online-Marketingkampagne?
- Derzeit lösen Sie das Problem der vielen Supportanfragen durch zusätzliche externe Mitarbeiter in Ihrem Helpdesk. Wenn Sie stattdessen unser IT-Prozesstraining für alle Mitarbeiter einführen würden, könnten Sie einen Teil dieser Kräfte einsparen oder für andere Tätigkeiten einsetzen. Welcher Kostenvorteil würde denn dabei entstehen?

Sie sagen, durchschnittlich dreimal im Jahr geht einem der Mitarbeiter der Zugangscode und die dazu passende Chipkarte verloren. Das kann bei unserem biometrischen System nicht passieren. Aktuell ändern Sie in so einem Fall alle Passwörter und beschreiben auch alle Karten aller Mitarbeiter neu. Wie hoch würden Sie diesen gesamten Aufwand beziffern, inklusive des Aufwands alle Karten einzusammeln und neu zu verteilen?

Die folgende Fallstudie demonstriert eine kreative Variante:

Fallstudie:
Benutzerfreundliches Softwaredesign

Verkaufsberater (VB): Danke für die Einladung in Ihr Unternehmen. Ich freu mich, dass ich hier bin.

Kundin (K): Ganz meinerseits. Ich habe mir letztens nach Ihrem Vortrag über das Usability Design einfach gedacht, dass ich Sie mal anspreche. Vielleicht können Sie ja etwas für uns tun.

VB: Das klingt gut. Woran denken Sie denn dabei?

K: Sehen Sie, unser Team hier entwickelt eine neue Art von Finanzsoftware für Kleinbetriebe. So eine Art Buchhaltung, Controlling, Finanzmanagement in einem. Funktionalität, Paketumfang und natürlich die Kosten sind auf die Zielgruppe der Selbstständigen und Kleinunternehmen zugeschnitten.

VB: Spannend. Ich glaube, so etwas könnte ich selbst auch gebrauchen.

K: Ja, die Erfahrung haben wir schon oft gemacht. Die existierende Software am Markt ist entweder viel zu umfangreich oder zu kompliziert für die Bedürfnisse der Kleinunternehmen. In diese Nische wollen wir. Und zu dem Konzept gehört daher auch die einfache Bedienung. Unsere Anwender sind ja keine Experten und wollen auch keine Zeit damit verbringen, sich mit der Software auseinanderzusetzen. Der typische Unternehmer beschäftigt sich ja nur einmal im Monat mit seinen Finanzen und nicht jeden Tag wie ein professioneller Buchhalter.

VB: Das leuchtet mir ein. Glauben Sie, dass die gute Benutzerführung ein wesentliches Plus für Ihr Produkt darstellen würde?

K: Das glauben wir auf jeden Fall, vermutlich sogar eines der wichtigsten. Die Kunden werden die Software kaum nach den einzelnen Funktionen auswählen, weil sie ja keine Experten sind. Im Zweifelsfall greifen sie sicher zur Software, die ihnen am einfachsten erscheint.

VB: Das klingt ja nach einer guten Basis für eine Zusammenarbeit, oder?

K: Davon bin ich überzeugt. Gleichzeitig sind wir selbst ein Start-up. Ich glaube nicht, dass wir uns einen Experten wie Sie für ein komplettes Softwaredesign leisten können. Es geht hier ja um eine ganze Menge von Funktionen, das sind sicher Wochen, wenn nicht Monate an Arbeit, das alles zu designen.

Kommentar

Bis hierher hat sich die Kundin die Leistung selbst verkauft – der Verkaufsberater musste ihr nur aus dem Weg gehen. Leider scheint das Projekt auf eine unüberwindbare Hürde zu stoßen – es gibt kein Geld.

Der Verkaufsberater will trotzdem nicht so rasch aufgeben.

Fallstudie (Fortsetzung):
Benutzerfreundliches Softwaredesign

VB: In der Tat hört sich so ein umfassendes Softwarepaket nach einem guten Stück Arbeit an. Aber lassen Sie uns vorerst die Finanzierung etwas aufschieben.

Wie bezahlen Sie denn Ihre Entwickler – und wovon leben Sie?

K: Ich finanziere meine Leistung in diesem Projekt, indem ich selbst die Buchhaltung und das Finanzmanagement für drei weitere Kleinunternehmen erledige. Damit komme ich gerade so über die Runden und kann doch noch jeden Tag einige Stunden in dieses Projekt investieren. Dann gibt es noch meinen Geschäftspartner, der ebenfalls an der Gesellschaft beteiligt ist. Er ist wieder bei seinen Eltern eingezogen, um sich die Miete zu sparen. Aber ich glaube, außer zum Duschen und Schlafen geht er nie nach Hause und arbeitet praktisch ständig hier an dem Projekt.

Dann haben wir noch zwei weitere Mitarbeiter, die die Entwicklung unterstützen.

VB: Wie bezahlen Sie die denn?

K: Diese finanziert ein privater Investor. Er erhält dafür eine Gewinnbeteiligung am Produkt. Er bezahlt die Entwickler aber direkt aus seiner Gesellschaft. Um genau zu sein, sind es demnach die Entwickler des Investors, aber sie arbeiten ausschließlich hier bei uns. Ich glaube, sie kennen den Investor gar nicht persönlich.

VB: Der Investor ist ja offenbar bereit, die Entwickler zu bezahlen. Halten Sie es für ausgeschlossen, dass er noch etwas Geld für einen Designer drauflegt?

K: Für ausgeschlossen halte ich es nicht, aber auch nicht für sehr wahrscheinlich. Er ist ein Ingenieur der alten Schule. Wir hatten schon Schwierigkeiten, ihm zu erklären, warum wir unser Firmenlogo und die Webseite von einem Profi designen lassen wollten. Beides hat ihm zwar schlussendlich gut gefallen, aber ich vermute, er glaubt immer noch, dass das rausgeschmissenes Geld war. Ich habe wirklich keine Vorstellung, wie ich ihm die Sinnhaftigkeit von benutzerfreundlichem Design beibringen soll.

VB: Sollte ich einmal mein Glück bei ihm versuchen? Bei Ihnen habe ich es ja auch geschafft.

K: Ich glaube, damit tun wir uns keinen Gefallen. Unser Investor ist ein sehr korrekter Mann – aber auch sehr misstrauisch. Es hat wirklich lange gedauert, bis wir ihn von einem Investment überzeugen konnten. Hätten wir eine Alternative gehabt, hätten wir ihn lange vorher abgeschrieben.

Kommentar

Der Verkaufsberater hat eine Geldquelle gefunden, die offenbar auch potent genug wäre, um einen umfangreichen Auftrag zu finanzieren. Dem Verkaufsberater wird damit klar, dass der tatsächliche Kunde dieser Investor ist und nicht die Dame, mit der er bisher Kontakt hatte.

Leider scheint es, dass der Verkaufsberater keine Gelegenheit bekommen wird, direkt Kontakt aufzubauen und dass die Leistung dort keinen positiven Ruf hat.

Der Berater zielt daher darauf ab, die Kundin (wir bleiben bei der Bezeichnung) zur internen Verkäuferin seiner Leistungen zu machen. Es gilt jetzt, noch das passende Nutzenargument zu finden.

Fallstudie (Fortsetzung):
Benutzerfreundliches Softwaredesign

VB: Sie meinten, dass die Kunden eine gut durchdachte Benutzerführung als sehr wertvoll empfinden würden. Warum glauben Sie, dass Ihr Investor gelungene Benutzerführung nicht schätzt?

K: Oh, das glaube ich gar nicht. Ich bin mir umgekehrt sogar sicher, dass es ihm gefallen wird, genau wie ihm das Logo und die Webseite gefallen haben. Die Schwierigkeit wird nur werden, ihn davon zu überzeugen, für das Bedienungsdesign Geld auszugeben. Für ihn ist Design Kosmetik. Macht hübsch, aber nicht besser. Investieren wird er dafür nicht wollen.

VB: In das Logo und die Webseite hat er doch auch investiert.

K: Das war eine Bekannte von uns, die uns letztlich das Design zu einem Pappenstiel entworfen hat für das Versprechen, dass sie danach eine Gratisversion der Software und aller Updates bis an ihr Lebensende bekommt. Ich glaube, mit dem Geld, das diese Bekannte für das Gesamtpaket bekommen hat, werden wir Ihr Honorar nicht mal einen Tag lang bezahlen können. Und sogar dieses Geld war nicht leicht aufzutreiben.

VB: Ich verstehe. Ihr Investor scheint ein harter Verhandlungspartner zu sein.

K: Das ist er in der Tat. Andererseits ist er ein kompetenter und fairer Geschäftsmann. Vielleicht ist es zu viel verlangt, dass er auch einen Sinn für gutes Design hat.

VB: Wie hat sich Ihr Investor denn den Vertrieb Ihres Produktes vorgestellt?

K: Ganz klassisch mit Werbung in zielgruppenrelevanten Medien.

VB: Und diese Kampagne würde er finanzieren?

K: Das Geld dafür ist bereits reserviert. Es gibt ein Budget für die Entwicklung und eines für Werbung.

VB: Und in Werbung zu investieren, ist für Ihren Investor kein Problem?

K: Gar keines. Offenbar ist er genau so zu seinem Vermögen gekommen. Er hat Apparate entwickelt und mit viel Werbung unter die Leute gebracht.   →

VB: Dann kennt Ihr Investor offenbar die Kosten und Wirkung von Werbung sehr gut.

K: Davon können Sie ausgehen. In diesem Punkt ist er sogar recht fortschrittlich. Er hat sich durchaus mit Suchmaschinenwerbung, Blogs und Social Media als Werbeträgern auseinander gesetzt und sie mit klassischen Medien in puncto Reichweite, Glaubwürdigkeit und Kosteneffizienz verglichen. Ich halte ihn diesbezüglich für sehr kompetent.

VB: Nun, wie wäre es dann, wenn wir ihm das Benutzerdesign nicht als Entwicklungsleistung für die Software, sondern als Werbung vorstellen? Offenbar gibt es dort noch ein leistungsfähiges Budget und Investitionswille.

K: Wie stellen Sie sich das vor?

VB: Sie haben es doch vorhin selbst gesagt. Die überragende Benutzerführung ist doch ein schlagendes Verkaufsargument. Ebenso ist es sicher das Argument, über das am liebsten berichtet wird. Wenn Ihre Software eine zusätzliche Buchhaltungsfunktion aufweist, werden Sie deswegen nicht in den Zeitschriften und Blogs für Kleinunternehmer landen. Mit einer der Konkurrenz deutlich überlegenen Benutzerführung schon. Ebenso werden Sie damit wesentlich leichter die Aufmerksamkeit der ganze Grafik- und Designbranche erreichen können – und das ist ein wesentlicher Teil Ihrer Zielgruppe.

K: Ich bin noch nicht sicher, worauf Sie hinauswollen.

VB: Wenn die Leute über Ihre Software reden, ist das nichts anderes als Werbung. Ein überlegenes Design- und Bedienungskonzept wird die Leute sicher viel eher zum Reden anregen als zusätzliche Funktionalität. Ich will damit sagen, dass meine Arbeit genauso gut als Investition in Werbung verstanden werden kann als auch in die Entwicklungsleistung. Für den Verkauf der Software ist die Wirkung meiner Arbeit der Werbung sogar viel ähnlicher.

K: Das leuchtet mir ein. Sie haben recht. Aber wird das ausreichen?

VB: Ich bin davon überzeugt, dass Ihre Software wesentlich mehr Aufmerksamkeit bekommen wird, wenn Sie gut designt ist. Sie sind darauf angewiesen, dass Ihr Produkt bekannt gemacht wird. Sie müssen daher die Aufmerksamkeit der Meinungsbildner erreichen. Und dazu ist Design sicher besser geeignet als Funktionalität.

K: Einverstanden. Aber wie viel ist das wert?

VB: Machen Sie Ihrem Investor folgendes Angebot: Ich berechne meine Arbeit nicht aufgrund der Tage, die ich investiere, sondern aufgrund der Aufmerksamkeit in den Medien, die wir dadurch erreichen. Ich bekomme einfach so viel Geld, wie Ihr Investor bezahlen müsste, um dieselbe Reichweite zu bekommen. Dabei müssen wir natürlich berücksichtigen, dass freiwillige Berichte und Artikel mehr wert sind als bezahlte Werbung, da ihre Glaubwürdigkeit höher ist.

K: Aber wenn niemand über uns schreibt, bekommen Sie auch nichts. Dieses Risiko wollen Sie eingehen? →

Fallstudie (Fortsetzung): Benutzerfreundliches Softwaredesign

VB: Zumindest teilweise. Die Hälfte des Honorars hätte ich gerne fix. Damit teilen wir uns das Risiko. Diese Vorgangsweise sollte Ihrem Investor vertraut sein. In der Werbung kalkuliert man ja auch, dass die Hälfte des Geldes sinnlos verpufft. Dafür bin ich auch bereit, nach oben ein Limit einzuziehen, sodass Ihr Investor nicht sein Budget sprengt, wenn wir besonders erfolgreich sind.

K: Das hört sich hervorragend an. Ich glaube, das ist ein Vorschlag, der ihm gefallen wird. Nein, ich bin sicher.

VB: Freut mich zu hören.

K: Ich werde ihn im Anschluss gleich anrufen und einen gemeinsamen Termin ausmachen.

Kommentar

Es bleibt offen, ob der Investor den Vorschlag auch so positiv aufnimmt wie die Kundin. Ebenso ist das entstandene kreative Geschäftsmodell nicht für jeden Fall geeignet – dazu muss der Verkaufsberater viel Erfahrung haben und unternehmerisch denken (und dies auch dürfen – als Angestellter könnte es schwierig werden, den Vorgesetzten von so einem Modell zu überzeugen).

Auf alle Fälle demonstriert die Fallstudie, wie es gelingen kann, durch einen Perspektivenwechsel und einen passenden Vergleich den Wert der eigenen Leistung ganz neu zu definieren: Statt des klassischen Verständnisses, dass professionelles »User Interface Design« eine Komponente des Softwaredesigns ist, positioniert der Verkaufsberater seine Leistung als Kostensenkungsmaßnahme für das Marketingbudget. Letzteres ist für den tatsächlichen Kunden (den Investor) eine wesentlich greifbarere Größe und damit steht der Preis in deutlich besserem Licht.

Nutzen personengerecht formulieren: Visionäre & Problemlöser

Die Psychologie lehrt, dass die Motivation von Personen aus unterschiedlichen Antrieben kommt. Eine Möglichkeit der Kategorisierung ist, diese Antriebe aufzuteilen in »*hin zu*« und »*weg von*«.

Das bedeutet, dass ein Teil der Menschen besonders von der Vorstellung inspiriert wird, etwas Bestimmtes, Positives zu erreichen oder zu ermöglichen (»hin zu«). Wir wollen diese Personen »*Visionäre*« nennen.

Der andere Teil fühlt sich hingegen besonders dadurch motiviert, bestehende Probleme aus der Welt zu schaffen und damit ihre Umgebung zu einem besseren Platz zu machen (»weg von). Wir nennen diese Personen daher »*Problemlöser*«.

Da Sie selten wissen, zu welcher Kategorie Ihr Kunde gehört, adressieren Sie am besten beide. Bringen Sie Ihr Nutzenversprechen sowohl in die Form einer »Hin-zu«-Vision als auch einer »Weg-von«-Variante:

Beispiel	Vision	Problemlösung
IT-Verkaufstraining	Mehr Verkaufsabschlüsse, mehr Umsatz	Weniger leere Kilometer, geringere Investition in erfolglose Projekte, geringere Fluktuation
User Interface Design	Attraktiveres Produkt, Qualitätsvorteil, Verkaufsvorteil	Weniger Supportanfragen, weniger Beschwerden, kein Hilfetexte nötig
Ticketsystem	Übersicht, Effizienz, einfache Koordination	Anfragen bleiben nicht liegen, Kosten werden transparent
Verbesserte IT-Architektur	Zukunftsfähig, flexibel, skalierbar	Weniger Aufwand für Bugfixes und Workarounds, mehr Stabilität

Wenn Sie beide Varianten nebeneinander anbieten, werden Sie meist feststellen, welche davon für Ihren Kunden attraktiver erscheint. Diese wird er hervorheben, wiederholen oder dazu mehrere Details erfragen. Sie können sich dann im weiteren Gespräch stärker auf diese Kategorie konzentrieren und mehr Argumente bringen, die dazu passen.

Dieses Vorgehen ist auch besonders gut geeignet, wenn Sie mehrere Personen gleichzeitig überzeugen wollen. Die Wahrscheinlichkeit ist hoch, dass sowohl »Hin-zu«- als auch »Weg-von«-Argumente das Interesse der verschiedenen Kunden wecken.

Der einen Person gefallen die neuen Funktionen und die damit verbundenen Möglichkeiten besonders gut, während die andere das leistungsfähige Supportmodell und die redundante Architektur attraktiv findet, weil damit bestehende Probleme gelöst werden.

> **Tipp:**
> **Was ist Ihr Kunde für ein Typ?**
>
> Wenn Sie ein guter Zuhörer sind, dann kann Ihnen folgender Trick helfen, dahinterzukommen, ob Ihr Gegenüber eher ein Visionär oder ein Problemlöser ist.
>
> Nachdem Sie erfahren haben, was dem Kunden bei Ihrer Leistung besonders wichtig ist, fragen Sie nach, warum dieses Kriterium so wichtig sei.
>
> Antwortet Ihr Kunde dann mit »Hin-zu«-Aussagen wie »Dann können wir unsere Umsatzziele erreichen« oder »Das wird unserem Produkt einen Vorteil vor dem Wettbewerb verschaffen«, dann haben Sie es vermutlich mit einem Visionär zu tun.
>
> Bekommen Sie hingegen »Weg-von«-Antworten wie »Damit können wir die Fehlerrate senken« oder »Dann können wir die ungeliebten handgeschriebenen Formulare abschaffen«, deutet das eher auf einen Problemlöser hin.
>
> Vorsicht: Es bedarf viel Übung und Erfahrung, dieses Instrument zielsicher anzuwenden. Viele Personen antworten auf die Fragen oft mit Aussagen, die nicht ihre eigenen sind und die sie vom Chef oder den Kollegen übernommen haben.
>
> Ebenso treffen Sie oft auf Gründe, die gut klingen, aber nicht die eigentlichen sind.
>
> Darüber hinaus sind nicht alle Antworten leicht zuzuordnen. »Wir haben dann mehr Sicherheit« klingt nach einer Vision, ist aber keine. Es geht um das Vermeiden des unsicheren Zustands.
>
> Daher gilt: Verlassen Sie sich nicht auf diesen Trick, sondern nutzen Sie ihn als weiteres Indiz.

4.3 Werkzeug 3: Fragetechnik für Verkaufsberater

Fragen sind das wichtigste Instrument des Verkaufsberaters. Fragen haben viele Vorteile:

- Wer fragt, bekommt Informationen. Das haben uns schon die Lehrer in der Schule eingetrichtert. Das Problem in der Schule war, dass wir Sorge hatten, durch Fragen vor den Mitschülern dumm da zu stehen. Offenbar glauben das auch heute noch immer viele Erwachsene. Auch Verkaufsberater verkneifen sich Fragen und hoffen, dass Sie die Informationen irgendwie anders erhalten werden.

  Natürlich erwartet Ihr Kunde, dass Sie ein Experte sind. Das bedeutet, dass Sie aus Informationen die richtigen Schlüsse ziehen können. Das bedeutet nicht, dass Sie Dinge wissen sollen, die Sie nicht wissen können.

- Fragen bauen Beziehung auf. Durch Fragen sorgen Sie dafür, dass der Kunde Gelegenheit bekommt, die Dinge an- und auszusprechen, die ihm wichtig sind. Genauso wichtig: Sie stellen damit sicher, dass Sie den Kunden nicht »zulabern«. Ihr Kunde wird außerdem das Gefühl haben, dass Sie zuhören können – eine wertvolle Eigenschaft für einen Verkaufsberater.
- Sie haben Zeit zum Überlegen, Nachdenken, Verstehen, Notizen machen. Je mehr Fragen Sie stellen, desto mehr werden Sie über den Kunden erfahren und desto eher werden Sie Muster in seinen Aussagen erkennen. Was ihm wichtig ist, welche Begriffe er verwendet, worauf er immer wieder hinweist. Ebenso werden Sie so leichter Widersprüche erkennen und damit Punkte, auf die Sie besonders gut achten sollen.
- Wer richtig fragt, der führt. Fragen sind das beste Werkzeug für die souveräne Gesprächsführung.
- Sie wirken kompetenter. Denken Sie an Personen, die Sie sehr schätzen und deren Urteil Sie vertrauen. Sind das Personen, die ständig reden und immer sofort wissen, was Sie meinen und was Sie sagen wollen? Oder stellen diese Personen Fragen und überlegen eine Zeitlang, bevor sie Ihnen eine Meinung zur Verfügung stellen?

Diese Vorteile von Fragen wirken alle auch außerhalb von Verkaufssituationen. Für Verkaufsberater können Fragen noch viel mehr. Einen der besonders wichtigen Vorteile will ich Ihnen ausführlich erläutern:

Mit geschickter Fragetechnik Kundeneinwänden vorbeugen

Wenn wir Fragen stellen, vermeiden wir, dass der Kunde mit uns zu argumentieren beginnt.

Wenn Sie sich mit Kunden in Debatten verstricken, steigen Sie regelmäßig als Verlierer aus, sogar wenn Sie die Debatte »gewonnen« haben.

Ob Sie nun mit Ihrem Kunden darüber diskutieren, ob Open Source günstiger ist als proprietäre Software, ob agile Methoden effizienter sind als konventionelle Vorgangsweisen, ob SaaS (Software as a Service) zukunftsträchtiger ist als klassische Installationssoftware oder ob ITIL, COBIT oder CMMI das beste Prozessmodell ist: Es gibt viele Argumente für alle diese Positionen und die Debatten darüber enden meist damit, dass jede der Parteien in ihrer eigenen Meinung gestärkt daraus hervorgeht. Was hingegen darunter leidet, ist die persönliche Beziehung. Das bedeutet für Sie als Verkaufsberater: Die Chancen auf einen erfolgreichen Geschäftsabschluss stehen schlecht.

Warum kommt es zu diesen fruchtlosen Debatten?

Das Problem beginnt damit, dass Sie als Verkaufsberater eine Aussage in den Raum stellen, beispielsweise: »Die Zukunft gehört SaaS und der Cloud.«

Entweder ist Ihr Kunde nun anderer Meinung und widerspricht. Damit sind Sie mitten in einer Debatte. Oder aber Ihr Kunde ist derselben Meinung wie Sie, will aber auch sein Wissen und seine Expertise in das Gespräch einbringen.

Menschen wollen zu einem Gespräch beitragen und wenn Sie schon alle Inhalte vorgeben, bleibt nur noch der Widerspruch übrig. Denn wer sitzt schon einfach gerne in einem Gespräch und sagt ständig nur »Ja«, »Sie haben recht«, »korrekt«, »ganz meine Meinung«?

Ihr Kunde erwidert Ihre Aussage also, indem er widerspricht, Ausnahmen aufzeigt, Probleme anspricht, Alternativen ins Spiel bringt. Mit diesem Verhalten müssen Sie sogar dann rechnen, wenn Ihr Kunde selbst 30 Minuten zuvor die von Ihnen jetzt vertretene Position gegenüber einem Kollegen eingenommen hat. Das hat nichts mit Logik zu tun, sondern mit menschlichem Verhalten.

Natürlich ist das nicht immer so und selbstverständlich gibt es Situationen, in denen wir unserem Gegenüber recht geben und dessen Meinung unterstützen. Der springende Punkt: Das wissen Sie erst im Nachhinein. Und dann kann es zu spät sein. Sie können dann nur die Notbremse ziehen und Ihre Position aufgeben, worauf der Kunde Ihnen Opportunismus unterstellen kann und dass Sie ihm nach dem Mund reden.

Das heißt: Egal, wie Sie es drehen und wenden – wenn Sie starke Aussagen in den Raum stellen, riskieren Sie, dass der Kunde mit Ihnen zu argumentieren beginnt.

Das können Sie ganz einfach vermeiden: mit Fragen statt mit Aussagen.

Wenn Sie nicht sagen: »Die Zukunft gehört SaaS«, und stattdessen den Kunden fragen: Was halten Sie von SaaS?«, kann dieser erwidern: »Ich glaube, das ist der Trend für die Zukunft«. In diesem Fall können Sie auf den Zug aufspringen: »Unser Unternehmen ist derselben Meinung, deswegen entwickeln wir unsere neue Version auf SaaS-Basis, die ich Ihnen heute vorstellen möchte.«

Reagiert Ihr Kunde negativ, beispielsweise mit »Wir haben eine Software hier, die als SaaS betrieben wird und diese ist eine Katastrophe«, dann wissen Sie, worauf Sie sich hätten gefasst machen können, wenn Sie »Die Zukunft gehört SaaS« in den Raum gestellt hätten.

So können Sie die Argumente des Kunden hinterfragen, und die Fehler des anderen Anbieters herausfinden, bevor Sie Ihr Angebot auf den Tisch legen.

Auch wenn ich Sie, lieber Leser, nicht zuerst mit einer Frage abholen kann: Ich hoffe, ich konnte Sie davon überzeugen, dass Sie mit Fragen fast immer bestens bedient sind.

Aber Frage ist nicht gleich Frage – es kommt auf den strategischen Einsatz an. Jede Frageart hat ihren bestimmten Zweck und mit der richtigen Kombination können Sie ein Gespräch bestens strukturieren.

Welche Fragen sollten Sie besonders gut beherrschen?

Fragetechnik 1:
Fragen, um Informationen zu bekommen
Diese Art der Fragen stellen Sie, wenn Sie vom Kunden Informationen haben oder den Kunden zum Reden bewegen wollen:

»Wie viele Mitarbeiter betreuen Sie mit dem System?«, »Was sind Ihre Beweggründe, dass Sie gerade jetzt über eine Anschaffung nachdenken?«, »Welche Funktionen sind Ihnen besonders wichtig an der Software?«.

Besonders gut eignen sich Informationsfragen, die *offen* gestellt werden.

Offen gestellte Fragen zielen darauf ab, dass Sie ausführliche Antworten bekommen, sie ermutigen den Kunden zum Reden und zum Erzählen: »Welche Erfahrung haben Sie in den letzten Projekten mit externen Anbietern gemacht?«, »Wie stellen Sie sich den Auswahlprozess vor?«.

Informationsfragen können auch als *geschlossene* Fragen gestellt werden.

Diese zielen auf eine eindeutige Ja/Nein-Antwort oder eine Auswahl ab wie: »Ist das ein Muss-Kriterium?«, »Sind wir der einzige Anbieter?«, »Wie viele Server betreiben Sie?«.

Geschlossene Informationsfragen eignen sich besonders am Anfang, um rasch Informationen zu erhalten. Außerdem sind Sie dann besonders nützlich, wenn Sie das Gespräch führen oder strukturieren wollen, beispielsweise, wenn mehrere Personen anwesend sind, die dazu tendieren, sehr lange und ausführlich zu antworten und damit das Gespräch in die Länge zu ziehen.

Geschlossene Fragen eignen sich auch gut dazu, um sich in kurzer Zeit als erfahrener Experte zu positionieren. Denn Sie demonstrieren, dass Sie wissen, welche Details wichtig sind:

Verkaufsberater: Verwenden Sie Loadbalancer?

Kunde: Ja, zwei Stück.

Verkaufsberater: Hersteller?

Kunde: F5.

Verkaufsberater: Verwenden alle damit verbundenen Webserver die gleiche Systemkonfiguration?

Kunde: ...

Sie sollten aber sicher sein, dass es der richtige Moment dazu ist. Ist das Problem nämlich noch unklar, machen Sie vielmehr den Eindruck von jemandem, der ohne Plan sich in irgendwelchen Details verbeißt oder ein Standardprogramm »abspult«.

Informationsfragen sind die am häufigsten verwendeten Fragen in einem Gespräch.

Fragetechnik 2:
Fragen, die Entscheidungen provozieren
Wenn Sie auf eine Entscheidung abzielen oder darauf, Wichtiges von weniger Wichtigem zu trennen, dann wenden Sie diese Kategorie von Fragen an.

Besonders gut eignen sich dazu Alternativfragen.

Wie der Name bereits andeutet, versuchen Fragen eine Auswahl zwischen Alternativen zu treffen: »Von den drei für Sie wichtigen Eigenschaften Plattformunabhängigkeit, Benutzerfreundlichkeit und Skalierbarkeit – welche würden Sie auf Platz 1 setzen?«, »Sollen wir versuchen, mit dem Design möglichst viele Benutzer anzusprechen oder uns vor allem auf eine bestimmte Zielgruppe zu konzentrieren?«.

Alternativfragen sind besonders gut dazu geeignet, die Prioritäten des Kunden zu erforschen:

Verkaufsberater: Angenommen, aus irgendwelchen Gründen außerhalb unserer Kontrolle wackelt der geplante Endtermin. Würden Sie dann vorziehen, den Termin zu verschieben oder lieber auf einige der Funktionen zu verzichten?

Kunde: Beides wäre schlecht.

Verkaufsberater: Das verstehe ich gut. Wir werden auch alles tun, damit es nicht so weit kommt. Erfahrungsgemäß kann es jedoch trotzdem passieren. Wäre Ihnen in so einer Situation der Termin wichtiger oder die volle Funktionalität.

Kunde: Wenn wir den Termin nicht halten, bekommen wir große Schwierigkeiten. Einige der nicht absolut kritischen Funktionen könnten wohl noch in den Wochen danach hinzugefügt werden. Ich will aber klarmachen, dass dieser Fall ein großes Problem darstellt.

Verkaufsberater: Natürlich. Wenn nichts Dramatisches passiert, wird dieser Fall auch nicht eintreten.

Fragetechnik 3:
Fragen, um kritische Punkte zu finden
Im Laufe des Gesprächs ist es nötig, dass Sie irgendwann die kritischen Punkte des Kunden identifizieren, die Sie zu einem Verkaufserfolg leiten. Die kritischen Punkte sind die wichtigsten Probleme oder wertvollsten Ziele des Kunden und motivieren den Kunden besonders stark. Um Hinweise auf die kritischen Punkte des Kunden zu erhalten, hilft Ihnen die Problemanalyse aus Kapitel 2 sowie das Elefanten-Reiter-Modell aus Kapitel 3.

Mit den richtigen Fragen prüfen Sie nun, ob Sie die kritischen Punkte korrekt identifiziert haben.

Diese Art von Fragen »bohrt nach«. Ein passender Vergleich ist, dass ein Arzt bei einer Untersuchung auf eine bestimmte Körperstelle drückt und fragt: »Tut das weh?« oder »Ist das angenehm?«.

Diese Art der Fragen werden gerne von den Hauptdarstellern in Detektivfilmen verwendet wie Inspektor Columbo, Sherlock Holmes oder Derrick.

Beispiele:

> *»Sie meinten, zwischen Ihren Teams und den Projektmanagern gibt es immer wieder Abstimmungsschwierigkeiten. Wie hoch schätzen Sie derzeit die Zeitverluste, die Ihr Team mit der Bewältigung von Konflikten und der Bereinigung von fehlerhafter Kommunikation verbringt?«*

(Vermutung: Kritischer Produktnutzen ist die Reduktion von unproduktiver Arbeitszeit.)

> *»Ich habe das Gefühl, dass Sie noch daran zweifeln, ob unser System Ihnen auch genügend Nutzen bieten kann. Vielleicht sind Sie sich nicht sicher, ob Sie diese Einsparungen aus unserer Modellrechnung auch wirklich für sich realisieren können. Kann das sein?«*

(Vermutung: Kritischer Punkt ist unklarer Nutzen der Leistung für den Kunden.)

> *»Ich verstehe, dass Sie es sich noch überlegen wollen, ob Sie mich mit der Entwicklung Ihrer E-Commerce-Seite beauftragen wollen. Das ist ein aufwendiges Projekt und wir haben noch nie zusammen gearbeitet. Sie fragen sich daher vielleicht, ob Sie bei mir gut aufgehoben sind. Ich würde gerne wissen, ob wir vielleicht für die Beauftragung noch einige Vereinbarungen treffen sollen, die Sie absichern?«*

(Vermutung: Kritischer Punkt ist hohes Kundenrisiko.)

»*Sie wünschen sich also eine detaillierte Ausarbeitung eines Konzeptes zusammen mit einem Angebot. Das ist natürlich möglich. Da dies eine beachtliche Vorarbeit für unser Unternehmen bedeutet, würde ich gerne wissen, wie Sie sich eine darauf folgende Vorgangsweise vorstellen. Gibt es für das Projekt ein Budget und ist es möglich, mit der Person, die die Beauftragung vornehmen wird, ein Gespräch zu führen?*«

(Vermutung: Es gibt kein reales Projekt.)

Diese Fragen können als offene, geschlossene oder als Alternativfrage gestellt werden.

Fragetechnik 4:
Fragen, die Konsequenzen aufzeigen
Fragen nach Konsequenzen helfen dem Kunden, »einen Schritt weiter zu denken«. Sie haben daher meist die Form: »Was wäre, wenn ...«.

Diese Fragen haben mehrere Funktionen:

- Nutzen erkennen oder klären:
  »Was wäre, wenn Sie nur noch eine Plattformtechnologie betreiben müssten statt wie bisher drei?«

- Negativkonsequenzen aufzeigen:
  »Wenn Sie in Zukunft die regelmäßigen Wartungszeiten Ihres Webshops erweitern müssen und in dieser Zeit keine Käufe entgegennehmen können – welchen Umsatzverlust bedeutet das für Sie?«

Diese Fragen nach Konsequenzen sind besonders wertvoll, um den Nutzen Ihrer Leistung zu finden oder zu messen. Sie werden daher häufig in Erstgesprächen eingesetzt.

Ein weiterer Einsatzfall ist:

Motive überprüfen: »*Interessant. Die meisten Unternehmen, die ich kenne, haben zweckgebundene Budgets. Wenn ein Manager in diesen Unternehmen Wartungsgebühren einspart, kann er mit dem so gewonnenen Geld keine Trainingsprogramme für Mitarbeiter finanzieren. Wenn Sie hier Servicekosten sparen, können Sie dann über diese Summe frei verfügen?*«

(Vermutung: Das Motiv des Kunden zu Kosteneinsparungen liegt nicht im Wunsch, sich Trainings zu leisten.)

Fragen, die Konsequenzen aufzeigen, sind mit die schwierigsten Fragen. Denn sie müssen geschickt formuliert werden, damit sie nicht als versuchte Manipulation interpretiert werden. Sie müssen daher eine klare Logik aufweisen, die nicht offensichtlich ist.

Vor allem sollte Ihre Frage nicht banal sein wie »Wenn wir Ihnen Geld sparen könnten, wäre das für Sie interessant?«. In so einem Fall zwingen Sie Ihren Kunden nämlich, sich zu entscheiden, ob Sie nicht besonders intelligent sind oder ihn gerade mit einem billigen Trick manipulieren wollen.

Wenn Sie diese Fragetechniken gut beherrschen, dann werden Sie merken, dass Verkaufsgespräche wesentlich erfolgreicher ablaufen.

Es zahlt sich also aus, wenn Sie diese Techniken intensiv üben. Glücklicherweise brauchen Sie dazu nicht immer einen Kunden. Diese Techniken können Sie genauso gut im Gespräch mit Vorgesetzten oder Kollegen und auch im Privatbereich üben.

Eine umfangreiche Fallstudie mit vielen Kommentaren zur geschickten Fragetechnik finden Sie in Abschnitt 5.3.

4.4 Werkzeug 4: »Agile« Projektpläne

Agile Softwareentwicklungsmethoden wie Kanban oder Scrum erfreuen sich aus gutem Grund hoher Beliebtheit. Auch wir haben in diesem Buch eine agile Verkaufsmethode vorgeschlagen.

Der Grund für die »Agilität«: Ist das Vorhaben zu komplex und treten immer wieder neue Anforderungen auf, die nicht vorhersehbar waren, dann ist eine Vorgehensweise sinnvoll, die mit dieser Situation gut umgehen kann.

Trotz aller guten Gründe für agile Vorgehensweisen bestehen manche Kunden immer wieder darauf, in traditioneller Art und Weise einen Projektplan mit fixen Angaben, Meilensteinen, Terminen und Arbeitspaketen zu erhalten. Das trifft besonders auf Kunden aus traditionellen Branchen wie der Industrie oder dem Gewerbe zu, die es gewohnt sind, nach »präzisen« Plänen zu arbeiten.

Dazu mögen einige Kunden gute Gründe haben, weil sie beispielsweise die Freiheiten für eine rein agile Vorgangsweise nicht haben (absolut begrenztes Budget, gesetzlich fixierte Termine).

In anderen Fällen stammt der Wunsch nach einem fixen Projektplan aus dem Bedürfnis nach gewohnten Strukturen und der damit für diese Personen leicht erfassbaren Klarheit. Hier kann der Verkaufsberater beim Vorschlag, das Softwareprojekt beispielsweise nach Scrum durchzuführen, den Vorwurf ernten, zu keinen klaren Vereinbarungen und zu keiner strukturierten Vorgehensweise fähig zu sein.

Das folgende (überzeichnete) Beispiel soll diese Wahrnehmung veranschaulichen:

Hausbau nach Scrum

Ein Kunde will sich ein Eigenheim leisten und kontaktiert daraufhin einen erfahrenen Baumeister.

Kunde: Sie übernehmen doch die gesamte Planung und Aufsicht beim Hausbau?

Bauherr: Jawohl, da sind Sie bei mir in besten Händen. Ich koordiniere alle Handwerker, organisiere das Material und mache die Bauaufsicht.

Kunde: Sehr gut. Sie arbeiten dann wohl direkt mit dem Architekten zusammen?

Bauherr: Mit dem Architekten? Wozu denn das?

Kunde: Na, er muss doch die Pläne erstellen.

Bauherr: Ach, das haben wir früher so gemacht. Heutzutage wird das alles agil organisiert.

Kunde: Agil?

Bauherr: Schauen Sie, das läuft so: Sie kommen einfach jeden Tag in der Früh auf die Baustelle und schauen sich den Fortschritt an. Dann bestimmen Sie, was als Nächstes gebaut werden soll, beispielsweise ein Balkon. Wir beraten Sie kurz, welche Möglichkeiten es gibt und was jede davon kostet. Sobald Sie die Entscheidung getroffen haben, legen wir los. Ich kontrolliere, dass das, was vereinbart wurde, auch sauber erledigt ist. Sie kommen am nächsten Tag wieder und wir machen den nächsten Schritt. So geht das weiter, bis Sie sagen, das Projekt beendet ist.

Kunde: Das ist etwas ungewöhnlich. Ich möchte mich lieber am Anfang in die Planung mehr einbringen und Ihnen nachher die Arbeit größtenteils autonom überlassen.

Bauherr: Ja, das war früher immer so. Aber da hatten wir viel mehr Probleme, weil der Bau oft mehr gekostet hat als geplant und der Kunde dann verärgert war.

Kunde: Und das passiert jetzt nicht mehr?

Bauherr: Es gibt jetzt keinen Kostenvoranschlag mehr. Daher kann auch kein Budget überschritten werden. Außerdem hat der Kunde ja volle Kostenkontrolle – er kann das Projekt ja jederzeit abbrechen.

Kunde: Ich kann doch mein Projekt nicht abbrechen, wenn kein Dach auf dem Haus ist. Und was soll das heißen, es gibt keinen Kostenvoranschlag mehr?

Bauherr: Die Erfahrung hat gezeigt, dass die Gesamtplanung eines individuellen Hauses häufig daneben ging. Manches ist im Vorfeld einfach sehr schwer genau abzuschätzen. Außerdem haben die Kunden manchmal noch die Meinung geändert und dann wurden aus 2 Fenstern doch eine Glaswand. Nachdem das immer zu Konflikten geführt hat, haben wir die Planung sein lassen und durch das agile System ersetzt.

Kunde: Woher weiß ich dann, wie viel mich das Haus kosten wird?

Bauherr: Ganz einfach. Sie sagen, was es kosten darf, und wir bauen so lange, bis das Geld alle ist.

Kunde: Und wenn das Haus dann noch nicht fertig ist?

Bauherr: Dann haben Sie sich die falschen Dinge gewünscht. So einfach ist das. Aber Sie können ja jederzeit noch Geld nachschießen, wenn Sie wollen. Außerdem können Sie so ja auch Geld sparen, weil Sie Elemente weglassen können, die zu viel Aufwand sind für Ihr Geld.

Kunde: Und woher weiß ich, dass das alles zum Schluss zusammenpasst?

Bauherr: Kommen Sie, wir bauen nicht zum ersten Mal ein Haus. Wenn Sie totalen Unsinn anschaffen, sagen wir Ihnen das schon.

Kunde: Das beruhigt mich wenig. Wer ist denn dafür verantwortlich, wenn es bis zum Schluss Schwierigkeiten gibt?

Bauherr: Na, wer wohl: Sie schaffen an. Also können Sie sich danach auch bei sich selbst beschweren.

Dass Sie selbst als IT-Experte die Vorteile der agilen Methoden gut einschätzen können und die Struktur und Ordnung dahinter erkennen, ändert nichts daran, dass manche Kunden es nicht tun oder nicht wollen – und oft auch nicht bereit sind, ihre Meinung diesbezüglich zu ändern.

Die gute Nachricht: Viele dieser Personen sind bereit, Zugeständnisse an eine agile Vorgangsweise zu machen, wenn der Verkaufsberater in der Lage ist, die Struktur der agilen Vorgangsweise in die für den Kunden gewohnte Denkweise zu übersetzen.

Wie lösen Sie das? Bieten Sie diesen Personen einen agilen Projektplan!

Der agile Projektplan

Was ist ein agiler Projektplan?

Es ist ein Ablaufplan, ähnlich einem Gantt-Chart (also einer Darstellung, die die meisten Personen als Projektplan bezeichnen) mit dem Unterschied, dass darauf nicht Ziele, sondern vielmehr Ereignisse dargestellt werden.

Sie beschreiben also nicht, was Sie bis wann erreicht haben wollen, sondern was wann passieren soll.

Ereignisse können sein:
- Entscheidungen werden getroffen
- Ergebnisse werden überprüft
- Inhalte werden geklärt
- Informationen werden verteilt
- Diskussionen werden durchgeführt

Zwischen den Ereignissen wird Fortschritt erzielt:
- Inhalte werden geklärt
- Informationen werden erzeugt und aufbereitet
- Entscheidungen werden vorbereitet
- Tests werden durchgeführt
- Versuche werden durchgeführt

Im Unterschied zu einem klassischen Projektplan definieren Sie nicht im Vorhinein, wann Sie welchen Grad des Fortschritts erreicht haben, sondern nur, wann und wie intensiv Sie am Fortschritt arbeiten und wann Sie den Fortschritt überprüfen.

Zur Illustration ein Beispiel:

In einem Unternehmen soll eine Software eingesetzt werden, in der alle Mitarbeiter, die für Kunden tätig sind, ihre Arbeitszeiten bestimmten Projekten und Tätigkeitsarten zuordnen sollen. Damit soll die Projektkalkulation verbessert und die Rechnungslegung vereinfacht werden.

Neben der gewünschten Funktionalität müssen noch eine Reihe weiterer Bedingungen wie Datenschutz, Arbeitsrecht, Kompatibilität mit aktuellen Abrechnungssystemen geprüft werden. Ebenso soll sichergestellt werden, dass die Daten automatisch in das bestehende System der Lohnbuchhaltung übertragen werden können.

Erst, wenn diese Faktoren alle geklärt sind, will das Unternehmen über eine Beauftragung verhandeln.

Der Anbieter erklärt sich mit der Vorgangsweise einverstanden, da er für die Vorleistung zugesichert bekommt, dass er in einem ersten Schritt exklusiv anbieten darf. Sollten die Voraussetzungen alle erfüllt und das Angebot in Ordnung sein, erfolgt direkt ein Auftrag.

Ein plausibler agiler Projektplan dazu könnte folgendermaßen aussehen.

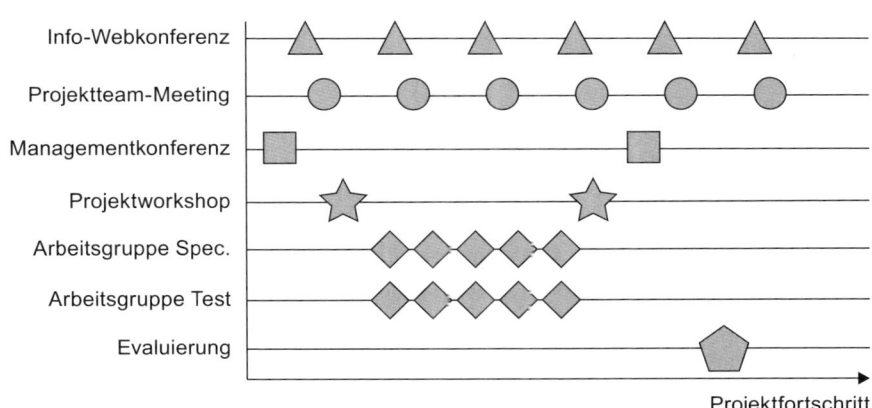

Die Erklärung des Plans für den Kunden ist wie folgt:

Ich schlage vor, dass wir für die Dauer des Evaluierungsprojektes folgende Strukturen einführen.

■ Erstens eine regelmäßige Besprechung zu Informationszwecken. Die Teilnahme ist offen, jeder kann daran teilnehmen, der sich informieren oder etwas mitteilen möchte. Ebenso können laufend neue Anforderungen oder Erkenntnisse hier ausgetauscht werden. Um die Teilnahme einfach zu machen, werden wir diese mittels Webkonferenz durchführen. Die Besprechung findet einmal pro Woche statt.

- Parallel dazu gibt es ein fixes, wöchentliches Treffen des Projektteams aus beiden Unternehmen, also der Projektsteuergruppe. Die Teammitglieder können auch entscheiden, sich öfter oder seltener zu treffen, je nachdem, wie viel Koordination nötig ist. Hier werden Fortschritte und neue Erkenntnisse besprochen, die nächsten Arbeitsschritte definiert sowie die neuen Aufgaben der Arbeitsgruppen festgelegt und abgestimmt.

- In der Managementkonferenz werden die wichtigsten Anforderungen aus allen Abteilungen gesammelt und aufeinander abgestimmt. Ebenso werden alle laufenden Erkenntnisse und Ergebnisse kurz vorgestellt. In diesen Konferenzen kann sich demnach das Management am leichtesten einbringen und wird direkt und umfassend informiert. Wir planen derzeit zwei dieser Konferenzen. Bei Bedarf werden wir vielleicht eine weitere Konferenz ins Auge fassen.

- Die Projektworkshops sind als Arbeitsplattform für die wichtigsten beteiligten Mitarbeiter vorgesehen. Der erste dient zum Kennenlernen und dass die Leute sich gemeinsam organisieren können. Außerdem werden die Arbeitsgruppen dort gebildet. Der zweite Workshop dient zur Konsolidierung und Aufbereitung der Ergebnisse der Arbeitsgruppen. Sollte ein weiterer Workshop notwendig werden, wird das Projektteam diesen organisieren.

- In den Arbeitsgruppen selbst werden die wesentlichen Aufgaben durchgeführt. Wir planen derzeit zwei Arbeitsgruppen: eine für die Definition und Abstimmung der Funktionalitäten (also der »Spec«) und eine für die technischen Tests. Es ist möglich, dass im Projektworkshop weitere Arbeitsgruppen definiert werden, um zusätzliche Gebiete abzudecken. Die Koordination und Planung der Arbeitspakete erfolgt in den Arbeitsgruppen. Die Arbeitsgruppen werden sich daher selbstorganisiert treffen und die Arbeitspakete durchführen.

- Sobald das Projektteam und die Arbeitsgruppen der Meinung sind, dass die Projektarbeiten für eine Ergebnispräsentation ausreichen, werden wir ein Evaluierungsmeeting einberufen. Ziel ist es, dort die Ergebnisse zu präsentieren, eine Empfehlung auszusprechen und eine Entscheidung über den Einsatz der Software zu treffen.

Was haben Sie dem Kunden durch den agilen Projektplan und die Erläuterung mitgeteilt:

▨ Sie haben eine Struktur und Vorgangsweise aufgezeigt, die auch für Kunden gut nachvollziehbar ist, die traditionelle Planung gewohnt sind und die mit diesem Plan eine Darstellung vorfinden, die der traditionellen ähnlich sieht.

▨ Gleichzeitig bleiben Sie flexibel und fähig, auf Veränderungen leicht zu reagieren.

▨ Sie integrieren alle Beteiligten durch unterschiedliche Plattformen. Es gibt jederzeit die Möglichkeit, Informationen zu erhalten, Änderungen in das Projekt einzufügen und Fragen zu klären.

▨ Es gibt eine logische Abfolge der Ereignisse.

▨ Der Fortschritt im Projekt ist leicht zu überprüfen. Das Management kann sich jederzeit einbringen, das Projekt kann jedoch auch ohne Mitarbeit des Managements Fortschritt erzielen.

▨ Es gibt mehrere Möglichkeiten, in das Projekt einzugreifen oder die Vorgangsweise zu verändern (Controlling).

Worauf haben Sie sich NICHT festgelegt:

▨ Wer was wann genau macht. In den einzelnen Inhalten sind Sie flexibel geblieben.

▨ Wie oft welche Ereignisse stattfinden. Es gibt zwar Richtgrößen, aber auch die lassen sich an die Erfordernisse anpassen.

▨ Zu welchen Terminen welche Ereignisse feststehen. Dazu müssten Sie umgekehrt Einschränkungen vornehmen (beispielsweise keine neuen Anforderungen mehr nach der Managementkonferenz). Das ist in der Praxis wenig realistisch.

▨ Wie welche Arbeitsgruppen arbeiten werden. Das sollen diese selbst festlegen. In der Regel werden diese auf bekannte und bewährte Strukturen zurückgreifen, beispielsweise auf Backlogs oder auf Projektmanager.

▨ Wann das Projekt beendet ist. Es ist beendet, sobald die nötigen Arbeiten keinen wesentlichen Fortschritt mehr erwarten.

▨ Welches Ergebnis wann feststeht. Sie haben ein Endziel definiert – die Zwischenziele leiten die Arbeitsgruppen selbstständig daraus ab.

Aus meiner Erfahrung können sich viele Kunden mit dieser Vorgangsweise anfreunden – auch diejenigen, die vorher auf einem klassischen Projektplan mit Terminen und Arbeitspaketen bestanden haben.

Das Wichtigste für die meisten Manager ist, dass sie ständig informiert bleiben sowie Einfluss nehmen können und die Kontrolle behalten. Das können diese Personen natürlich auch mit den klassischen agilen Instrumenten, beispielsweise mit Burn-down-Charts, Impediment-Listen und Backlogs in Scrum. Allerdings sind diese Instrumente Personen ohne agilen Hintergrund noch nicht bekannt und sie können die Wirksamkeit dieser Werkzeuge daher im Vorfeld schlecht einschätzen. Der agile Projetplan bietet hier ein Hybridmodell, das dem Anbieter erlaubt, agil zu arbeiten, und dem Kunden bereits im Vorfeld einen Überblick in einer ihm vertrauen Form gibt.

Der agile Projektplan ist übrigens nicht auf die Verwendung in Verkaufsprojekten beschränkt. Auch für Umsetzungsprojekte und Veränderungsprojekte leistet er gute Dienste.

4.5 Werkzeug 5: Mit Einwänden umgehen

Das Wort Einwandbehandlung ist laut Google einer der Begriffe, die im Internet besonders häufig in Verbindung mit Verkaufstechniken gesucht werden.

In vielen Büchern über Verkauf wird der Einwandbehandlung ebenfalls umfassend Raum gegeben und auch unternehmensinterne Trainings sehen viel Zeit vor für die Behandlung der Einwände der potenziellen Kunden. All dies suggeriert, dass Einwände des Kunden etwas Unangenehmes sind. Etwas, was »behandelt« werden sollte, wie eine Infektion. Etwas, was dem Verkaufsberater zuwider ist und ihm zu schaffen macht.

Stellen Sie sich kurz gedanklich auf die andere Seite, auf die des Kunden.

Wie geht es Ihnen dabei, wenn Sie sich vorstellen, dass Sie Kunde sind und einem Verkäufer gegenüberstehen, der auf die »Behandlung« Ihrer Einwände zur angebotenen Leistung geschult ist?

Vermutlich haben Sie derartiges Verkaufsverhalten bereits erlebt. Welches Argument auch immer Sie vorbringen, wie auch immer Sie Ihre Bedenken äußern – Ihr Gegenüber hat sofort eine rhetorisch geschickte Antwort parat, mit der er Ihren Einwand vom Tisch zu fegen versucht.

Wie fühlen Sie sich als Kunde bei so einem Gespräch?

Respektiert? Ernst genommen? Als Person und Kunde wertgeschätzt?

Wohl kaum.

Sogar auf die aus der Einwandbehandlung resultierende Verärgerung der Kunden reagiert der gut trainierte Verkäufer mit einer geübten Masche. Oft bleibt dem Kunden gar nichts mehr übrig, als das Gespräch radikal abzubrechen, um den »Teflon-Typen«, an dem alles abgleitet, loszuwerden.

Wo kommt das Konzept der Einwandbehandlung überhaupt her?

Verkäufer und Verkaufstrainer haben festgestellt, dass die Einwandbehandlung bei Spot-Verkäufen manchmal gut funktionieren.

Spot-Verkäufe sind Verkäufe, die spontan entschieden werden und rasch ablaufen, meist im Rahmen eines einzigen Gesprächs, beispielsweise beim Verkauf von Bekleidung, von Versicherungspolicen, von einfachen Finanzprodukten oder von Gebrauchtwagen.

In all diesen Fällen sinken die Chancen rapide, zu einem Abschluss zu kommen, wenn der Kunde sich aus dem Verkaufsgespräch ausklinkt. Dass er wiederkommt, ist unwahrscheinlich; wenn der Kunde nicht jetzt kauft, dann vermutlich nie mehr.

Daher versucht der Verkäufer mit allen Mitteln, den Kunden doch noch zum Abschluss zu bewegen. Dabei wird versucht, Bedenken zu zerstreuen, mit Nur-noch-heute-Techniken Druck aufzubauen, Last-Minute-Verlockungen anzubieten oder mit persönlichen Maschen Mitleid, schlechtes Gewissen oder Angst beim Kunden zu erzeugen.

Abgesehen davon, dass einige dieser Methoden ethisch fragwürdig sind, haben Sie als IT-Verkäufer damit kaum eine Chance. Sie werden mit oder ohne Einwandbehandlung nur selten beim ersten Termin abschließen – und spätestens dann, wenn Ihr Kunde wieder alleine ist oder mit Kollegen spricht, wird ihm dämmern, was Sie da für ein Spiel spielen.

Tipp

Wenn Sie neugierig sind, mit welchen (meist unlauteren) Mitteln dabei gearbeitet wird, googeln Sie nach »car salesmen tricks«.

Wie sieht die Alternative aus – wie reagieren Sie auf Einwände?

Mein Ratschlag: Vergessen Sie den Begriff und das Konzept der Einwandbehandlung. Einwände sind Reaktionen des Kunden und damit als solche ernst zu nehmen.

Weder der Kunde noch seine Einwände bedürfen einer »Behandlung«.

Das Problem liegt darin, dass wir Einwände des Kunden gerne mit anderen Reaktionen verwechseln, nämlich mit Debatten und mit Vorwänden – den beiden unangenehmen Kollegen der Einwände.

Was sind »wirkliche« Einwände?

Einwände sind Mitteilungen des Kunden, dass er etwas nicht versteht, dass er nicht zustimmt, dass er Bedenken hat, dass er unsicher ist oder sich aus anderen Gründen nicht wohlfühlt. Beispiele:

- »Das ist aber sehr teuer.«
- »Da gibt es sicher Kompatibilitätsprobleme.«
- »Das Märchen vom schnellen Support brauchen Sie mir nicht mehr erzählen.«
- »Das kenne ich schon: Zuerst rücken Sie mit der tollen Mannschaft an und sobald ich unterschrieben habe, bekomme ich nur noch unerfahrene Leute zu sehen.«

Alle diese Aussagen sind ernst zu nehmen, denn offenbar hat der Kunde ein Problem, ein Risiko oder Sorgen.

Einwände des Kunden sind daher oft unangenehm, aber meist hilfreich: Im Endeffekt erklärt uns der Kunde selbst mit seinen Einwänden, wo er ein Problem sieht, statt dass wir mühsam danach suchen müssen.

Wenn der Kunde direkt auf das Hindernis zeigt – dann können wir leichter eine Lösung oder einen Kompromiss entwickeln.

Das ist allemal besser als: »Lassen Sie mir die Unterlagen hier – ich bespreche das dann mit meinem Chef und melde mich bei Ihnen« (Übersetzung: Scheren Sie sich zum Teufel!).

Was sind Debatten?

Debatten entstehen, weil der Kunde beginnt, mit Ihnen zu »argumentieren«. Dahinter steht meist kein böser Wille des Kunden. Sondern dieses Verhalten wird vor allem durch ungeschickte Gesprächsführung provoziert.

Wenn Sie also regelmäßig das Gefühl haben, dass Sie sich in Diskussionen und Debatten mit dem Kunden verstricken, die einen Verkaufserfolg behindern, dann kann es daran liegen, dass Sie diese Debatten (unbewusst) provozieren.

Investieren Sie Ihre Energie daher in die Prävention statt in die Therapie. Debatten zu vermeiden, ist ungleich wirkungsvoller, als sie zu lösen.

Wie Sie das machen, lesen Sie in Abschnitt 4.3 – falls Sie es nicht schon gemacht haben.

Was sind Vorwände?

Vorwände sind vorgeschobene Einwände. Mit der Hilfe des Vorwandes versuchen Menschen, ihre wahren Beweggründe zu verbergen. Nicht immer sind die Motive dahinter unlauter und noch seltener versuchen Kunden, Anbieter aktiv hinters Licht zu führen, um sich einen Vorteil zu verschaffen. Vielmehr werden Vorwände verwendet, um sensible oder vertrauliche Informationen nicht preisgeben zu müssen.

Häufig will der Kunde auch nicht gegenüber dem Verkäufer Probleme zugeben oder Fehler eingestehen, die er gemacht hat.

Ein weiterer Grund ist, dass der Kunde dem Verkäufer nicht erzählen will, dass er kein Budget hat oder »nichts zu sagen hat«, weil er vermutet, ab diesem Zeitpunkt nicht mehr ernst genommen zu werden.

Möglicherweise will der Kunde mit bereits getätigten Aussagen einfach recht behalten und stellt daher Behauptungen auf oder klassifiziert Wahrscheinlichkeiten als Fakten.

Die meisten Vorwände sind defensive Mechanismen des Kunden zu seinem eigenen Schutz und haben nicht die Absicht, uns als Verkaufsberater zu betrügen. Trotzdem sind Vorwände für Verkaufsberater aus folgenden Gründen unangenehm:

- Die wahren Gründe der Vorwände bleiben verschlossen und Sie können den Kunden nicht unterstützen, diese zu lösen.
- Sie können nicht erkennen, ob es sich um eine tatsächliche Geschäftschance handelt und investieren vielleicht viel Zeit und Geld, bis Ihr Kunde letztendlich versteht, dass er sich Ihre Leistung nicht leisten kann.
- Sie versuchen dem Kunden, mit viel Einsatz und vielleicht auch Investitionen zu helfen, obwohl das Problem woanders liegt.
- Sie vergeben Geschäftschancen auf den letzten Metern vor dem Ziel, weil Sie auf die falsche Fährte gelenkt wurden.

Wie können Sie als Verkaufsberater Vorwände erkennen und diese von »wahren« Einwänden unterscheiden?

Vorweg: Es gibt kein universelles, todsicheres Rezept – aber einen guten Indikator.

Die Vorgangsweise dazu demonstriert folgendes Gespräch:

Fallstudie:
Unerwartete Probleme

Verkaufsberater (VB): Also, Herr Kunde. Unser gemeinsames Testprojekt ist erfolgreich abgeschlossen worden und die Zusammenarbeit Ihres und unseres Teams hat gut geklappt. Die vorläufigen Ergebnisse lassen uns sogar hoffen, dass die erwarteten Leistungssteigerungen noch übertroffen wurden. Wie sehen Sie das?

Kunde (K): Ja, das Projekt hat in der Tat gut geklappt. Auch die Ergebnisse sind überzeugend.

VB: Hervorragend. Dann sollten wir zum nächsten Schritt übergehen und die Anschaffung und Gesamtinstallation ins Auge fassen – so wie wir es vereinbart hatten, falls die Testergebnisse gut abschneiden.

K: Ja, der Meinung bin ich auch. Allerdings ist gerade kein guter Zeitpunkt und ich würde es bevorzugen, dass wir die Installation des Systems noch etwas verzögern.

VB: Können Sie mir die Gründe nennen?

K: Sehen Sie, wir haben im Moment eine ganze Reihe neuer Projekte aufgehalst bekommen. Realistisch gesehen kann ich im Moment und auch auf absehbare Zeit keine Mitarbeiter für das Projekt abstellen. →

VB: Verstehe. Da hätte ich einen Vorschlag: Wir haben ja bereits Erfahrungen miteinander gesammelt und unsere Experten haben dabei Ihre Umgebung kennengelernt. Wir haben bereits andiskutiert, wen von Ihren Mitarbeitern wir denn wirklich brauchen würden, um das System bei Ihnen zu installieren. Unsere Leute sind der Meinung, dass wir das alles unabhängig von Ihnen vorbereiten könnten. Nur für die endgültige Übernahme ist es nötig, dass Ihre Mitarbeiter dabei mitwirken und die Ergebnisse kontrollieren. Das wäre voraussichtlich in zwei Tagen erledigt – und selbst an diesen Tagen wäre es nicht nötig, ständig dabei zu sein.

K: Ich bin skeptisch, ob das wirklich so leicht klappt, wie Sie sich das vorstellen. Außerdem haben wir dann noch ein Budgetproblem.

Kommentar

Kommt Ihnen das Verhalten des Kunden an diesem Punkt auch seltsam vor? Alles läuft glatt und plötzlich gibt es einen Rückzieher. Der Kunde hat angeblich zu wenig Ressourcen. Als Sie einen Vorschlag anbieten, um dieses Problem zu lösen, taucht aus dem Nichts ein weiteres Problem auf.

Wenn der Verkaufsberater jetzt ein weiteres As aus dem Ärmel zieht und eine Finanzierung vorschlägt, die mit dem Budget kompatibel ist, was dann? Kommen dann plötzlich Auflagen der IT-Security daher? Oder wird der Kunde dann aggressiv und schmeißt den Berater hinaus?

Wir wissen es nicht.

Bevor Sie allerdings das Risiko eingehen, neue Lösungen auszuprobieren, sollten Sie daher einen Test machen. Denn wenn es sich um Vorwände handelt, die den eigentlichen Grund verschleiern, dann machen wir mit Lösungen für diese Vorwände dem Kunden nur das Leben schwer. Denn er muss dann neue Vorwände erfinden. Gleichzeitig wird die Situation immer unangenehmer, weil er unter Druck gerät. Irgendwann fühlt er sich derart bedrängt, dass er versucht, Sie loszuwerden.

Besser ist es, wenn wir an dieser Stelle »vorfühlen«. Bevor wir den Vorwand des Kunden also mit einem neuerlichen Lösungsvorschlag vom Tisch fegen, testen wir an, was daraufhin passieren würde.

Wie machen wir das?

Mit einer Was-wäre-wenn-Frage.

> **Fallstudie** (Fortsetzung):
> **Unerwartete Probleme**
>
> **VB:** Ich verstehe. Knappe Budgets sind immer eine schwierige Sache. Das kennen wir von anderen Kunden. In manchen Fällen gelingt es uns, eine passende Finanzierung anzubieten, die mit dem Budget kompatibel ist. Ob das bei Ihnen eine Möglichkeit ist, kann ich Ihnen nicht im Vorfeld versprechen. Könnten Sie sich vorstellen, dass so etwas bei Ihnen klappen könnte?

Kommentar

Der Verkaufsberater hat das Argument (den vermuteten Vorwand) erst einmal unangetastet im Raum stehen lassen. Er lässt den Kunden auch nicht spüren, dass er dahinter ein Ablenkungsmanöver vermutet. Deshalb versichert er dem Kunden, dass er keine Patentlösung in der Tasche hat, mit der er die Vorwand-Verteidigung des Kunden erneut zerschmettern könnte. Stattdessen fühlt er sanft vor, wie der Kunde denn auf die Option reagieren würde, falls eine Lösung möglich wäre.

a) Der Kunde kann nun positiv reagieren, beispielsweise:

> **Fallstudie** (Fortsetzung):
> **Unerwartete Probleme**
>
> **K:** Das mit der Finanzierung klingt ganz gut. Wie stellen Sie sich das vor?
>
> **VB:** Das kommt darauf an. Geht es Ihnen um eine Verzögerung der Zahlung, um eine Verschiebung zwischen CAPEX und OPEX (Anm: CAPEX = Investitionen, OPEX = laufende operative Kosten) beispielsweise durch eine Leasingvereinbarung oder sind Ihnen regelmäßige, geringere Zahlungen lieber als eine einmalige Summe?
>
> **K:** Ein verlängertes Zahlungsziel in das nächste Jahr und dort aufgeteilt auf 4 Posten. Lässt sich das machen?
>
> **VB:** Ich werde mal sehen, was ich tun kann. Vielleicht erreiche ich meinen Chef gleich am Telefon, um das zu klären. Angenommen, das klappt – können wir dann mit dem Projekt fortfahren?
>
> **K:** Ich denke, das sollte dann kein Problem sein. Den Rest kriegen wir auch noch hin.

In diesem Fall hat der Berater beide Argumente des Kunden (Ressourcen- und Budgetproblem) mit hoher Wahrscheinlichkeit als valide Einwände erkannt.

Sogar eine Lösung scheint möglich – der Abschluss ist in greifbare Nähe gerückt.

b) Die Reaktion des Kunden auf die Was-wäre-wenn-Frage kann hingegen auch negativ ausfallen, zum Beispiel:

Fallstudie (Fortsetzung):
Unerwartete Probleme

K: Ich glaube nicht, dass Sie eine adäquate Lösung anbieten können, wir haben das schon mehrfach versucht bei anderen Anbietern, die Finanzabteilung ist bei uns sehr strikt. Davon abgesehen, suchen wir gerade nach einem neuen Projektmanager und den würde ich dann gleich mit diesem Projekt beauftragen. Das wird sich erfahrungsgemäß noch ein paar Monate hinziehen.

Kommentar

Nun weiß der Berater immer noch nicht, was das wirkliche Problem ist, aber zumindest läuft er nicht einer falschen Fährte hinterher und vergeudet weiterhin Energie und Beziehungskapital damit, fiktive Probleme des Kunden zu lösen. Der Kunde bleibt ebenso erst einmal ruhig, weil sein »Geheimnis« nicht angetastet wird.

Wie geht der Berater nun mit dieser Situation um?

Möglichkeit 1:
Der Berater versucht, hinter das »Geheimnis« zu kommen.

Diese Variante hat den Vorteil, dass der Berater dann weiß, was Sache ist, und den Kunden bestmöglich unterstützen kann, sein Problem zu lösen.

Allerdings ist das nicht immer einfach, denn offenbar gibt es einen Grund, warum der Kunde dem Berater seine wahren Gründe erst einmal vorenthält.

Es ist also eine gute Portion Vertrauen, Fingerspitzengefühl und geschickte Gesprächsführung nötig, um dieses Ziel zu erreichen:

Fallstudie (Fortsetzung):
Unerwartete Probleme

VB: Herr Kunde, wir arbeiten jetzt schon im dritten Projekt zusammen und aus meiner Sicht war das immer eine gute Sache. Dabei haben wir uns ja auch besser kennengelernt und ich bin nun etwas überrascht über diese jähe Wendung des Projektes.

Ganz im Vertrauen unter vier Augen: Gibt es etwas, was ich über dieses Projekt und die Umstände wissen sollte?

Kommentar

Dieser Ansatz ist mächtig und mutig, denn er zielt direkt darauf ab, die Karten auf den Tisch zu legen. Da der Kunde erst einmal die wahren Gründe hinter Vorwänden versteckt hat, ist es ihm vermutlich unangenehm oder nicht möglich, diese Gründe zu offenbaren.

Es kommt also darauf an, ob die Beziehung und das Vertrauen stark genug ist.

In manchen Fällen ist der Kunde sogar froh, dass der Verkaufsberater die Situation anspricht, weil er ein schlechtes Gewissen hat. Darauf zählen sollten Sie jedoch nicht.

Diese Vorgangsweise kann ebenso danebengehen und den Kunden erst recht unter Druck setzen. Sie sollten sich also gute Chancen ausrechnen oder den Kunden gut einschätzen können.

Oder Sie glauben, dass dies jetzt noch Ihre einzige Chance ist, das Projekt zu retten. Wenn Sie der Meinung sind, dass Ihre Chancen auf einen Abschluss gleich null sind, wenn Sie jetzt das Büro des Kunden verlassen, dann können Sie auch »all in« gehen wie ein Pokerspieler, der alle seine Chips jetzt auf sein Blatt setzt.

Möglichkeit 2:
Der Berater belässt es dabei, dass es ein Geheimnis des Kunden gibt, und versucht, einen Weg darum herum zu finden.

Fallstudie (Fortsetzung):
Unerwartete Probleme

VB: Herr Kunde, ich bin etwas überrascht. Mein Gefühl war, dass alles gut geklappt hat und wir gut zusammengearbeitet haben. Ich war daher guter Dinge und habe mich auch auf dieses gemeinsame Projekt mit Ihnen gefreut. Diese Neuigkeiten werfen mich offen gesagt etwas aus der Bahn. Können Sie mir einen Tipp geben? Was würden denn Sie an meiner Stelle machen?

Kommentar

Mit diesem Ansatz versuchen Sie, die Situation zu verändern.

Der Kunde sieht Sie momentan als Gegenspieler, den er loswerden muss, damit er sich um sein Problem kümmern kann. Sie hingegen positionieren sich neu, indem Sie sich auf die Seite des Kunden stellen und das Problem auf die gegenüberliegende Seite schieben: »Wir haben ein gemeinsames Problem. Haben Sie eine Idee, wie wir das lösen können?« Das funktioniert sicher nicht in allen Fällen. Aber die Chancen stehen gut, dass Sie zumindest Hinweise bekommen:

K: Ich verstehe, dass das für Sie keine leichte Situation ist nach all der Vorarbeit.

Belassen wir es dabei, dass ich Sie momentan nicht beauftragen kann aus diversen internen Gründen. Ich glaube aber, dass sich das Problem in einem halben Jahr erledigt haben wird.

VB: Ich verstehe. Hat die Sache etwas mit mir oder meinem Unternehmen zu tun? Können wir irgendetwas beitragen, um die Sache zu klären?

K: Das hat nichts mit Ihnen zu tun und diese Situation liegt außerhalb Ihres Einflussbereichs.

VB: Sollte sich die Situation tatsächlich in einigen Monaten klären, kann ich dann davon ausgehen, dass wir unser Projekt fortsetzen?

K: Davon können Sie ausgehen. Ich war mit der Arbeit voll zufrieden. Es ist mir selbst auch nicht recht, dass mir derzeit die Hände Ihnen gegenüber gebunden sind.

VB: Danke für das offene Wort. Falls ich Ihnen doch helfen kann, lassen Sie es mich wissen. Ich melde mich Ende November das nächste Mal bei Ihnen.

Kommentar

Ob es sich um Unternehmenspolitik handelt, um Reorganisationsmaßnahmen, um Konflikte oder um andere Gründe, bleibt dem Verkaufsberater verborgen. Immerhin weiß er, dass die Gründe nichts mit ihm, seinem Unternehmen und seinem Produkt zu tun haben.

Die Chancen bleiben damit gewahrt, falls sich die Situation wieder beruhigt. Das wäre bei einem Gespräch, bei dem der Verkaufsberater den Kunden mit weiteren Lösungen für die Vorwände unter Druck gesetzt hätte, nicht der Fall gewesen.

Zusammenfassung der Vorgangsweise zur Abklärung von Vorwänden

1. Bei unerwarteten Einwänden des Kunden hellhörig werden.
2. Sie können einen Lösungsversuch für diesen ersten Einwand unternehmen oder gleich den vermuteten Vorwand testen. Spätestens dann, wenn der erste Vorwand durch einen weiteren, neuen ersetzt wird, sollten Sie die Testfrage stellen.
3. Die Testfrage ist eine Was-wäre-wenn-Frage, die unterstellt, dass es vielleicht (!) eine Lösung für den Einwand gibt. Ziel ist es, herauszufinden, ob der Kunde dann positiv reagiert oder neue Gründe andeutet, um sich abzusichern, falls Sie tatsächlich eine Lösung anbieten können.
4. Stellt sich der Einwand als tatsächlicher Einwand heraus, dann bieten Sie Ihre Lösung an. →

Zusammenfassung der Vorgangsweise zur Abklärung von Vorwänden

5. Falls der Test bestätigt, dass es sich wahrscheinlich um einen Vorwand handelt, dann haben Sie zwei Möglichkeiten:
    a) Sie sprechen die Situation an. Je besser die Vertrauensbasis, desto erfolgreicher sind Sie mit dieser Variante.
    b) Sie lassen den Vorwand im Raum stehen und versuchen mit dem Kunden eine Lösung um den Vorwand herum zu finden. Bitten Sie den Kunden dabei um Hilfe und Tipps.
6. Es gibt kein sicheres Patentrezept, um Vorwände eindeutig zu erkennen. Ob Sie in solchen Situationen erfolgreich sind, hängt von vielen Faktoren ab, insbesondere von Ihrem diplomatischen Geschick.

4.6 Werkzeug 6: Stakeholder-Management

Nicht in allen Fällen wird es möglich sein, dass Sie einen Auftrag abschließen, indem Sie nur mit einer Person verhandeln. Meistens sind wesentlich mehr Akteure auf der Seite des Kunden beteiligt. Das erhöht die Komplexität für Sie:

▨ **Unterschiedliche Rollen haben unterschiedliche Interessen**
Alle Beteiligte mit deren individuellen Bedürfnissen abzuholen, erfordert Geschick, Erfahrung und Zeit.

▨ **Die Interessen der Beteiligten können miteinander in Konflikt stehen**
So mag ein Prozessmanager darauf erpicht sein, dass während der Projekteinführung alle Prozesse des Unternehmens eingehalten werden – der Projektleiter hingegen findet, dass dies die Einführung des neuen Systems deutlich aufwendiger macht und wünscht sich eine Ausnahmeregelung, um den knappen Zeitplan einhalten zu können.

▨ **Erwartungen an die Kommunikation**
Neben dem Inhalt unterscheiden sich die unterschiedlichen Stakeholder auch in den Erwartungen und Anforderungen an Sie als Verkaufsberater: Manager wollen meist nur die wichtigsten Informationen kompakt präsentiert bekommen, um eine Entscheidung zu treffen. Experten hingegen schätzen Details und die Möglichkeit der Diskussion. Beide Rollen in derselben Präsentation zufriedenstellen zu wollen, ist daher schwierig.

▨ **Gruppendynamik kann entstehen**
Je mehr Leute beteiligt sind, desto größer ist die Wahrscheinlichkeit, dass soziale Dynamik auftritt. Das kann vorteilhaft sein (beispielsweise, wenn Sie einige wichtige Personen überzeugen können, die dann die restlichen

Personen »mitreißen«) oder nachteilig (wenn die negative Stimmung einer wichtigen Person auf andere überspringt).

- **Interpretationen**
  Wenn es unterschiedliche Meinungen gibt, kann sich bei den Beteiligten ein Gefühl von Unklarheit (»Der eine sagt so – der andere so«) oder von Chaos (»Ich glaub, jeder redet von etwas anderem«) einstellen. Damit wird das Projektrisiko höher eingestuft, als es ist.

- **Teamentwicklung**
  Oft entsteht rund um das Projekt eine neue Projektgruppe aus Personen, die in dieser Form noch nie zusammengearbeitet haben. In diesem Fall kommt zu den inhaltlichen Schwierigkeiten des Projektes noch die Herausforderung der Gruppenbildung und -entwicklung dazu (Vertrauensprobleme, Zuschreibungen, Statusgerangel, unklare Rollen, unklare Kommunikation etc.).

> **Tipp**
>
> Der Umgang mit Gruppendynamik würde den Umfang dieses Buches sprengen. Wenn die Thematik Sie interessiert, empfehle ich Ihnen das Buch »Soft Skills für IT-Führungskräfte und Projektleiter« von Uwe Vigenschow, Björn Schneider und Ines Meyrose, dpunkt.verlag. Noch detaillierter, allerdings ohne IT-Bezug behandelt Eberhard Stahl das Thema in seinem Buch »Dynamik in Gruppen«, erschienen in der Verlagsgruppe Beltz.

Tipps für das Stakeholder-Management

- **Konzentration auf Schlüsselpersonen**
  Gerade in großen Projekten mit vielen Beteiligten können Sie nicht alle überzeugen. Das ist auch in den meisten Fällen nicht nötig (Ausnahme ist der Non-Profit-Bereich – dort kann es erforderlich sein, einen Konsens aller Beteiligten zu erreichen).

  In anderen Projekten konzentrieren Sie sich am besten darauf, die wichtigsten Personen zu identifizieren, deren Meinungen das meiste Gewicht und die höchste Überzeugungskraft bei den anderen Personen haben.

  Wie finden Sie die? Als geschickter Beobachter merken Sie in der Regel rasch, wer in Gruppen etwas zu sagen hat und wer nur viel redet.

  Die Alternative: Nachfragen! Sprechen Sie Ihre Kontaktperson einfach direkt darauf an: »Welche Personen müssen wir auf jeden Fall überzeugen?«

Die Menschen abholen

Geben Sie allen wichtigen Beteiligten eine Chance, sich einzubringen. Alle Personen wollen um ihre Meinung gefragt werden, selbst wenn sie keine haben.

Häufig geht es dabei mehr um ein Zeichen des Respekts und der Anerkennung als um großartige neue Erkenntnisse.

Ein Workshop mit den Beteiligten, bei dem jede Person einen Wunschzettel und einen Auf-keinen-Fall-Zettel schreiben kann, reicht oft bereits aus, damit diese Personen weniger Vorbehalte gegen Sie und das Projekt haben.

Manche Manager beim Kunden fürchten, dass bei so einer Veranstaltung dann viele unerfüllbare Erwartungen geweckt werden. Meine Erfahrung ist allerdings die, dass die meisten Menschen gut damit umgehen können, dass sie nicht bekommen, was sie gerne hätten – solange es respektvoll und nachvollziehbar begründet wird.

In den meisten Fällen geht es also vielmehr darum, die Sorgen aufzugreifen und zu erklären, was man dagegen tun wird oder warum man nichts dagegen tun kann. Beides ist akzeptabel und Sie vermeiden dadurch, dass Sie bei der ersten Schwierigkeit zu hören bekommen: »Das hätte ich Ihnen schon zu Beginn sagen können, aber mich fragt ja niemand. Jetzt sehen Sie zu, wie Sie Ihr Problem selbst lösen.«

Zielgruppengerechte Arbeitsweise

Teilen Sie die Beteiligten in Zielgruppen ein und organisieren Sie Ihre Arbeit auf diese Gruppen hin. Damit zeigen Sie, dass Sie in der Lage sind, Ihre Vorgangsweise rund um den Kunden anzulegen statt so, wie es für Sie möglichst einfach wäre.

Angenommen, der Kunde hat Sie um eine Präsentation Ihres Systems zur Kennzahlenerfassung im EDV-Betrieb gebeten. Sie könnten nun folgende Agenda für Ihren Besuch anbieten:

Zeit	Inhalt	Kernzielgruppe
09.30 – 10.00	Systemüberblick, Vergleich mit ähnlichen Produkten, besondere Vorteile unseres Systems, Investitionsrendite	Management, Controlling
10.00 – 10.30	Live-Demo des Produktes	alle Interessierten
10.30 – 10.45	Pause, informelle Fragen	
10.45 – 11.30	Diskussion, Fragen und Antworten, technische Details	Interessierte, Experten
11.30 – 12.00	Zusammenfassung, Erkenntnisse, offene Punkte, nächste Schritte	Management, Projektverantwortliche

Mit einer derartigen Agenda zeigen Sie, dass Sie strukturiert und straff arbeiten. Ebenso wollen Sie den Beteiligten Zeit sparen (Management muss beispielsweise nicht bei allen Punkten anwesend sein).

Sie respektieren die Hierarchie und überlassen es dem Management, wer welchen Teil besuchen soll. Damit demonstrieren Sie, dass Sie eine breite Basis mit einbeziehen wollen, die Kontrolle aber beim Management verbleibt.

Die optimale Agenda ist natürlich von Ihrer Branche, den Erwartungen, Ihrem Produkt und den typischen Beteiligten abhängig.

Die oben dargestellte Agenda ist somit ein Beispiel und keine Best Practice.

Die Akteure

Unterschiedliche Personen im Unternehmen des Kunden haben unterschiedliche Rollen und unterschiedliche Bedürfnisse. Viele dieser Rollen können Sie vermutlich gut einschätzen – andere vielleicht nicht.

Um Ihr Bild zu komplettieren, stellen sich die vielen möglichen Ansprechpartner mit Ihren Wünschen und Erwartungen jetzt kurz vor:

Der Anwender

Ich benutze das neue IT-System nach der Einführung, ohne mich würde es gar nicht gekauft werden.

Deswegen ist mir wichtig, dass die Software auch so funktioniert wie angepriesen oder vereinbart. Bugs, Fehler und Fehlfunktionen ärgern mich sehr. Noch schlimmer sind sporadisch auftretende Fehler ohne System. Wenn ich diese reklamiere, höre ich dann, dass die Techniker den Fehler nicht reproduzieren können und sie daher nichts tun können. Das verstehe ich zwar, trotzdem macht es mich rasend, schließlich kann ich so nicht arbeiten und wenn diese Personen es nicht lösen können – wer dann?

Besonders wichtig ist mir die einfache Bedienung. Darunter verstehe ich, dass ICH die Software in einfacher Weise bedienen kann – nicht der Programmierer oder der Trainer oder Berater. Diese demonstrieren die Funktionsweise beim Training ganz flink am Bildschirm. Dann bin ich alleine mit der Software und habe keine Ahnung mehr, wie das funktionieren soll. Kurze Zeit später stehen fünf weitere Kollegen um mich herum und versuchen mir zu helfen: vergeblich. Frustriert rufe ich beim Anbieter an und schildere mein Problem, worauf ich zur Antwort bekomme: »Das ist ganz einfach ...«

Nein, ist es nicht. Hören Sie auf, so zu tun, als wäre es einfach. Noch besser: Machen Sie Ihre Software so, dass ich mir denke: »Das ist wirklich einfach.«

Sehr ärgerlich ist auch, wenn ein Programm, mit dem ich ständig arbeiten muss, zu langsam ist und meine Arbeit verzögert. Wenn ich dann im Support anrufe und erkläre, dass ich bei jedem Ausdruck 30 Sekunden lang nicht weiterarbeiten kann, bekomme ich zu hören: »Da kann man nichts machen, Sie können doch sicher in dieser Zeit etwas anderes erledigen.« Ja, kann ich. Aber war nicht der Sinn der Software, dass diese sich um mich herum organisiert und nicht umgekehrt?

Auf jeden Fall will ich unabhängig sein – ich hasse es, wenn ich immer wieder bei den IT-Leuten anrufen muss, weil irgendetwas nicht funktioniert, und diese etwas für mich einstellen oder freigeben müssen.

Der IT-Leiter

Ich bin dafür verantwortlich, dass unsere IT-Systeme sauber laufen und die restlichen Prozesse im Unternehmen gut unterstützen.

Stabilität, also ein reibungsloser Betrieb, ist mir das Wichtigste. Was ich gar nicht brauchen kann, sind andere Mitarbeiter oder deren Vorgesetzte, die bei mir verzweifelt oder erbost anrufen, weil irgendetwas in ihrer Abteilung nicht mehr funktioniert.

Fast ebenso wichtig ist, dass der Betrieb des Systems sehr effizient erledigt werden kann. Alle Hersteller glauben natürlich, dass ihr System sehr pflegeleicht ist. Das liegt daran, dass sie selbst es sehr gut kennen und meistens auch nur dieses eine System betreiben müssen. Wir hingegen haben Dutzende, manchmal Hunderte von kritischen Applikationen, die alle parallel laufen.

Wir müssen effizient arbeiten und sind daher nicht völlig unabhängig in der Wahl von Serverausstattung, Betriebssystemen, Frameworks und dergleichen. Wenn die Anbieter selbst umfangreiche Systeme parallel betreiben müssten, dann würden sie verstehen, dass wir nicht einfach einzelne Maschinen mit ihrer Idealkonfiguration installieren können. Wenn wir das so machen würden, hätten wir Dutzende von unterschiedlichen IT-Plattformen und -Umgebungen, jede sauber getrennt von allen anderen. Abgesehen davon, dass das technisch oft unmöglich ist, würde dies unseren Aufwand explodieren lassen. Unsere Leute sind oft für Hunderte von Maschinen zuständig, das lässt sich nur bewerkstelligen, wenn wir Standards einhalten und vieles automatisieren.

In manchen Fällen bedeutet dies, dass unsere Konfigurationen nicht immer auf dem neuesten Stand der Technik sind. Wir können nicht wie auf dem PC zu Hause einfach automatisch Updates installieren – schließlich riskieren wir unser Geschäft, wenn irgendetwas dann nicht funktioniert.

Ich kann es daher nicht leiden, wenn Anbieter mir vorschreiben wollen, wie ich das System zu betreiben habe, inklusive Konfiguration der Server, Betriebssystem, Netzwerk und dergleichen, vor allem wenn diese nicht zu unseren Standards passt.

Wenn ich dann noch höre, dass der Anbieter ausschließlich unter diesen Umständen eine Verantwortung für eine reibungslose Funktion übernehmen will, haben wir ein Problem.

Sehr aufwendig ist es, wenn Spezial-Know-how zum Betrieb oder zur Anpassung des Systems notwendig ist. Dann bin ich davon abhängig, dass der Anbieter gerade dann Zeit und Lust hat, wenn ich Unterstützung benötige. Mir ist es wichtig, dass meine Mitarbeiter alles, was regelmäßig anfällt, selbst erledigen können. Oder es gibt dieses Wissen auf dem Markt gut verfügbar in Form von freien Consultants.

Wenn Anbieter glauben, das Problem des Know-how-Transfers sei damit erledigt, dass sie einen Mitarbeiter schulen, dann ist das ein Irrtum. Ein Mitarbeiter kann keinen 24/7-Betrieb abdecken, nicht einmal einen Bereitschaftsdienst. Krankheit, Urlaub, Kündigung – ich kann wegen solchen Gründen nicht riskieren, dass der Betrieb steht.

Zum Thema kleine und junge Anbieter: Ich schätze schlank aufgestellte, innovative Softwareunternehmen sehr. Sie sind meist sehr engagiert und haben kompetente Leute. Leider ist das Risiko neuer Unternehmen in den ersten Geschäftsjahren noch sehr hoch, wie Statistik und Erfahrung zeigt. Eine Software, deren Anbieter nicht mehr am Markt ist, ist für uns gestorben, weil jeder neue Patch des Betriebssystems oder einer Systemumgebung damit ein kritisches Geschäftsrisiko darstellt. Uns für diesen Fall Sourcecode anzubieten, ist theoretisch nett, aber praktisch unbrauchbar. Deswegen versuchen wir, diese Situation bereits von vornherein zu vermeiden – auch wenn wir uns schweren Herzens für das etwas schlechtere Produkt zum höheren Preis entscheiden müssen.

Der Systemadministrator

Ich betreibe das neue System – es wird zu meinem Baby.

Was das bedeutet, verstehen die wenigsten Anbieter. Diese glauben, ich bekomme ein paar DVDs, installiere die Software und das war's. Wenn es ein Problem gibt, soll ich mich beim Support des Anbieters melden.

So läuft das nicht. Unsere Umgebung verändert sich ständig aufgrund der Anforderungen aus der Geschäftstätigkeit oder aufgrund von rechtlichen oder sicherheitstechnischen Rahmenbedingungen. Ebenso setzen wir neue

Systeme und Technologien ein, weil wir ständig effizienter, günstiger und schneller arbeiten müssen.

Ich brauche daher eine möglichst robuste Software, mit der ich flexibel umgehen kann und das möglichst autonom. Ständig bei einer Hotline anrufen zu müssen, damit ich meine Arbeit erledigen kann, ist für mich keine akzeptable Lösung.

Dazu arbeite ich mich auch gerne in eine neue Technologie ein, sofern diese gut dokumentiert ist, sauber funktioniert und für knifflige Fragen ein kompetenter 3rd-Level-Support zur Verfügung steht.

Hardwareabhängigkeit und Anforderungen an besondere Softwarekomponenten sind für mich ein rotes Tuch. Ich kann nicht für jede Software einen eigenen Server oder eine eigene virtuelle Maschine betreiben, die alle unterschiedlich konfiguriert sind. Dabei verliere ich rasch den Überblick und kann nicht automatisieren.

Besonders lästig ist es, wenn die Software noch exotische Patches, Tools und Frameworks benötigt, die ich nicht kenne. Dann übernehme ich nicht nur eine neue Software in den Betrieb, sondern gleich eine ganze Reihe davon.

Dabei habe ich das Gefühl, dass die Programmierer es sich zu einfach gemacht haben. Statt ihre Software wirklich stabil und robust zu entwickeln, wollen sie, dass ich meine Umgebung anpasse. Wenn ich beim Techniker nachfrage, warum ich zusätzlich ein bestimmtes Tool installieren soll, wie in der Dokumentation angegeben, sagt dieser: »Ohne das Ding tritt regelmäßig ein »Memory-Lag«-Fehler auf. Was es genau macht, weiß ich nicht. Um das zu prüfen, hatte ich keine Zeit. Aber seit wir das Tool einsetzen, tritt der Fehler bei uns nicht mehr auf.« Großartig! Da vertraue ich der Software gleich gar nicht mehr.

Ich benötige umfangreiche Werkzeuge zur Installation, Wartung und Konfiguration des Systems. Gerade das Monitoring wird gerne vergessen, ist aber für einen guten Betrieb unerlässlich. Damit kann ich Statistiken erstellen, Probleme schon frühzeitig erkennen und das System direkt mit einem Alarm verknüpfen, der mich darauf aufmerksam macht. Wenn ich erst durch die Anwender erfahre, dass es ein Problem gibt, habe ich einen schlechten Job gemacht.

Von Vorteil sind für mich APIs, damit ich mir selbst Tools entwickeln kann.

Was meine Motivation steigern kann: coole, neue Technologien. Das ist spannend, interessant und macht sich auch gut im Lebenslauf.

Der Softwareentwickler

Mein Job ist es, Software zu entwickeln. Häufig arbeiten wir dazu mit externen Kräften zusammen: Diese entwickeln für uns, mit uns oder stellen eine Software zur Verfügung, die ich dann für unser Unternehmen anpasse.

Mit wem ich am liebsten zusammenarbeite? Mit erstklassigen Profis natürlich. Entwickler, die kompetent sind, gute Ideen und Designs einbringen und auf die man sich verlassen kann. Das ist am effektivsten und wir lernen voneinander.

Mit coolen, neuen Technologien zu arbeiten, ist natürlich von Vorteil, das macht mehr Spaß, der Lerneffekt ist höher und die möglichen Produktivitätsgewinne sind hoch – aber das ist nicht das Wichtigste. Wichtiger ist, dass zum Schluss alles funktioniert.

Schwierigkeiten gibt es vor allem bei der Zusammenarbeit. Externe Spezialisten oder Anbieter wollen immer perfekte Spezifikationen, damit es nachher keine Diskussionen gibt. Das ist nachvollziehbar, geht allerdings oft an meinen Bedürfnissen und denen des Unternehmens vorbei. Viele Anforderungen ergeben sich erst dann, wenn wir erste Erfahrungen gemacht haben. Außerdem will ich keine Bücher schreiben, um im Vorfeld alles zu klären. Etwas Flexibilität ist gefragt. Das muss der Anbieter dann eben im Vertrag ausmachen, dass er für weitere Anforderungen sein Geld bekommt. Wir hatten schon die skurrile Situation, dass stur nach Spezifikation entwickelt wurde – aber vollkommen am Ziel der Software vorbei.

Ebenso nervt, wenn der Anbieter glaubt, dass sich unser Unternehmen um seine Software herum organisiert. Wenn etwas nicht funktioniert und ich beim externen Entwickler anrufe, bekomme ich die klassische Antwort: »Auf meinem Rechner funktioniert es aber tadellos. Das muss an Ihrem System liegen.« Was habe ich von so einer Antwort? Sein Rechner geht bei uns nicht in Produktion.

Manchmal bieten auch Anbieter Basissysteme an, die wir erweitern. Dann ist es wichtig, dass es mächtige Development Kits, gute dokumentierte APIs gibt und Testumgebungen, die diesen Namen auch verdienen.

Besonders hilfreich: kompetente Berater mit Top-Know-how, die auch flexibel sind. Manchmal sollen sie bei uns arbeiten, andere Male ist uns der Arbeitsort egal.

Was ich auf keinen Fall will: eine Funktion, die laut Anbieter funktionieren sollte, aber nicht funktioniert. Und keiner weiß, warum. Dann geht die übliche ineffiziente Prozedur los mit Tickets eröffnen, die dann ständig eskaliert werden, und wir Wochen auf eine Antwort warten.

Der IT-Security- und Datenschutzbeauftragte

Meine Aufgabe ist es, sicherzustellen, dass alles mit rechten Dingen abläuft. Das macht mich nicht immer beliebt. Besonders bei Auditierungen oder Zertifizierungen sind die Anforderungen oft enorm und nicht immer ist die Sinnhaftigkeit der Maßnahmen offensichtlich. Nur: Mit den Behörden ist oft schwer zu diskutieren und bestimmte Audits müssen wir einfach ablegen, weil es Voraussetzung für unser Geschäft ist.

Es ist nachvollziehbar, dass unsere Anforderungen aus der IT-Security nicht immer leicht vereinbar sind mit der effizientesten Art, Software zu entwickeln. Das können spezielle Anforderungen sein an die Plattformen und an die Umgebungen oder Vorgaben, mit welchen Tests geprüft werden muss.

Ebenso sind wir auch nicht immer flexibel gegenüber Home-Office-Arbeit oder dass wichtige Komponenten vor Ort bei externen Partnern entwickelt werden. Das hat manchmal Datenschutzgründe, manchmal Sicherheitsgründe, andere Male können wir das aufgrund von Richtlinien nicht zulassen.

Bei externen Partnern ist mir wichtig, dass sie diese Anforderungen ernst nehmen. Es ist zwecklos, mir zu erklären, dass sie gewohnt sind, ihre Software anders zu schreiben als von mir gewünscht, weil das effizienter ist. Das mag sein. Effizienz ist nicht der einzige Maßstab.

Daher haben wir in manchen Fällen auch spezielle Anforderungen an den Entwicklungsprozess oder Zertifikate der Anbieter.

Mein Tipp: Schon vorher abklären, welche Richtlinien einzuhalten sind. Das kann zusätzlichen Aufwand bedeuten und Geld kosten – und sollte daher im Angebot mit berücksichtigt sein.

Der Einkäufer

Mein Job ist es, sicherzustellen, dass unser Unternehmen kosteneffizient und zuverlässig Software und Leistungen einkauft.

Der Preis ist für uns immer ein Thema – aber nicht das einzige. Dass wir tatsächlich den billigsten Anbieter wählen, kommt seltener vor, als die meisten Lieferanten glauben.

Ich bin gerne bereit, für Service und Leistungen, die uns nutzen, beim Preis etwas draufzulegen. Aber die Erfahrung zeigt: Die Meinungen darüber, was uns wirklich Nutzen bringt und was nicht, gehen auseinander.

Alle Anbieter glauben, dass sie besonders flexibel und qualitativ hochwertig entwickeln. Mir hat noch nie jemand erzählt: »Ich schätze, unsere Leistungen sind im Durchschnitt.« Wenn Sie jeden Tag fünf Mal hören würden, dass die Person vor Ihnen sitzt, die das Programmieren ihrer eigenen Meinung nach erfunden hat, dann glauben Sie es auch irgendwann nicht mehr. Vor allem, wenn man in jedem Projekt mit ansehen kann, welche Fehler in der Implementierung von diesen »Top-Experten« dann gemacht werden.

Ich gehe daher grundsätzlich davon aus, dass ein Anbieter eben Durchschnitt ist, solange bis er mir plausibel das Gegenteil beweisen kann. Und wenn das nicht der Fall ist – warum soll unser Unternehmen dann Premium-Preise bezahlen?

Eine weitere Aufgabe von mir ist es, unser Unternehmen so unabhängig wie möglich zu machen – wir wollen schließlich nicht erpressbar sein oder ein Geschäftsproblem bekommen, wenn ein Lieferant aus dem Markt ausscheidet – aus welchen Gründen auch immer. Es ist daher für mich kein Vorteil, wenn Anbieter vollmundig verkünden, dass ihre Leistungen ausschließlich bei ihnen zu beziehen sind und es niemanden sonst gibt, der das auch kann. Im Gegenteil, da klingeln bei mir die Alarmglocken.

Die üblichen Tricks mit versteckten Kosten brauche ich auch nicht. Regelmäßig tauchen mitten im Projekt Rechnungen für Lizenzkosten, zusätzliche Tools und noch mehr Beratungsleistung auf. Natürlich wird das immer damit argumentiert, dass unser Unternehmen die Erwartungen nicht ausreichend beschrieben hat und dies erst jetzt im Laufe des Projektes herausgefunden wurde. Das ist natürlich möglich und dann legitim. Umgekehrt zeigt meine Erfahrung auch, dass diese Unklarheiten von den Anbietern auch gerne »übersehen« werden. In diesem Fall fühle ich mich geprellt und werde versuchen, diese Kosten bei der nächsten Preisverhandlung wieder hereinzuholen.

Der Projektleiter

Die Arbeit mit externen Anbietern und Beratern ist für mich ein zweischneidiges Schwert. Einerseits sind die Leute oft kompetent und engagiert. Besonders wenn sie temporär vor Ort sind, kommen wir mit der Arbeit gut weiter, weil die Leute intensiv und lange arbeiten. Hilfreich ist auch, dass diese sich dann ausschließlich um dieses Projekt kümmern, während Mitarbeiter aus dem eigenen Unternehmen oft an mehreren Sachen gleichzeitig arbeiten müssen.

Was ist besonders hilfreich: Wenn der Anbieter gute Erfahrungswerte liefern kann, die Besonderheiten des Unternehmens rasch begreift und bewerten kann. Das hilft mir sehr bei der Planung, bei den Schätzungen und beim Risikomanagement.

Angenehm ist es auch, wenn es beim Anbieter eine Art Projektmanagement gibt, das selbstständig die für mich nötigen Zahlen erfasst und mir bereitstellt. Das erspart mir viel lästige Schreibarbeit und Rumlaufen.

Was mir umgekehrt das Leben oft schwer macht: eine Art Dienst-nach-Vorschrift-Mentalität besonders bei größeren Anbietern: »Das kann ich nicht tun, weil ich das nicht auf das Projektbudget buchen kann«, »Das geht nicht, weil es eine andere Leistungskategorie ist und das verstößt gegen unsere Richtlinien« oder »Ich kann Ihnen leider nicht entgegenkommen, denn dazu müssen wir zuerst durch das interne Genehmigungsverfahren«.

Ebenfalls sehr lästig ist die »So-ist-es-aber-am-besten«-Einstellung. Das mag sein, aber wir können nicht immer alle unsere eigenen Systeme und Technologien umstellen, nur weil das für den Anbieter am günstigsten wäre. Selbst wenn die Umstellungen an sich sinnvoll sind – mein Auftrag ist, das Projekt effizient zu Ende zu bringen, und nicht, das Unternehmen von Grund auf zu verbessern. Ich vertrete gerne Verbesserungsvorschläge in den entsprechenden Gremien – darüber hinaus muss ich mit dem auskommen, was wir gerade haben, auch wenn das nicht optimal ist. Hier hätte ich gerne Lösungsvorschläge, Alternativen und mehr Flexibilität.

Sehr unangenehm sind noch unbekannte Abhängigkeiten, egal ob dies Technologien sind oder Ressourcen, Know-how, Genehmigungen etc. Besonders schlimm sind diese Abhängigkeiten, wenn sie unerwartet mitten im Projekt auftauchen und dann ganz wichtig und dringend sind. Dann entsteht plötzlich eine dringend notwendige Umstellung im Data Warehouse. Mir wird dann erklärt, dass das keine große Sache ist und bestenfalls einen Tag Arbeit bedeutet. Mag sein – das heißt aber nicht, dass ich das kurzfristig so einfach organisieren kann. Vielleicht haben wir gerade ein Finanzaudit. Das kann bedeuten, dass wir 10 Tage warten müssen und das mit einem Arbeitsprojekt auf dem kritischen Pfad.

Wenn ein Anbieter es sich mit mir endgültig verscherzen will, dann bringt er zu Beginn des Projektes die besten, kompetentesten Berater mit, die alle Antworten aus dem Effeff beherrschen. Kaum ist das Projekt unterschrieben, sind genau diese Leute nicht mehr verfügbar, weil diese Personen »kurzfristig in einem anderen wichtigen Projekt aushelfen mussten«. Für wie dumm halten die mich? Das ist Bauernfängerei, und dieser Anbieter bekommt beim nächsten Projekt sicher ein Veto von mir.

Der Prozessmanager

Ich bin Prozessmanager. Ich kümmere mich darum, dass die Prozesse im Unternehmen effektiv und effizient ablaufen. Nicht allen gefällt dies, aber bei komplexen IT-Systemen ist das Einhalten von klaren Prozessen nötig – für saubere, nachvollziehbare Arbeitsschritte, geringes Systemrisiko und standardisierte Abläufe.

Das kann für einzelne Personen und Teams oft einen Mehraufwand bedeuten wie Dokumentation oder geringere Flexibilität bei bestimmten Aufgaben. Für mich steht jedoch das Gesamtsystem im Vordergrund. Während interne Mitarbeiter sich meist an die Prozesse gewöhnt haben, ist es für externe Berater oder Systemanbieter oft schwer, sich in die Prozesse einzufinden. Daher ist es sehr wünschenswert, wenn Anbieter IT-Prozess-Know-how mitbringen, sodass sie zumindest die wichtigsten Anforderungen verstehen.

Dass viele Anbieter angesichts der aufwendigen Prozesse oft Kritik und Kopfschütteln äußern, hilft mir nicht weiter. Ich vermisse dabei die Motivation, die Gesamtlandschaft zu verstehen. Es ist nachvollziehbar, dass sich IT-Anbieter Ausnahmen wünschen. Trotzdem kann ich diese nicht gewähren.

Wichtig ist mir außerdem, dass das neue System mir hilft, wichtige Kennzahlen zu ermitteln. Diese unterstützen mich bei der Gesamtoptimierung, ebenso erleichtern diese dem Topmanagement zukünftige Entscheidungen.

Wichtig ist mir auch der übergreifende Datenaustausch. Proprietäre Protokolle sowie nicht dokumentierte oder fehlende Schnittstellen helfen uns dabei nicht weiter. Ebenso lästig ist es, wenn Daten in unorthodoxen Formaten auf Datenbanken abgelegt werden, sodass es für andere Entwickler schwierig ist, effektiv darauf zuzugreifen, und ich diese Daten daher für meine Zwecke nicht nutzen kann.

Egal, was andere von Prozessmanagementsystemen wie ITIL oder COBIT halten – für mich sind diese täglich Brot. Wenn neue Systeme eingesetzt oder bestehende adaptiert werden, so müssen diese sich leicht in derartige Systeme integrieren lassen. Vor allem, wenn ich regelmäßig auditiert werde, ist das sehr wichtig.

Besonders lästig ist es, wenn Systeme eingeführt werden, die eine Änderung bestehender Prozesse nötig machen.

Die Personalverantwortliche

Hallo, ich vertrete die Abteilung Human Resources.

Ihr technisches System interessiert mich weniger – für mich ist wichtig, was das für die Mitarbeiter bedeutet, insbesondere für Schulungen. Je weniger Mitarbeiter geschult werden müssen, desto besser. Es ist wichtig zu berücksichtigen, dass Mitarbeiter laufend wechseln können. In diesem Fall ist es notwendig, dass die neuen Mitarbeiter auch rasch eine Schulung erhalten können. Bieten Sie daher regelmäßig Schulungen in der Nähe an? Bei rein individuellen Vereinbarungen und Einzeltrainings steigen die Kosten ansonsten rasch an.

Vielleicht haben Sie eine Art »Train-the-Trainer«-Programm, damit wir nur einen Teil der Mitarbeiter bei Ihnen schulen müssen und diese das Wissen dann selbstständig weitergeben können? Das wäre sehr hilfreich, besonders wenn es um Anwenderschulungen geht.

Ich gehe davon aus, dass Sie mit unserem Datenschutzbeauftragten bereits gesprochen haben – wenn nicht, erledigen Sie das auf jeden Fall. Es wäre sehr ärgerlich, wenn wir Ihr System anschaffen, in den Einsatz überführen und dann erkennen, dass es Probleme mit der Rechtslage gibt.

Was für uns sehr ungünstig ist: Wenn wir für den Betrieb Ihres Systems neues Spezial-Know-how benötigen, beispielsweise besondere Programmierkenntnisse. Es ist bereits jetzt schwierig genug, gute Mitarbeiter zu finden. Deshalb sind uns weitere Anforderungen, die uns die Suche noch schwerer machen, nicht willkommen.

Der IT-Support

Was uns vom IT-Support bei Anbietern wichtig ist?

Erstens: keine neuen Komponenten, die wir auf allen Rechnern installieren, patchen und pflegen müssen. Manche Anbieter verlangen, dass wir neben ihrem Softwareclient noch weitere Treiber, Tools und Frameworks installieren. Das gibt dann oft Probleme mit dem Virenscanner und dann haben wir Beschwerden ohne Ende. Daher bitte nur Standards.

Zweitens: So einfach wie möglich. Wir haben auch so schon genug Arbeit, wir möchten uns nicht auch noch in Ihre Software einarbeiten müssen, um den Anwendern zu helfen, die bei uns anrufen, weil sie es nicht mehr schaffen, den Datenfilter umzustellen.

Drittens: Falls Ihre Software auf sehr vielen Rechnern installiert wird, brauchen wir ein Installationstool oder möglicherweise Unterstützung, damit wir es in unsere Installationsroutinen einbauen können.

Letztens und besonders wichtig: keine Bugs, keine Performance-Probleme, keine Blue Screens oder irgendwas sonst, was unsere Nutzer zum Schreien bringt.

4.7 Werkzeug 7: Verhandlungstipps für Verkaufsberater

> » *Wir machen ihm ein Angebot, das er nicht ablehnen kann.* «
>
> Marlon Brando als Vito Corleone in »Der Pate«

Die folgende Auswahl besteht aus den 8 besten Verhandlungstipps, die von Profis immer wieder verwendet werden und die Sie auch einfach und wirkungsvoll einsetzen können.

Die Tipps sind besonders gut geeignet, um mit dem Kunden inhaltliche Vereinbarungen zu verhandeln, beispielsweise:

- Spezifikation
- Umfang, Funktionen
- Termine
- Qualitätsmerkmale
- Unterstützung, Support
- Beteiligte Personen
- Abnahmekriterien
- Dokumentation
- Einzuhaltende Prozesse

Auch für Preisverhandlungen sind viele der Techniken gut geeignet. Allerdings sind Preisverhandlungen – vor allem in wettbewerbsintensiven Branchen mit hartem Preiskampf – eine Wissenschaft für sich und abseits der Möglichkeiten dieses Buches.

Tipp

Bezüglich Preisverhandlungen gibt es zahlreiche darauf spezialisierte Fachliteratur. Dort werden Sie sicher fündig, wenn Sie sich für dieses Thema interessieren, denn Preisverhandlungen sind nur in geringem Maße IT-spezifisch.

Wenn Sie harte Preisverhandlungen mit erfahrenen Einkäufern erwarten, ist es empfehlenswert, einen Profi hinzuzuziehen (als Berater oder aus Ihrem Unternehmen).

Verhandlungstipp 1:
Machen Sie nie sofortige Zusagen

Egal, wie einfach Sie einen Wunsch des Kunden auch erfüllen können –
sagen Sie nie sofort »Ja«.

Gerade zu Beginn eines Projektes fallen Zusagen und Zugeständnisse
leicht. Hier ein paar einfache Funktionen dazu, da noch eine kleine
Anpassung. Zugeständnisse an Vor-Ort-Präsenz fallen noch leicht, und
auch die Aufgabe der Dokumentation übernimmt man vor dem Projektstart noch gerne. Denn mit all diesen Zugeständnissen demonstrieren Sie
dem Kunden Kooperation und Großzügigkeit. Außerdem kostet jedes
einzelne Zugeständnis nicht viel.

Alle zusammen hingegen bedeuten plötzlich doch einen großen Kosten-
block.

Schlimmer noch: Je öfter Sie bereits »Ja« gesagt haben, desto schwieriger
wird es, plötzlich die Bremse zu ziehen, denn Sie wollen ja nicht kleinlich
sein. Und wie erklären Sie dem Kunden, dass Sie bereits über Budget
Zusagen gemacht haben und Sie keinen Spielraum mehr haben für kulan-
tes Handhaben von Anforderungen, die wirklich wichtig sind?

Daher der Tipp: Nehmen Sie alle Wünsche auf, machen Sie sich Notizen
und versprechen Sie, dass Sie sich darum kümmern werden.

Aber sagen Sie nicht sofort »Ja!«.

Sagen Sie stattdessen etwas in der Art:

> *Ich vermute, dass sich das machen lässt. Bevor ich Ihnen eine hun-*
> *dertprozentige Zusage gebe, will ich gerne noch mit einem Experten*
> *darüber sprechen. Ich habe es aber notiert.«*

Wenn Sie derart alle Anforderungen erfassen, haben Sie einen Überblick,
wie groß denn die Wunschliste letztendlich ist. Damit wird es wesentlich
leichter zu entscheiden, welche Zugeständnisse Sie dem Kunden jetzt tatsächlich machen – und für welche Sie etwas verrechnen wollen.

Der zweite Vorteil bei dieser Vorgangsweise ist, dass Sie sich nicht unter
Wert verkaufen.

Wenn Sie dem Kunden bereits 9 Punkte zugestanden haben (»Das sollte
kein Problem sein, das erledigen wir«) und beim Punkt Nummer 10, der
etwas mehr Aufwand bedeutet, einen Preisaufschlag ansprechen, kann Ihr
Kunde enttäuscht sein:

> *»Ach kommen Sie, so viel Aufwand ist das nun auch wieder nicht, viel-*
> *leicht ein Tag Arbeit. Es ist schon klar, dass Sie Ihre Kosten im Griff*

haben wollen, aber bei der Projektgröße erwarten wir uns schon etwas Kulanz und Entgegenkommen.«

Hätten Sie stattdessen alle 10 Wünsche erst einmal notiert, könnten Sie anschließend so argumentieren:

»Herr Kunde, ich habe gute Nachrichten. Von den 10 Punkten, die ich notiert habe, gehen wir davon aus, dass 4 davon keinen großen Aufwand darstellen. Diese 4 Punkte sind also kein Problem. Weitere 5 Punkte sind aufwendiger, die können wir nicht mehr einfach so nebenbei erledigen. Ich habe allerdings mit dem Projektleiter gesprochen und er hat zugestimmt, dass wir bei diesem Projekt eine Ausnahme machen können und diese 5 Punkte auf Kulanz – also ohne zusätzliche Kosten für Sie – erledigen.

Einer der Punkte allerdings bedeutet doch einigen Entwicklungsaufwand – diesen müssten wir extra in Rechnung stellen.«

Das klingt alles schon wesentlich besser. Obwohl Sie jetzt einen der Zusatzwünsche extra in Rechnung stellen, klingt das Angebot großzügig und entgegenkommend.

Außerdem gehen Sie mit dieser Vorgangsweise nicht das Risiko ein, dass Sie etwas übersehen haben. Denn wenn Sie dem Kunden eine Erweiterung als »inklusive« zugestanden haben und dann beim Gespräch mit den Experten erfahren, dass das mehrere Tage Aufwand bedeutet, dann kann das peinlich werden.

Verhandlungstipp 2:
Verhandeln Sie nur Pakete – keine Einzelpositionen
Übergeben Sie dem Kunden keine detaillierten Kalkulationen, sonst riskieren Sie »Rosinenpickerei«.

Angenommen, Ihr Kunde bestellt eine umfangreiche Webseite. Sie schätzen nun die Aufwände für das Webdesign, für die Erstellung der Grafiken, für des Setzen der Texte, für die HTML-Programmierung, für die Einbindung diverser Formulare und anschließend noch Aufwände für Kommunikation, Qualitätskontrolle, Test und Rollout.

Zeigen Sie Ihrem Kunden nun die Einzelaufwände, wird dieser bei einigen positiv, bei anderen negativ überrascht sein. Die Verhandlungen wird er natürlich nur bei den Positionen führen, die ihm zu hoch erscheinen: »Für die Grafiken können Sie doch nicht zwei Tage ansetzen. Die kriegen Sie ja zum größten Teil direkt von mir. Für das Bearbeiten können Sie doch nicht so lange brauchen.«

Egal, wie gut Ihre Argumente jetzt sind – Sie kommen unter Druck, im Preis nachzugeben. Sogar, wenn Sie diese eine Position behaupten können, sind Sie spätestens bei der nächsten Diskussion im Zugzwang: »Drei Tage für Test und Qualitätskontrolle? Was muss ich da denn von Ihrer Arbeit denken? Das erscheint mir auf jeden Fall zu viel. Ich bin Ihnen bereits bei den Grafiken entgegengekommen, deswegen müssen hier auf jeden Fall zwei Tage reichen.«

Die Schätzungen von Softwareprojekten bringen es mit sich, dass einige der Positionen über- und andere unterschätzt werden. Im Idealfall gleichen sich die Schätzfehler aus. Wenn Sie dem Kunden gestatten, die einen zu korrigieren und die anderen beizubehalten, dann passt Ihre Kalkulation nicht mehr.

Verlassen Sie sich nicht darauf, dass Sie dieses Argument mit Ihren Kunden entspannt diskutieren können.

Besser ist es, Sie geben nur Preise für größere Pakete ab und lassen sich nicht darauf ein, Detailkalkulationen zur Verfügung zu stellen.

Ein weiterer Punkt: Bei Projekten mit mehreren Anbietern riskieren Sie bei der Aufführung von Einzelposten, dass der Kunde sich die billigsten Preise zusammensucht: »Bei der Schätzung für die Datenbank muss Ihnen offenbar ein Fehler unterlaufen sein. Ihre beiden Mitbewerber um den Auftrag haben diese Position um 15–20% geringer geschätzt.«

Damit erzeugt der Kunde bei Ihnen Preisdruck. Dass die Wettbewerber andere Positionen deutlich höher geschätzt haben, verschweigt Ihnen der Kunde natürlich.

Verhandlungstipp 3:
Tit for Tat
Haben Sie sich auch schon darüber gewundert, dass Zahnpastatuben immer noch etwas Zahnpasta hergeben, selbst wenn Sie mehrmals davon überzeugt waren, dass Sie jetzt den letzten Rest herausgepresst haben?

Mir zumindest geht es so: Solange noch etwas Zahnpasta kommt, versuche ich es am nächsten Tag noch einmal. Erst wenn gar nichts mehr kommt, wechsle ich die Tube.

Kunden zeigen dasselbe Verhalten bei Verhandlungen: Solange der Kunde ein Zugeständnis bekommt, fragt er nach weiteren.

Das ist nicht bösartig, sondern ein ganz normales Verhalten – wie bei der Zahnpasta.

Jedes Mal, wenn Sie Ihrem Kunden daher ein weiteres Detail zugestehen oder noch einen weiteren Arbeitsschritt für ihn übernehmen, den er eigentlich selbst erledigen sollte – wird er noch einen weiteren Versuch unternehmen. Erst dann, wenn Sie wirklich nichts mehr hergeben und sich auch dem größten Druck nicht mehr beugen, glaubt der Kunde, dass er herausgeholt hat, was möglich war, und dass er damit zu einer fairen Vereinbarung gekommen ist. Schließlich glauben die meisten Kunden, dass die Anbieter Verhandlungsspielräume in die Angebote einbauen – und die will der Kunde daher auch wieder raus verhandeln, sonst zahlt er ja mehr als nötig.

Also am besten gleich auf stur schalten und gar kein Entgegenkommen zeigen?

Auch das ist gefährlich, denn dann wirken Sie unkooperativ, unflexibel und vermitteln dem Kunden das Gefühl, ihn zu übervorteilen. Außerdem, wer will schon mit so einem Menschen zusammenarbeiten, der nicht einmal zu kleinen Zugeständnissen bereit ist. Wie können Sie das Problem also lösen? Die beste Methode ist »Tit-for-Tat«. Das bedeutet nichts anderes, als dass Sie für jedes Zugeständnis Ihrerseits auch eines vom Kunden haben wollen. Das Entgegenkommen, das Sie sich vom Kunden einfordern, kann dabei durchaus geringer sein als jenes, das von Ihnen verlangt wird.

Das Wichtigste ist, dass Sie vermitteln, dass es nichts umsonst gibt. Wenn der Kunde noch etwas drauf haben will, muss auch er etwas anderes hergeben – und sei es nur eine symbolische Geste.

Zugeständnisse, die Sie sich vom Kunden für Ihr Entgegenkommen holen, müssen keinesfalls immer Geld sein. Gute Alternativen sind:

- Einige Kann-Funktionen werden aus dem Pflichtenheft gestrichen
- Terminverschiebungen, die Ihnen ermöglichen, mit weniger Personal zu arbeiten
- Reduzierte Gewährleistung und damit weniger Risiko für Ihr Unternehmen
- Kunde erledigt bestimmte Aufgaben selbst (IKEA-Methode)
- Reduktion der Abnahmekriterien (Ziel wird schneller erreicht)
- Kunde übernimmt Test und Qualitätsprüfung selbst (arbeitsintensive Tätigkeiten)
- Abstriche in den Ansprüchen an die Dokumentation (ungeliebte Tätigkeiten)
- Kunde verlängert den Supportvertrag (mehr Umsatz)
- Höhere Anzahlungen, kürzere Zahlungsziele (bessere Liquidität)

Verhandlungstipp 4:
»Nein« heißt nicht »Niemals und unter keinen Umständen«
Es gibt mehrere Konflikt- und Verhandlungsstile.

Die drei Varianten »*Sich mit Druck durchsetzen*«, »*Partnerschaftliche Win-win-Situation anstreben*« und der »*Kompromiss (die goldene Mitte)*« sind bekannt und werden oft eingesetzt.

Die beiden weiteren Stile »*Ausweichen*« und »*Verschieben*« sind nicht sonderlich beliebt, denn sie haben das Stigma des Verlierens.

Zu Unrecht, denn gerade erfahrene Verhandler nutzen diese beiden Stile häufig. Besonders dann, wenn sie erkennen, dass der Zeitpunkt für sie gerade ungünstig ist. Was daher andere für Feigheit oder mangelndes Rückgrat halten, ist oft cleveres Taktieren.

Wenn also jemand mit Ihrem Vorschlag, eine neue Technologie für das Projekt einzusetzen, um Performance-Probleme in den Griff zu kriegen, nicht einverstanden ist – dann liegt das nicht immer am Inhalt Ihres Vorschlags.

Es kann genauso gut von der Situation abhängen, vom noch nicht vorhandenen Vertrauen in Sie als Berater oder auf schlechten Erfahrungen beruhen.

Bleiben Sie daher entspannt und interpretieren Sie das »Auf gar keinen Fall« des Kunden einfach als »Aktuell kommt das für uns nicht infrage«.

Verschieben Sie das Thema, arbeiten Sie in der Zwischenzeit an besseren Argumenten, suchen Sie sich Unterstützung für Ihre Idee und kommen Sie dann erneut mit Ihrem Vorschlag. Vielleicht hat sich die Situation verändert oder Sie haben mit Teilerfolgen Vertrauen aufgebaut oder der Kunde ist besserer Laune.

Genauso können Sie diese beiden Stile einsetzen, wenn Ihr Verhandlungspartner versucht, Sie unter Druck zu setzen. Schinden Sie Zeit und verschieben Sie die Diskussion. Bis zur nächsten Verhandlungsrunde sind Sie auf die Argumente des Kunden besser vorbereitet und können entsprechende Vorschläge machen, ohne sich unter Druck setzen zu lassen.

Damit Sie diese beiden Stile effektiv einsetzen können, müssen Sie natürlich die Zeit auf Ihrer Seite haben. Wenn Sie den Auftrag so schnell wie möglich an Land ziehen müssen, um Ihren Chef glücklich zu machen, dann sind Ihre Verhandlungsoptionen eingeschränkt. Daher ist es wichtig, dass Sie die Verhandlungen am besten dann führen, wenn für Sie ein guter Zeitpunkt ist (beispielsweise dann, wenn der Kunde sein Budget unbedingt noch loswerden muss, während Sie noch genügend Zeit haben).

Gute Verhandler sind nicht jene, die einen bestimmten Verhandlungsstil zur Perfektion entwickelt haben, sondern jene, die auf der Klaviatur der verschiedenen Stile alle beherrschen und einsetzen können, wie es die Situation gerade erfordert.

Verhandlungstipp 5:
Nachfragen hilft

Fallstudie:
»Problemeskalation« 1

Kunde (K): Auf gar keinen Fall werden wir den Endtermin verschieben.

Verkaufsberater (VB): Dann müssen wir die Funktionen reduzieren. Ansonsten ist es nicht zu schaffen.

K: Soweit kommt es noch, dass ich mich von Ihnen erpressen lasse. Wir hatten eine Vereinbarung und ich erwarte, dass Sie diese einhalten.

VB: Das hat doch mit Erpressung nichts zu tun. Ich versuche Ihnen nur, eine ehrliche Darstellung der Situation zu geben: Volle Funktionalität bei Beibehaltung des Endtermins ist aus derzeitiger Sicht völlig unrealistisch.

K: Dann hätten Sie besser kalkulieren sollen oder mehr und bessere Leute mit dem Projekt betrauen sollen. Das ist Ihr Problem und ich sehe nicht ein, warum ich das jetzt für Sie lösen soll.

VB: Die Realität zu leugnen, hilft uns nicht weiter. Außerdem liegt es zu einem wesentlichen Teil daran, dass Ihr Team die Systemumgebung erst mit zwei Wochen Verspätung bereitgestellt hat.

K: Ach, jetzt sind plötzlich wir daran schuld? Wozu haben Sie denn einen Projektmanager, der sich um diese Dinge kümmern soll? Mir reicht diese Diskussion jetzt. Sehen Sie zu, dass Sie das Problem lösen. Guten Tag.

Wie hätte sich die Situation durch Nachfragen möglicherweise entwickelt?

Fallstudie:
»Problemeskalation« 2

Kunde (K): Auf gar keinen Fall werden wir den Endtermin verschieben.

Verkaufsberater (VB): Verschiebungen von Terminen sind immer unangenehm. Darf ich fragen, warum Ihnen dieser Termin so wichtig ist, dass keine Verschiebung denkbar ist?

(Nachfragen)

K: Erstens will ich solche Sitten gar nicht einreißen lassen. Wir hatten eine Vereinbarung für den Termin und ich will, dass Sie dazu stehen. Ich kenne das zur Genüge: Wenn ich einmal den Termin verschiebe, dann setze ich damit das falsche Signal.

Zweitens ist es diesmal nicht möglich, weil in diesem Projekt einige meiner wichtigsten Mitarbeiter sitzen, die ich dem Vorstand gleich im Anschluss an den geplanten Endtermin für ein anderes Projekt zugesichert habe.

VB: Ich verstehe. Sie wollen also nicht einreißen lassen, dass Endtermine verschoben werden, und Sie wollen sicherstellen, dass Sie Ihre Zusagen gegenüber dem Vorstand einhalten können.

K: Genau. Und deswegen gibt es am Endtermin nichts zu rütteln.

VB: Verstehe. Was halten Sie in diesem Fall von folgendem Vorschlag: Wir halten am Endtermin fest, verschieben jedoch zwei der Anforderungen, die nicht als Muss-Kriterien definiert sind, in ein Nachfolgeprojekt. Für die Arbeiten an diesen Funktionen, benötigen wir Ihre Mitarbeiter nicht, diese stehen also zeitgerecht zur Verfügung. Der Endtermin bleibt fix und das Nachfolgeprojekt wird dann 2-3 Wochen später intern in Ihrer Abteilung abgeschlossen, indem die zwei zusätzlichen Anforderungen abgenommen werden. Ihnen würden dabei keine zusätzlichen Kosten entstehen und wir könnten uns zu hundert Prozent auf die Fertigstellung der kritischen Funktionen zum Endtermin konzentrieren.

K: Hmmm, ... wie genau stellen Sie sich das vor?

VB: Lassen Sie uns mal gemeinsam auf den Projektplan schauen ...

Durch Nachfragen nach den Gründen für das Problem des Kunden hat der Verkaufsberater die Situation richtig erfasst und konnte daher passende Alternativen für den Kunden entwickeln.

Gerade bei immer wiederkehrenden Anforderungen ist das Risiko groß, einfache Lösungen zu übersehen. Termine, Kosten, Funktionsumfang und dergleichen nehmen wir häufig als Gründe wahr, die man nicht hinterfragen muss, weil sie offensichtlich sind.

Wie das Beispiel zeigt, gibt es allerdings unterschiedliche Gründe, warum ein Kunde auf Termine pocht.

Genauso ist es mit Kosten. Natürlich ist es offensichtlich, dass der Kunde Kosten sparen will. Es ist so klar, dass niemand es hinterfragt.

Aber es gibt viele Gründe, warum der Kunde Kosten sparen will: Weil das für ihn als Unternehmer den Gewinn steigert; weil er als Manager damit mehr Spielraum in seinem Budget hat für Aktivitäten, die ihm wichtig sind; weil ein Bonussystem die Kosteneinsparungen mit seinem Gehalt verknüpfen; weil er ein anderes Projekt überzogen hat und dieses Geld ihm jetzt fehlt und er es mit diesem Projekt wieder einsparen will; weil der Vorstand die Parole »Sparen!« ausgegeben hat und er sich vorbildlich zeigen will.

Wenn Sie verstehen, warum genau der Kunde Kostendruck macht, dann können Sie viel effektiver darauf reagieren – und dem Kunden helfen, ohne dass Sie selbst draufzahlen.

Kurz gesagt: Nachfragen kostet nichts und bringt oft viel.

Verhandlungstipp 6:
Halten Sie sich gute Optionen offen

Im Verhandlungsklassiker »The Harvard Negotiation Concept« von Roger Fisher und William Ury stellen die Autoren das Konzept der BATNA vor, der »*best alternative to negotiation agreement*«.

Hinter dem sperrigen Namen verbirgt sich die Frage: »Was machen Sie, wenn Sie zu keinem Verhandlungsergebnis kommen?«

Entgegen der landläufigen Meinung ist nicht zwangsläufig die Partei mit den besseren Rechtsanwälten oder die mit mehr Geld im Vorteil. Ebenso wenig ist der Kunde automatisch gegenüber dem Anbieter oder der Einkäufer gegenüber dem Verkäufer im Vorteil. Sondern die Partei mit der besseren BATNA ist im Vorteil – denn diese Partei kann leichter vom Verhandlungstisch aufstehen und sagen:

> »*Schade, dass wir zu keinem Ergebnis kommen. Ich wünsche Ihnen noch einen guten Tag.*«

Die andere Partei mit der schlechteren BATNA hingegen hat nun ein Problem und muss dem Partner entgegenkommen:

> »*Na gut, lassen Sie uns noch einmal über diesen Punkt diskutieren.*«

Wenn der Kunde neben Ihnen noch 2 weitere Anbieter ähnlicher Qualität zur Auswahl hat, dann hat er eine gute BATNA. Wenn Ihr Unternehmen umgekehrt derzeit sehr gut ausgelastet ist, haben Sie auch eine gute BATNA und Sie werden sich um diesen zusätzlichen Auftrag nicht so sehr bemühen und keine Kampfpreise anbieten.

Daher gilt: Halten Sie sich in Projekten immer gute Optionen offen – damit vermeiden Sie, dass Sie bei Nachverhandlungen mit dem Rücken zu Wand stehen und auf jede Forderung des Kunden eingehen müssen.

Viele der Optionen sind am leichtesten zu verhandeln, bevor Sie einen Auftrag abschließen. Nachverhandlungen sind immer deutlich schwieriger, denn die Partei, die mit der aktuellen Vereinbarung zufrieden ist, kann sich einfach auf diese berufen und sich nur durch große Zugeständnisse zu einer Neuverhandlung bewegen lassen. Es liegt also an Ihnen als Verkaufsberater, gute Optionen im Projekt zu sichern.

Gute Optionen sichern Sie sich beispielsweise durch:

- **Laufende Zahlungen des Kunden**
  Wenn Sie von Ihrem Kunden Vorauszahlungen und Teilzahlungen für das Erreichen von Meilensteinen erhalten, dann ist Ihr Risiko deutlich geringer, wenn gegen Ende des Projektes noch Forderungen auftauchen. Sie riskieren beim Scheitern der Verhandlungen dann »nur« die ausstehende Restzahlung. Haben Sie hingegen vollständige Bezahlung erst bei Endabnahme vereinbart, ist Ihr Unternehmen in einer schlechten Position, wenn die Abnahme scheitern sollte. Denn in den meisten Fällen sind umfangreiche Investitionen geflossen, die verloren sein können. Auch eine Verschiebung des Abnahmetermins kann bereits ein großes Risiko sein, denn es belastet die Liquidität des Unternehmens.

- **Entscheidungsfreiheiten**
  Wenn Sie sich auf Technologien, Algorithmen, Designs, Entwicklungsprozesse oder andere Details festlegen lassen, dann verlieren Sie die Wahlfreiheit, wenn Sie im Laufe des Projektes feststellen, dass sich die Lösung anders effizienter lösen ließe. Besser ist es daher, die Ergebnisse und Abnahmekriterien klar festzulegen und sich die Entscheidungen über die beste Lösung vorzubehalten.

- **Geschenke zurückhalten**
  Oft erkennen Sie bereits in den ersten Diskussionen über das mögliche Design, dass bestimmte Wünsche des Kunden von Ihnen relativ leicht übererfüllt werden können oder mit wenig Aufwand attraktive Zusatzfunktionen erstellt werden könnten. Verschenken Sie diese nicht, indem Sie sagen: »Das ist mit unserem System sehr einfach. Diese Funktionen sind bereits implementiert und müssen nur noch konfiguriert werden. Das ist kein großer Aufwand.«

Besser ist es, dass Sie diese Punkte notieren. Sollte der Kunde dann den hohen Preis bemängeln oder mit den Konditionen unzufrieden sein, nutzen Sie diese Punkte, um dem Kunden entgegenzukommen. Sie vergrößern damit effektiv Ihren Spielraum, ohne mit dem Preis nachzugeben:

>*Ich fürchte, Ihrer Forderung nach 10 % Preisnachlass kann ich nicht entgegenkommen. Wir sind bereits am Limit, da die Muss-Kriterien sehr umfangreich ausgefallen sind. Was halten Sie daher von folgendem Vorschlag: Wir einigen uns auf 3 % Rabatt, dafür nehmen wir noch diese 3 Punkte hier mit dem angebotenen Umfang auf, die Ihren Mitarbeitern sehr wichtig waren. Sie kriegen also mehr Inhalt für weniger Geld.*<*

Verhandlungstipp 7:
Sagen Sie nie »Nein«
Die meisten Menschen mögen es nicht, wenn andere »Nein« zu Ihren Wünschen sagen. Kunden sind da keine Ausnahme.

Ein »Nein« wirkt defensiv, nicht kooperativ und schafft ein Gefühl der zwei Fronten, an der Sie und der Kunde sich als Gegner gegenüberstehen.

Eleganter ist es, wenn Sie dem Kunden statt einem Nein einen Alternativvorschlag machen oder ihm Optionen anbieten.

Sogar schlechte Optionen sind deutlich besser als keine. Inhaltlich mag sich für den Kunden wenig ändern, auf der Ebene der Beziehung macht diese Vorgangsweise jedoch einen großen Unterschied.

Statt mit einem Nein den Kunden mit seinem Wunsch »im Regen« stehen zu lassen, vermitteln Alternativen oder Optionen das Gefühl, dass Sie sich um eine Lösung bemühen, selbst wenn Sie dem Kunden nicht so entgegenkommen, wie er es gerne hätte.

Besser ist: Statt »Nein« sagen Sie beispielsweise: »Das hätte große Nachteile, nämlich ... . Ich schlage daher stattdessen vor, dass ....«

Angenommen, Ihr Kunde meint:

>*Mir ist es wichtig, dass Ihr Beraterteam ständig vor Ort ist.*<

Dann hört sich die »Nein«-Reaktion so an:

>*Das geht nicht, denn da spielen unsere Berater nicht mit. Bei derart langen Aufenthalten gibt es laufend Probleme mit den Familien. Außerdem wäre unser Angebot durch die Reisekosten nicht mehr konkurrenzfähig. Damit hatten wir schon bei anderen Kunden so viele Probleme, das will ich bei Ihnen auf jeden Fall vermeiden.*<

Hier eine Alternativantwort:

>*Grundsätzlich ist das nicht ausgeschlossen. Die Erfahrungen mit anderen Kunden zeigen allerdings, dass diese Situation bei längeren*

Projektzeiten wie diesen regelmäßig zu Problemen mit den Beratern führt, da diese durch ihre Lebenspartner und Familien unter Druck kommen. Abgesehen davon würde das zu umfangreichen Mehrkosten für Flüge, Verpflegung und Hotels für Sie führen – von diesen Kosten werden Sie in der Qualität Ihrer Software und im Umfang der Funktionen allerdings nichts sehen.

Alle diese Probleme vermeiden wir, wenn wir statt des ganzen Teams jede Woche abwechselnd einen der Berater hier vor Ort haben für die persönliche Kommunikation.

Das restliche Team nimmt täglich per Videokonferenz am ›Stand-up‹ teil. Was halten Sie davon?«

Und was, wenn Ihr Kunde trotzdem nicht nachgibt? Dann wissen Sie zumindest, dass es ihm sehr wichtig ist. Vielleicht haben Sie da etwas übersehen. Fragen Sie daher nach, was denn die Gründe sind, dass er lieber eine Reihe von Nachteilen in Kauf nimmt (siehe Verhandlungstipp 5).

Wenn Sie die Gründe verstehen, können Sie ihm vielleicht ein passendes Angebot machen. Falls das auch nicht reicht: Dann können Sie jetzt immer noch »Nein« sagen.

> **Tipp**
>
> Zu diesem Punkt gibt es regelmäßig starke gegenteilige Meinungen: »Wenn man Nein meint, dann soll man auch Nein sagen.«
>
> Das ist legitim. Entscheiden Sie selbst, mit welcher Variante Sie besser zurechtkommen. Vielleicht probieren Sie einfach einmal die hier vorgestellte Vorgehensweise aus und entscheiden anschließend.

Verhandlungstipp Nummer 8:
Schieben Sie es auf den Chef

Unerfahrene Verhandlungsführer glauben, dass man am besten verhandeln kann, wenn man über größtmögliche Entscheidungsgewalt verfügt.

Das Gegenteil ist der Fall.

Lernen Sie von den Profis bei der Polizei oder in der Politik: Der Verhandlungsführer – also die Person, die die Verhandlungen führt – hat nur wenig Entscheidungsvollmacht. Dies hat gute Gründe, denn der Verhandlungsführer gerät unter Stress, emotionalen Druck, kann bei Stolz und Ehre gepackt werden oder ist irgendwann einfach nur der Verhandlung müde – und ist dann zu unvorteilhaften Zugeständnissen bereit.

In solchen Fällen ist es sehr hilfreich, wenn man selbst nicht in der Lage ist, großzügige Geschenke zu machen oder umgekehrt einen Deal einfach so platzen zu lassen.

Der zweite Vorteil ist, dass Sie sich leicht Zeit verschaffen können.

Sagen Sie dem Kunden, dass, bevor Sie eine finale Entscheidung treffen, Sie das noch mit dem Vorgesetzten, dem Team, der Rechtsabteilung, dem Controlling oder sonst wem besprechen müssen. Bei Selbstständigen und Unternehmern sind der Lebenspartner, die anderen Gesellschafter, die Investoren oder der Steuerberater ein dankbarer Gehilfe, um sich eine Auszeit zu holen. Damit vermeiden Sie, dass Sie unter Druck gesetzt werden können, und Sie verschaffen sich Denkpausen.

Als dritten Grund können Sie in der Sache wesentlich härter verhandeln, ohne die Beziehung über Gebühr zu belasten:

> *Ich verstehe Sie gut und ich würde Ihnen ja gerne entgegenkommen, aber mir sind hier die Hände gebunden. Zusagen für noch weitere Entwickler, die kann nur der Chef geben und der hat gemeint, dass wir unsere Vorgaben durch das bisherige Entgegenkommen bereits überschritten haben. Ich sehe wenig Möglichkeiten, vom Chef hier noch weitere Zusagen zu bekommen.«*

Das macht es Ihnen leichter, sich mit dem Kunden gemeinsam auf eine Seite zu stellen. Machen Sie sich keine Sorgen, dass Ihre Einkaufsabteilung, Ihr Rechtsberater oder Ihr Chef dafür den Buhmann spielen – das ist denen ihr Job.

Vierter Grund: Sie schützen sich vor Fehlern.

Vielleicht haben Sie etwas übersehen oder der geschickte Verhandlungsführer hat Ihnen einige Konditionen untergeschoben, die für Sie sehr nachteilig sind – das allerdings haben Sie erst nachträglich von der Finanzabteilung erfahren.

Sind Sie beim Kunden als der große Entscheider aufgetreten, der den »Deal« schon besiegelt hat, wird es viel schwieriger, jetzt erneut in eine Verhandlungsrunde zu treten. Schon mancher Unternehmer hat hier lieber in den sauren Apfel gebissen und die Nachteile in Kauf genommen, statt sich diese Blöße zu geben.

Wenn Sie hingegen die Vereinbarung getroffen haben, dass aus Ihrer Sicht alles passt und nur noch der Chef zustimmen muss, dann ist es wesentlich leichter, beim Kunden erneut vorzusprechen: »Sie wissen ja, wie das ist – unsere Finanzabteilung hat doch noch ein Haar in der Suppe gefunden.

Leider müssen wir zwei Punkte erneut diskutieren, ansonsten blockieren die unsere Vereinbarung.«

Fünfter Grund: Sie schützen sich vor Nachverhandlungen.

Leider habe ich diese Tipps nicht selbst erfunden – Sie sind also durch die Lektüre dieses Buches nicht die einzige Person, die die Vorteile von »Schieben Sie es auf den Chef« kennt.

Gerissene Verhandlungsführer nutzen regelmäßig die Möglichkeit, die Verhandlung erneut aufzurollen, weil »der böse Chef« noch eine Änderung will.

Wenn Sie darauf nicht vorbereitet sind und das Projekt im Kopf bereits als »Verkauft!« abgehakt haben (und vielleicht die gute Nachricht bereits im Unternehmen gefeiert haben), dann sind die Aussichten, dass jetzt alles wieder in der Schwebe ist, alles andere als erfreulich.

In solchen Fällen werden nun regelmäßig großzügige Zugeständnisse gemacht, um endgültig »den Sack zuzumachen«.

Wenn umgekehrt auch bei Ihnen noch eine Entscheidung offen ist, wird Ihr Gegenüber vorsichtig sein mit Forderungen in letzter Minute. Denn in diesem Fall würden Sie ja selbst wieder erneut zum Chef müssen, um sich die neuen Forderungen absegnen zu lassen.

4.8   Werkzeug 8: »Zu teuer!«

Verkaufsberater: »Was sagen Sie zu unserem Angebot?«

Kunde: »Zu teuer!«

Dieser Moment gehört zu den meistgefürchteten. Das ist verständlich, denn der Kunde weist das Angebot des Verkaufsberaters damit energisch zurück. Ob der Kunde dies aus Überzeugung macht oder aus taktischen Gründen ist erst einmal zweitrangig – auf jeden Fall gibt es noch eine große Hürde zu meistern.

Bei unerfahrenen Verkaufsberatern löst diese Aussage des Kunden auch oft den Reflex aus, den Preis zu rechtfertigen oder Verhandlungsbereitschaft zu Preisnachlässen zu signalisieren. Dabei wissen wir noch gar nicht, was der Kunde meint, wenn er sagt: »Zu teuer!«

Vielleicht denken Sie jetzt: »Was ist daran nicht zu verstehen? Es heißt, dass der Preis zu hoch ist.«

Ist das wirklich so?

Meine Behauptung ist: Wir wissen es nicht.

Denn wenn der Kunde »Zu teuer!« sagt, kann er ganz unterschiedliche Dinge damit meinen. Je nachdem, was der Kunde wirklich meint, ist unsere beste Reaktion als Verkaufsberater eine andere:

1. Der Kunde meint:
»Mein Nutzen steht nicht im Verhältnis zu den Kosten.«

Das ist die Übersetzung, die viele Verkaufsberater automatisch interpretieren.

In diesem Fall ist es sinnvoll, mit dem Kunden noch einmal seinen Nutzen durchzugehen und den Mehrwert für ihn klar und nachvollziehbar zu machen.

Wenn Sie sich an die Ratschläge in diesem Buch gehalten haben, sollte Ihnen dieser Fall in der Praxis jedoch selten unterkommen.

Die dabei wichtigste Regel ist die des Timings: »Den Preis erst auf den Tisch legen, wenn der Mehrwert für den Kunden mit ihm gemeinsam bestimmt worden ist.«

Denn wenn Sie und der Kunde seinen Nutzen bereits quantifiziert haben, dann wissen Sie, in welchem Verhältnis Nutzen und Kosten stehen.

In manchen Fällen lässt es sich nicht vermeiden, mit dem Preis rauszurücken, bevor der Nutzen klar ist. In diesem Fall heißt das: Zurück zur Klärung des Kundennutzens und dies nachholen.

2. Der Kunde meint:
»Ich bekomme eine vergleichbare Leistung woanders günstiger.«

In diesem Fall scheint es Ihnen nicht gelungen zu sein, die Besonderheiten Ihrer Leistung klarzumachen. Damit werden Sie vergleichbar mit dem Wettbewerb. Wenn der Kunde in der Leistung keine großen Unterschiede erkennen kann, dann orientiert er sich natürlich am Preis. Genauso verfahren wir selbst ja auch im Berufs- und Privatleben.

Entweder schaffen Sie es nun, dem Kunden Ihre besonderen Vorzüge noch nahezubringen, sodass er zu einem höheren Preis bereit ist – oder Sie geben im Preis nach.

Passiert es Ihnen regelmäßig, dass Sie ungünstig im Vergleich mit der Konkurrenz dastehen, dann haben Sie und Ihr Unternehmen eine strategische Aufgabe. Entweder finden Sie eine gute strategische Positionierung, die Ihnen klare Vorteile vor dem Wettbewerb verschafft – oder Sie wechseln Ihre Zielgruppe (zu jenen Unternehmen, für die Ihre Besonderheiten einen Mehrwert darstellen). Wenn beides nicht möglich ist, dann müssen Sie günstiger produzieren – denn dann bleibt Ihnen nichts anderes übrig, als über den Preis zu verkaufen.

3. Der Kunde meint:
»Ich kann mit meinem Geld etwas Besseres anfangen.«

Ihr Angebot steht nicht nur in Konkurrenz zu den Firmen, die Sie als Wettbewerb wahrnehmen, sondern auch zu allen anderen Investitionen, die auf dasselbe Budget schielen. In diesem Sinne konkurrieren Sie mit Ihrem Softwareprodukt vielleicht auch mit der Anschaffung neuer Netzwerkrouter oder eines Servermanagementsystems. Vielleicht sogar mit dem Besuch von IT-Konferenzen durch Mitarbeiter oder der Einführung einer neuen Entwicklungsumgebung.

In den meisten Fällen wissen Sie als Verkaufsberater davon nichts. Wichtig ist, dass Sie dies erkennen, denn in so einem Fall nützt Ihnen die erneute Argumentation von Nutzen und Kosten nichts. Denn das hat der Kunde bereits begriffen.

Was Sie hier tun können: Wenn es Ihnen gelingt, die alternativen Investitionen des Kunden herauszufinden, dann können Sie versuchen, Ihre Leistung in anderen Paketen anzubieten, sodass der Kunde sein Budget optimal anpassen kann.

Zum Beispiel:

Ihr Kunde hat 200.000€ freies Budget in diesem Jahr.

Folgende Projekte bieten sich ihm an:

- Auswechseln der Netzwerkinfrastruktur
  (Attraktivität: sehr hoch, Kosten 130.000€)
- Ihr Projekt (Attraktivität: hoch, Kosten 100.000€)
- Serveroptimierung (Attraktivität: mittel, Kosten 70.000€)

Ideal wäre für den Kunden sowohl die Netzwerkinfrastruktur zu wechseln als auch Ihr Projekt durchzuführen. Dazu hat er jedoch nicht die nötigen Mittel.

Die Alternative, Ihr Projekt und die Serveroptimierung vorzunehmen, ist weniger attraktiv als das Paket Netzwerk & Server.

Würden Sie nun mit dem Preis auf 70.000€ nachgeben, wären Sie im Geschäft – das wäre für die Rendite des Projektes allerdings katastrophal. Wenn Sie die Situation des Kunden verstehen, können Sie folgendes Angebot machen: Einmalzahlung 70.000€ zuzüglich vertraglich vereinbarte Support- und Upgradeleistungen von jeweils 20.000€ über zwei Jahre. Damit ermöglichen Sie Ihrem Kunden die optimale Konstellation und erhöhen sogar Ihr Projektvolumen (und nehmen dafür eine Einschränkung der Liquidität in Kauf).

4. Der Kunde meint:
   »Ich kann es mir nicht leisten.«

Der Kunde ist vielleicht durchaus der Meinung, dass Ihr Produkt ein hervorragendes Leistungs-Preis-Verhältnis hat. Allerdings nützt ihm das beste Schnäppchen nichts, wenn er kein Budget in dieser Höhe auftreiben kann.

Dem Kunden erneut die Vorteile und seinen Mehrwert klarzumachen, wird Ihnen nichts nützen – denn das hat er bereits begriffen.

Problematisch in diesem Falle ist, dass Ihr Kunde vermutlich nicht so einfach mit der Wahrheit herausrücken wird, denn wer gibt schon gerne zu, dass er sich ein tolles Produkt nicht leisten kann? Dem können Sie vorbeugen, indem Sie im Angebot bereits Finanzierungsmöglichkeiten ansprechen oder Sie stellen zumindest in den Raum, dass es Möglichkeiten dafür gibt. Interessiert sich Ihr Kunde nun explizit für diese Finanzierungsmöglichkeiten, ist das eventuell ein Hinweis darauf, dass er sich Ihr Produkt im Rahmen einer Einmalzahlung nicht leisten kann.

Auch nachfragen hilft: »Ich fürchte beim Gesamtpreis kann ich Ihnen nicht in der gewünschten Höhe entgegenkommen. Andere Kunden nutzen jedoch gerne unsere Finanzierungsoptionen. Dadurch erhalten Sie mehr Flexibilität und können weitere Investitionen parallel tätigen. Kommt so etwas für Sie infrage?«

5. Der Kunde meint:
   »Das ist mir zu riskant.«

Eine weitere Möglichkeit ist, dass der Kunde zwar der Meinung ist, dass die angebotene Leistung den Preis wert ist, den Sie verlangen, aber der Kunde ist sich nicht sicher, ob er diesen Nutzen auch tatsächlich realisieren kann.

Möglicherweise zweifelt er an einer einwandfreien Umsetzung. Oder er hat zu wenig Vertrauen in Sie und Ihr Unternehmen, auftretende Schwierigkeiten gut lösen zu können. Oder er zweifelt im letzten Augenblick doch an den Schätzungen, die den Nutzenkalkulationen zugrunde liegen.

Für den Kunden liegt in diesem Falle das Problem weder bei der Leistung noch beim Preis, sondern darin, dass er sich nicht sicher ist, dass sich das Geschäft so realisiert, wie er hofft (die möglichen Gründe dafür sind ausführlich in Abschnitt 2.8 behandelt worden).

Garantien und Gewährleistungen können in diesem Fall nützlich sein, ebenso wie vertrauensbildende Maßnahmen. Testinstallationen und Vorprojekte sind ebenfalls hilfreich, dem Kunden genügend Sicherheit zu geben, dass er letztendlich auch bekommt, was er bestellt.

Auf jeden Fall ist es wichtig, dass Sie das Problem des Kunden richtig einschätzen, denn gerade bei hohem Risiko können sogar saftige Rabatte keine Wirkung zeigen.

6. Der Kunde meint:
   »Ich will einen Rabatt.«

In diesem Fall will der Kunde über den Preis verhandeln.

Er hat sich möglicherweise bereits entschieden, Ihre Leistung zu kaufen – gleichzeitig will er beim Preis herausholen, was noch drin ist. In diesem Fall bringen Diskussionen über Nutzen, Finanzierung, Garantien und dergleichen wenig, denn der Kunde hat diesbezüglich alles, was er braucht.

Abhängig davon, ob der Kunde bei den Preisverhandlungen sehr gezielt vorgeht oder einfach »mal testet, was noch drin ist«, sind unterschiedliche Verhandlungstechniken nötig. In vielen Fällen reicht es aus, ein paar Prozent nachzulassen. Denn der Kunde unterstellt Ihnen, dass Sie genau zu diesem Zweck sich ein paar Prozent Spielraum einkalkuliert haben und diese will er jetzt wieder zurückhaben.

Ebenso ist es manchen Kunden ein grundlegendes Bedürfnis, Rabatte zu verhandeln. Für diese Personen ist das eine Art Sport oder Ritual, das dazu gehört – nehmen Sie es daher auch ebenso sportlich. Mit einer gezielten Abwertung Ihrer Leistung oder Ihrer Person hat das nichts zu tun.

Weitere Tipps für Verhandlungsstrategien für diesen letzten Fall finden Sie in Abschnitt 4.7.

5 Übungen

In diesem Kapitel finden Sie noch einige Übungen. Es handelt sich um Fallstudien, die ich mit Ihnen gemeinsam analysiere. Dabei können Sie selbst testen, wie viele der Fehler Sie selbst erkennen oder welche guten Tricks Sie sich bereits angeeignet haben und im jeweiligen Verkaufsgespräch eingesetzt hätten.

5.1 Übung 1: Mobile Apps

Diese Übung illustriert ein Verkaufsgespräch und dient der Problemanalyse, wie sie aus Kapitel 2 bekannt ist.

Viele der 12 dort vorgestellten Verkaufshindernisse kommen in dem Gespräch vor. Wenn Sie diese bei der Analyse der Fallstudie durchgehen, können Sie sicher einige der vom Verkaufsberater gemachten Fehler erkennen und passendere Alternativen finden.

Die Kommentare sowie eine Checkliste finden Sie im Anschluss an die Fallstudie.

Fallstudie

Frau Glück (G), die Marketingleiterin eines mittelständischen Versandhandels für Bürozubehör, interessiert sich immer für die aktuellen Marketingtrends.

Die Möglichkeiten der neuen mobilen Geräte wie Tablet-PCs und Smartphones erwecken dabei besonders ihr Interesse sowie die Fantasie des Unternehmens.

Frau Glück kontaktiert daher ein einschlägiges Unternehmen, um von einem Berater (B) unterstützt zu werden.   →

G: Guten Tag, Herr Fried. Schön, dass Sie so rasch einen Termin finden konnten.

B: Kein Problem, Frau Glück. Wenn es ein Problem beim Kunden gibt, sind wir zur Stelle.

G: Problem ist zu viel gesagt. Es geht – wie bei unserem Telefongespräch kurz angedeutet – um die Idee, dass wir im Zuge einer Marketingkampagne unseren Kunden eine Applikation für Mobiltelefone zur Verfügung stellen wollen.

B: Eine sogenannte App also, die man sich aus einem der »Stores« auf das Smartphone herunterladen kann.

G: Ja, genau. Die App sollte einen nützlichen und auch einen spielerischen Charakter haben. Damit wird sie häufig genutzt und transportiert somit unsere Marke und unsere Positionierung ständig zum Markt. Wir sehen das als Versuch, mit einem neuen Medium in intensiven Kontakt mit Kunden zu kommen und zu bleiben.

B: Da sind Sie bei uns genau richtig – denn genau das ist unsere Kernkompetenz. Immer mehr Kunden erkennen den Mehrwert von solchen Apps statt traditioneller Methoden. Wir erleben einen richtigen Boom in der Nachfrage.

Das ist aus unserer Sicht auch ganz logisch, deswegen haben wir diesen Trend auch schon früh aufgegriffen.

Apps erzeugen Interaktion statt passiven Konsums und praktischen Mehrwert oder Spaßfaktor statt Marketingbeschallung. Darüber hinaus werden Apps auch nicht weggeworfen so wie Kataloge und Broschüren und noch vieles mehr.

Mehrere unserer Kunden haben ihr gesamtes Marketing bereits komplett auf Apps umgestellt, weil die traditionellen Methoden nicht die Vorteile der Apps bieten.

G: So weit sind wir in unseren Überlegungen noch nicht. Bisherige Methoden des Marketing-Mix haben für uns auch weiterhin Gültigkeit, aber vielleicht sind diese Apps eine gute Ergänzung. Ich kann mir allerdings unter dem ganzen Entstehungsprozess nicht viel vorstellen.

B: Das ist kein Wunder, denn letztlich verläuft der Prozess bei jedem Kunden anders. Manche Kunden haben schon klare Vorstellungen vom Produkt, andere noch nicht mal eine konkrete Idee, bei wieder anderen Kunden geht es um die Umsetzung eines bestehenden Konzeptes in eine App, z.B. eines Berechnungsprogramms für Finanzierungskonditionen.

G: Verstehe, wir haben schon ein paar Ideen, aber wir wollen uns auch gerne beraten lassen. Vielleicht gibt es auch interessante Konzepte anderer Kunden, bei denen wir uns etwas abschauen können. Konkrete Vorstellungen haben wir noch nicht.

B: Da empfehle ich Ihnen ein agiles Vorgehen. Wenn die Vorstellungen noch im Ideenstadium sind, lassen sich fest geplante und fix kalkulierte Projekte sowieso kaum sinnvoll durchführen.

G: Das verstehe ich nicht. Was ist agiles Vorgehen und warum können Sie mir kein Angebot mit einem festen Preis machen? →

Fallstudie

B: Wenn es nicht klar ist, was Sie genau brauchen, können wir Ihnen kein passendes Angebot machen. Was sollten wir als Kalkulationsgrundlage nehmen? Wenn Sie beim Tischler sagen, Sie möchten einen Tisch, aber noch nicht sagen können, wie groß und aus welchem Holz und welches Design, dann wird der Ihnen auch keinen Preis nennen.

G: Der Tischler vielleicht nicht, aber unsere Werbeagenturen und Designfirmen arbeiten mit sehr ähnlichen Vorgaben. Auch dort gibt es selten mehr als eine vage Idee und trotzdem kommen wir in fast allen Fällen mit einem vereinbarten Budget zu einem guten Ergebnis.

Natürlich kalkulieren die Agenturen ihre Beratungsleistung für die Konzeption in das Angebot ein und berücksichtigen ebenso, dass sie 4 oder 5 Entwürfe liefern, aus denen wir aussuchen. Durch dieses iterative Vorgehen bewegen wir uns in der Regel rasch auf eine klare Richtung zu.

B: Genau dieses iterative Vorgehen meinte ich mit agilem Prozess. Auch wir arbeiten sehr eng mit dem Kunden zusammen. Dadurch entsteht gerade am Anfang – aber auch während der gesamten Projektdauer – eine intensive Kommunikation. Sie bringen Ihre Ideen und Erwartungen ein, wir unsere Ideen und Vorschläge. In dieser Weise entstehen sehr schnell gemeinsame Visionen und die daraus folgenden konkreten Produkte.

G: Das klingt doch gut. Wenn Sie jetzt schon sagen, dass Sie da sehr zuversichtlich über den raschen Fortschritt sind und Ihre Erfahrungen das belegen – warum können Sie mir dann kein klares Angebot mit einem konkreten Preis machen? Für mich klingt das sehr ähnlich zur Arbeit mit unseren Agenturen und dort funktioniert das auch.

B: Ich weiß nicht, wie gut das bei Design und Werbemaßnahmen wirklich funktioniert – in der Softwaretechnologie hat sich das einfach nicht bewährt.

Die Erfahrung zeigt: Wenn es keine konkreten Vorstellungen gibt – und die gibt es selten im erforderlichen Detailgrad und mit der Sicherheit, dass diese sich nicht immer wieder ändern –, dann tun sich Kunden und Anbieter mit Fixpreisprojekten keinen Gefallen. Denn bis zum Schluss kosten diese praktisch immer mehr als geplant.

Vielleicht sollten wir einfach mal so einen agilen Prozess im Detail durchspielen, dann verstehen Sie besser, was es damit auf sich hat und wie Sie auch ohne festen Preis sehr gute Kontrolle über das Projekt haben.

G: Das wäre vielleicht gut – aber ich muss ja trotzdem vorher planen und meiner Geschäftsführung eine klare Kostenabschätzung liefern. Wir haben so etwas wie diese mobilen Apps ja noch nie gemacht in unserem Unternehmen, da wird sicher genau auf die Zahlen geschaut. Darüber hinaus brauche ich die Kosten für die Erstellung einer Wirtschaftlichkeitsrechnung des Projektes und für den Vergleich mit Alternativen. Wenn ich nicht darstellen kann, dass diese neue Marketingmöglichkeit für das Unternehmen profitabler ist als die bestehenden, werde ich dafür kaum eine Unterstützung bekommen.

Versuchen wir es mal andersrum: Wenn Sie unsere Anforderung mit der anderer Kunden vergleichen – in welchem groben Rahmen bewegen sich denn diese Projekte im Endeffekt? →

B: Das ist wirklich sehr schwierig zu sagen. Abgesehen davon, dass wir noch keine Ideen haben, unterscheiden sich die Entwicklung der Apps sehr im Aufwand für Konzeption, Entwicklung und Test. Einfache Applikationen wie ein einfaches Rechenprogramm sind in wenigen Wochen fertig und in der Größenordnung von einigen Tausend Euro. Andere Programme rufen Informationen auf anderen Servern ab, verknüpfen diese intelligent und verbinden sie mit aktuellen Daten des Nutzers – beispielsweise mit der aktuellen Position. In diesem Fall ist der Aufwand ungleich höher und kann schon mal ein Mannjahr an Entwicklungsleistung bedeuten. Das würde dann eher an die 100.000-Euro-Grenze kommen.

G: 100.000 €? Das würde meine Geschäftsführung nie bewilligen.

B: Das war ja nur ein Beispiel, weil Sie mich um eine Bereichsangabe gebeten haben – ich glaube nicht, dass wir eine derart aufwendige Software für Sie brauchen, und vermutlich liegen wir irgendwo zwischen den beiden Extremen.

G: Das scheint mir trotzdem ziemlich teuer. Selbst wenn wir näher an der unteren Grenze liegen – für 10.000 € kann ich unsere besten Kunden zu einem Event einladen und für 20.000 € eine große Messe besuchen. Diese Aktivitäten liefern auf jeden Fall konkreten Mehrwert und die kann ich daher bei der Geschäftsführung platzieren. Bei diesen Apps könnte das Geld komplett zum Fenster rausgeworfen sein.

B: Das ist theoretisch möglich, aber praktisch sieht es wohl anders aus. Die meisten unserer Kunden sind sehr zufrieden mit den Ergebnissen der Apps und viele der Erfolge sind auch schwer in Euro messbar, beispielsweise Image und Kundenbindung. Ebenso transportieren Sie, dass Sie mit der Zeit gehen und Innovation vorantreiben.

G: Das ist sicher ein Pluspunkt, den auch unsere Geschäftsführer gerne sehen. Wie viel Ihnen das aber in harter Währung wert ist, kann ich nicht sagen.

B: Aber Ihre Geschäftsführer haben doch sicher auch ein Gespür für Werte, die sich nicht immer in Geld messen lassen.

G: Das haben sie sicher, aber ich glaube, es wird schwer, ihnen das für Ihre Apps zu vermitteln. Meines Wissens haben die beiden nicht mal ein Mobiltelefon, bei dem die Installation solcher Apps möglich ist.

B: Das ist in der Tat ein Problem. Das haben wir schon bei anderen Kunden erlebt.

G: Vielleicht können Sie mir das Ganze ja kurz zusammenschreiben und per Mail schicken. Mit etwas Glück erwische ich einen günstigen Zeitpunkt bei einem der beiden Geschäftsführer.

B: Das mache ich sehr gerne. Vielen Dank für das Gespräch.

Fragenkatalog für die Fehleranalyse

1. Kategorie: Nutzen und Mehrwert

▦ Kann das Angebot des Softwaredienstleisters für den Kunden einen Mehrwert bringen?
▦ Ist der Nutzen für den Kunden klar?
▦ Kann der Kunde den Nutzen bewerten?
▦ Steht der Nutzen in gutem Verhältnis zu den Kosten?
▦ Wird die richtige Person angesprochen?
▦ Ist klar, wer an der Entscheidung noch beteiligt ist?

2. Kategorie: Kundenrisiko

▦ Ist klar, wer der Kunde ist und wessen Risiko betrachtet werden soll?
▦ Welche Risiken stellt das Projekt an sich dar? Welche ergeben sich aus der Partnerschaft, welche aus dem Umfeld?
▦ Sind die Risiken für die Marketingleiterin klar?
▦ Sind andere Bereiche des Unternehmens betroffen oder beteiligt? Ist das Risiko und der Einfluss dieser Bereiche bekannt?
▦ Ist das Risiko des Unternehmens bekannt?
▦ Gibt es für die identifizierten Risiken einfache Lösungen oder Ideen?

3. Kategorie: Interessenkonflikte

▦ Gibt es bereits im Vorfeld der Entscheidung Konfliktpotenzial, beispielsweise bei der Vorgehensweise zu einem Projekt?
▦ Sind Interessenkonflikte, die während des Projekts auftreten können, identifiziert?
▦ Gibt es Differenzen in der Vorstellung einer Partnerschaft? Passen Kunde und Anbieter zusammen?
▦ Haben Kunde und Anbieter dieselben Vorstellungen einer gemeinsamen Zukunft?
▦ Gibt es vermutlich noch Konflikte, die nicht bekannt sind (»lauernde Konflikte«)?
▦ Liegen für die identifizierten Konflikte Lösungsszenarien und -strategien auf der Hand?

4. Kategorie: Verkaufsprozess

▦ Ist das Ziel des Kunden dem Lieferanten bekannt? Ist es dem Kunden selbst klar?
▦ Hat sich der Berater für das Verkaufsgespräch klare Ziele gesetzt?
▦ Gibt es eine nachvollziehbare Verkaufsstrategie oder Vorgangsweise?
▦ Kennt der Verkaufsberater seine Stärken? Setzt er sie gezielt ein?

- Hat der Verkaufsberater eine Vorstellung vom Kunden und seiner kritischen Probleme?
- Wer führt durch den Prozess? Verläuft das Gespräch nach Plan?
- Wie gut gelingt die Gesprächsführung? Wird auf Schwierigkeiten geschickt reagiert?
- Gelingt dem Verkaufsberater das Timing?

Viele dieser Fragen lassen sich natürlich nicht sicher und vollständig beantworten.

Es ist auch nicht nötig, alle Fragen zu klären. Wichtiger ist, dass Sie die entdeckten Fehler klar begründen und die Auswirkungen auf den Kunden und den Verkaufsprozess beschreiben können.

Idealerweise nehmen Sie sich für diese Übung etwas Zeit und versuchen selbstständig eine Analyse, bevor Sie meinen Kommentar lesen.

Kommentar zur Fallstudie

- **Mehrwert**
  Der Mehrwert ist und bleibt unbekannt. Image, Positionierung, Werbung – das alles sind schwammige Größen. Wenn es dem Verkaufsberater nicht gelingt, diese besser zu bewerten, werden die Kosten im Angebot sicherlich zum Thema. Denn wenn die Kundin nicht genau weiß, was das Produkt ihr wirklich an Wert bietet, ist fast jeder Preis zu hoch. Das wird umso klarer, als die Marketingleiterin bekannt gibt, dass der wirkliche Kunde mit dem Budget die Geschäftsleitung ist, die sich unter dem Produkt wenig vorstellen kann. Diesen Mehrwert zumindest annähernd zu bestimmen, ist eine der wichtigsten Aufgaben des Verkaufsberaters in diesem Gespräch und eine der wertvollsten Leistungen für die Kundin, damit diese den »internen« Verkauf führen kann.

- **Stakeholder**
  Es ist unklar, wer genau der Kunde wirklich ist. Zweifellos hat die Ansprechpartnerin ein gewichtiges Wort mitzureden. Als klar wird, dass nicht die Marketingleiterin selbst die Kundin ist, wird eine ominöse Geschäftsleitung zum Kunden. Solange der Berater nichts über die Motive, Kriterien, Interessen, Sorgen des oder der Chefs weiß, wird es schwierig, ein für diese passendes Konzept zu erstellen.

- **Kundenrisiko der Ansprechpartnerin**
  Der Berater versteht die Sorgen der Kundin nicht. Die Dame macht deutlich, dass sie Schwierigkeiten hat, das Konzept agiler IT-Entwicklung zu verstehen. Dabei wiegt umso schwerer, dass Werbeagenturen als Vergleich dienen, die einen Prozess beherrschen, mit dem sie vertraut ist. Das Argu-

ment, dass agile Methoden in der IT in solchen Fällen das Beste sind, hilft der Kundin nicht weiter. Stattdessen sollte der Berater mit der Kundin erörtern, was für sie das Problem einer agilen Vorgangsweise ist oder warum ein Fixpreis für sie so wichtig ist. Vielleicht ist die Kundin durchaus mit einem agilen Modell einverstanden, sie würde aber gerne verstehen, warum das wirklich sinnvoll ist.

Kundenrisiko betroffener Bereiche und des Unternehmens

Das Kundenrisiko für das Unternehmen bleibt im Dunkeln. Ganz offensichtlich ist der agile Entwicklungsprozess ein Thema und stellt zumindest ein wahrgenommenes Prozessrisiko dar. Auch ist unklar, ob das Unternehmen mit Nachdruck oder Aufmerksamkeit auf das Projekt schielt und damit das Risiko der Projektsponsorin erhöht. Ebenso wissen wir nicht, ob das Projekt andere Abteilungen betrifft und Abhängigkeiten oder Ressourcenkonflikte erzeugt. Opportunitätskosten als Unternehmensrisiko scheinen zumindest sowohl für die Marketingabteilung als auch für das Gesamtunternehmen eine Rolle zu spielen. Auch wenn vermutlich nicht alle Risiken in einem ersten Gespräch umfassend identifiziert werden können – gerade bei offen angesprochenen Risiken lohnt sich das Nachfragen.

Interessenkonflikte im Projekt

Die Art der Zusammenarbeit hat sich im Gespräch bereits als Konfliktpotenzial herausgestellt und es ist nicht klar, ob eine agile Vorgangsweise inakzeptabel oder nur ungewohnt ist. Die Art der Verrechnung (Aufwand oder Ergebnis) ist ebenfalls ungeklärt. Ebenso gibt es offenbar keine Erfahrung des Kunden mit Individualsoftwareentwicklung. Falls die Interessenkonflikte in der Art der Zusammenarbeit nicht geklärt werden können, steigt das Projektrisiko zumindest für einen der beteiligten Partner.

Interessenkonflikte im Bereich der Zusammenarbeit

Ob der Kunde und der Anbieter aufgrund ihrer Geschäftsmodelle zusammenpassen, ist nicht bekannt. Auch die Unternehmenskultur (mittelständisches Handelsunternehmen vs. Softwareentwicklung) könnte zur Herausforderung werden. Gerade bei einem ersten Gespräch ist es in Ordnung, die langfristigen Interessen vorerst außen vor zu lassen. Da jedoch gerade die Art der Zusammenarbeit so stark in den Vordergrund des Gesprächs rückt, lohnt es sich, genauer hinzuschauen. Vielleicht lassen die Erwartungen an einen Lieferanten so wenig Spielraum offen, dass der Anbieter niemals glücklich damit werden wird. Die Vergleiche mit bestehenden Lieferanten sind hier ein deutlicher Hinweis an explizite und implizite Erwartungen.

Unklare Kundenmotivation und -ziel

Das wirkliche Motiv für das Projekt bleibt unbekannt. Die Dame hat uns zwar eine Erklärung für ihr Interesse und einige Hintergründe erläutert, aber wir wissen nichts darüber, warum sie plötzlich Apps in den Marketing-Mix aufnehmen will. Ist es Neugierde, will sie im Trend bleiben, haben Mitbewerber bereits Apps eingeführt und Zugzwang erzeugt, hat ihr Chef ein Konzept bestellt ... ?

Wenn eine Kundin aus Neugierde agiert, wird sie zwar experimentierfreudig sein, aber wohl nicht viel investieren wollen. Hat die Konkurrenz den Anstoß gegeben, dann ist anzunehmen, dass das Projekt ein zumindest gleichwertiges Ergebnis liefern sollte. Hat der Chef das Projekt bestellt, gibt es meist – zumindest implizite – Vorgaben.

Verkaufsstrategie

Der Verkäufer hat möglicherweise ein Bild vom optimalen Kundensegment. Offensichtlich weiß er aber zu wenig über das Unternehmen, um festzustellen, ob dieser Kunde in dieses Segment passt. Ob der Berater eine Strategie und ein Ziel für das Gespräch vorbereitet hat, bleibt im Dunkeln. Dass er so leicht ins »Strudeln« gerät, als die Marketingleiterin in einigen Punkten unnachgiebig bleibt, spricht allerdings nicht dafür. Die kritischen Probleme des Kunden bleiben unbekannt und auch die wirklichen Stärken des Anbieters bleiben ungeklärt.

Gesprächsführung

Statt Fragen zu stellen, kommen an mehreren Stellen im Gespräch Argumente und Ausführungen (so am Anfang des Gesprächs und bei der Diskussion der Vorgehensweise). Der Vergleich mit dem Tischler ist kontraproduktiv, da der Berater aus seiner Perspektive argumentiert statt aus der Perspektive der Kundin. Ebenso lässt sich der Berater in die Defensive drängen (»Sie haben doch Erfahrung und Kunden – da müssen Sie doch einen ungefähren Preis wissen«) und verletzt dann das Timing, weil er sich bei der Ehre gepackt fühlt. Als die Kundin Vergleiche einbringt (Messe, Event), argumentiert der Berater wiederum aus der Perspektive des Anbieters, statt diese Möglichkeit aufzugreifen, den Mehrwert klar zu definieren (z.B. »Im Vergleich zu einer Konferenz – wie würden Sie den Wert einer App einschätzen: geringer, ungefähr gleichwertig oder höher?«). Ebenso wird ein günstiges Timing mehrmals über den Haufen geworfen: Eine Lösung wird angeboten, bevor das Motiv klar ist. Die Vorgehensweise wird vorgestellt, bevor die Anforderungen verstanden und die Stakeholder eingegrenzt sind. Der Preis kommt auf den Tisch, bevor der Nutzen klar ist.

5.2   Übung 2: IT-Helpdesk-Software

Diese Übung demonstriert, wie ein Verkaufsberater im Zuge eines Erstgesprächs gemeinsam mit dem Kunden den Mehrwert seiner Leistung (Beratung) bestimmt. Am Ende der Fallstudie sehen Sie, wie der Verkaufsberater sein Angebot formulieren kann.

Fallstudie

Der Kunde, ein EDV-Leiter, wünscht sich Unterstützung bei der Verbesserung des IT-Supports, den seine Abteilung dem Rest des Unternehmens anbietet. Über einen Geschäftsfreund hat er den Kontakt zum Verkaufsberater gefunden und einen Termin vereinbart.

Kunde (K): Danke, dass Sie vorbeikommen. Wir haben ja bereits am Telefon darüber gesprochen, dass wir unseren Helpdesk optimieren wollen. Ein Bekannter hat mir Sie empfohlen, da Sie anscheinend auf diese Tätigkeit spezialisiert sind.

Verkaufsberater (VB): Ich freue mich, wenn ich weiter empfohlen werde, weil es zeigt, dass meine Kunden zufrieden sind. Mal sehen, ob ich Sie ebenso gut unterstützen kann. Was genau stellen Sie sich vor, wenn Sie sagen, dass Ihr Helpdesk optimiert werden soll?

K: Genau kann ich Ihnen das gar nicht sagen. Es scheint eine Kombination mehrerer Faktoren zu sein. Die Leute sind kaum motiviert, die Organisation lässt zu wünschen übrig und sowohl die Mitarbeiter des Unternehmens als auch die Helpdesk-Leute beschweren sich über die Tools. Wir haben letztens eine Umfrage im Unternehmen über die Zufriedenheit mit dem Helpdesk gemacht und die Ergebnisse waren ... nun ja, nicht zufriedenstellend. Man könnte wohl auch blamabel dazu sagen.

VB: Das hört sich so an, als ob nicht klar ist, welcher dieser Faktoren jetzt Ursache oder Auswirkung ist. Auf jeden Fall scheint es aktuelle Schwierigkeiten zu geben.
Was ist die Hauptaufgabe des Helpdesks?

K: Es gibt eine Reihe von Aufgaben, aber die wichtigste ist, die restlichen Mitarbeiter des Unternehmens zu unterstützen. Wir kümmern uns um die Rechner, Notebooks, mobilen Geräte, Drucker, Scanner und auch um die Standardsoftware auf diesen Geräten.

VB: Wie nehmen die Mitarbeiter Kontakt zum Helpdesk auf?

K: Über Telefon, E-Mail oder sie gehen einfach zum Helpdesk hin. Es gibt auch ein Ticketsystem, aber dieses ist wie gesagt nicht wirklich akzeptiert.

VB: Wie viele Mitarbeiter im Helpdesk betreuen wie viele Mitarbeiter im Unternehmen? Wie sind die Supportzeiten?

K: Derzeit gibt es 7 Mitarbeiter im Helpdesk, die ca. 450 Mitarbeiter an drei Standorten betreuen. Von den 7 Mitarbeitern sind zwei praktisch ausschließlich damit beschäftigt, die Kernsysteme wie Mail-, File- und Printerserver sowie Backups zu betreuen. Diese beiden Personen bearbeiten daher nur in Ausnahmefällen Tickets oder Anfragen. Der Helpdesk steht von 06.00 bis 20.00 Uhr zur Verfügung, außerhalb der Kernarbeitszeit von 09.00 bis 17.00 Uhr allerdings nur mit reduzierter Besetzung.

Kommentar

Der Verkaufsberater hat nun schon eine ganze Menge erfahren: Worum es geht, wie Probleme festgestellt werden und dass Mitarbeiterbefragungen offenbar ein etabliertes Messinstrument sind. Erfreulich ist, dass bereits mehrere konkrete Zahlen bekannt sind, mit denen gearbeitet werden kann.

Etwas schwieriger gestaltet sich die Quantifizierung des Nutzens, denn das wichtigste Kriterium scheint zu sein, dass Mitarbeiter gut betreut werden, sodass diese die Geräte produktiv nutzen können. Über diesen Umweg auf eine Nutzenquantifizierung in Euro zu kommen ist kompliziert und wenig vielversprechend.

Der Berater wählt daher die Strategie, den Nutzen über die Kosten zu definieren.

Fallstudie (Fortsetzung)

VB: Ist es eine Option, weitere Mitarbeiter aufzunehmen, damit die Anfragen abgearbeitet werden, die derzeit liegen bleiben?

K: Daran haben wir schon gedacht. Grundsätzlich ist das möglich und würde vom Unternehmen unterstützt werden, da es ständig Beschwerden der Mitarbeiter gibt. Allerdings haben wir ein Platzproblem, denn das Büro ist bereits übervoll. Abgesehen davon bin ich nicht sicher, ob wir das Problem damit wirklich lösen.

VB: Sie haben recht, bevor nicht klar ist, dass es tatsächlich ein Problem ist, das durch zusätzliche Mitarbeiter am besten gelöst werden kann, sollten wir an andere Lösungen denken. Erfahrungsgemäß sind die Auswirkungen, die Sie aufgezählt haben, alle miteinander verknüpft: Überlastung, schlechte Werkzeuge, mangelnde Koordination, geringe Motivation. Es ist schwer zu sagen, was davon Ursache und was Auswirkung ist. Umgekehrt können wir davon ausgehen, dass einige dieser Probleme verschwinden werden, wenn wir die restlichen lösen können.

K: Das klingt plausibel. Haben Sie einen Plan?

VB: Nein, dazu ist es noch zu früh. Dazu müsste ich wohl erst mit den Mitarbeitern reden und mir die Abläufe vor Ort ansehen. Damit wären wir allerdings schon mitten im Projekt.

K: Verstehe. Was schätzen Sie, dass das kosten würde?

Kommentar

An diesem Punkt muss der Verkaufsberater eine Entscheidung treffen: Will er seinen Auftrag in eine Analyse- und eine Lösungsphase aufteilen, dann kann er jetzt mit einem guten Angebot für die Problemanalyse den »Fuß in die Tür« bekommen.

Wenn der Kunde dieses Angebot allerdings ablehnt, verliert der Berater mit Sicherheit das Gesamtprojekt.

Auf jeden Fall ist es riskant, Preise zu nennen, bevor der Nutzen klar ist.

Der Verkaufsberater beschließt, bei seiner Strategie zu bleiben und erst den Nutzen zu bestimmen, bevor Preise auf den Tisch kommen.

Fallstudie (Fortsetzung)

VB: Lassen Sie uns zuerst klären, was Sie erreichen wollen – dann können wir besser überlegen, was wohl zu tun ist.

K: Wenn Sie meinen. Ich verstehe allerdings nicht, was wir noch definieren sollen. Was wir erreichen wollen, ist doch klar.

VB: Sie erwähnten vorhin eine Mitarbeiterumfrage, über die Sie die Zufriedenheit ermittelt haben. Ist das für Sie ein geeignetes Instrument, um festzustellen, wie gut der Helpdesk funktioniert?

K: Auf jeden Fall. Damit bekommen wir schwarz auf weiß, was Sache ist. Es war auch kein Problem, die Mitarbeiter zur Teilnahme zu motivieren. Das Umfragetool verwendet unsere Personalabteilung auch für andere Zwecke, das ist für uns also sehr einfach.

VB: Das klingt gut. Außerdem ist damit auch gleich eine Veränderung dokumentiert. Können Sie sich vorstellen, dass wir uns in dem Projekt das Ziel setzen, eine bestimmte Bewertung in einer neuerlichen Umfrage am Ende des Projektes zu erreichen?

K: Ja, das hätte ich auch so vorgeschlagen. Letztens hatten wir einen Durchschnitt von 2,2 von 5 möglichen Punkten.

VB: Was würden Sie anstreben?

K: Also 4 wäre ein guter Wert, mit dem ich glücklich wäre. Aber im Moment wäre ich schon mit einer 3 zufrieden.

VB: Dann lassen Sie uns eine 3 anstreben. Ob wir im Anschluss daran auf eine 4 hin arbeiten, können wir vereinbaren, nachdem wir die 3 erreicht haben.

K: Das leuchtet ein.

VB: Darf ich fragen, was ein Mitarbeiter im Helpdesk das Unternehmen kostet?

VB: Über die Gemeinkostenaufschläge weiß ich nicht Bescheid, das müsste ich im Controlling recherchieren. Aufgrund der Zuschläge für Bereitschaftsdienst und Überstunden kommt da allerdings einiges zusammen. Ich würde sagen, mit Lohnnebenkosten, Trainings und Ausrüstung alles zusammen 50.000 € im Jahr.

Kommentar

Damit hat der Verkaufsberater alles, was er braucht.

Er kann somit die Gesamtsumme in direkten Vergleich zu Alternativkosten setzen. Ebenso kann er die Angebotssumme auf den Beitrag pro betreutem Mitarbeiter umlegen – damit ergibt sich ein direkter Zusammenhang zwischen der Leistung des Beraters und dem Nutzen für jeden Anwender. Durch diese Technik entsteht häufig auch eine vorteilhafte Optik, die den Preis noch attraktiver darstellt.

So könnte ein entsprechendes Angebot aussehen

Sehr geehrter Herr Kunde,

hiermit biete ich Ihnen meine Unterstützung bei der Weiterentwicklung Ihres Helpdesks an.

Ziel der Maßnahmen ist, bei einer Mitarbeiterbefragung am Ende des Projektes mindestens 3 Punkte (von 5 möglichen) zu erreichen. Dabei wird eine ähnliche Umfrage eingesetzt wie die letzte von Ihnen durchgeführte, um möglichst gute Vergleichswerte zu erhalten. Damit sind Sie auch in der Lage, die Verbesserungen gut zu dokumentieren.

Die Dauer des Projektes schätze ich derzeit auf ca. 3–4 Monate, damit sich die Veränderungen im Supportteam bewähren können.

Ich strebe an, dieses Ziel ohne Aufnahme eines weiteren Mitarbeiters zu erreichen und damit eine weitere Belastung Ihrer Kostenstruktur um ca. 50.000 € pro Jahr zu vermeiden.

Um das Ziel zu erreichen, werde ich eine Kombination aus Trainings, verbesserter Koordination des Teams und der Aufgaben sowie Maßnahmen zur Erhöhung der Motivation einsetzen.

Möglicherweise empfiehlt sich der Einsatz eines neuen Ticketsystems – ich kann Ihnen und dem Team hierbei mehrere kostengünstige Optionen vorschlagen, mit denen ich besonders gute Erfahrungen gemacht habe. Diese Möglichkeit wird im Laufe des Projektes evaluiert und vorgestellt werden.

Diese Leistungen biete ich Ihnen im Komplettpaket für 22.000 € an. Dies entspricht einem einmaligen Betrag von ca. 49 € pro betreutem Mitarbeiter des Unternehmens für deutlichen besseren Support und damit höhere Produktivität.

Da dies unsere erste Zusammenarbeit ist, empfehle ich eine Aufteilung in eine Analyse- und eine Umsetzungsphase.

Während der Analysephase werde ich gemeinsam mit den Mitarbeitern Vorschläge und einen Arbeitsplan entwickeln. Dies wird Ihnen einen umfassenden Eindruck meiner Dienstleistung und meiner Arbeitsweise vermitteln.

Sollten Sie am Ende dieser Phase nicht von meiner Leistung überzeugt sein, steht es Ihnen frei, unsere Zusammenarbeit an dieser Stelle zu beenden.

In diesem Falle verrechne ich Ihnen nur 30% des oben genannten Betrages.

Mit freundlichen Grüßen
Verkaufsberater

5.3   Übung 3: E-Collaboration

Die folgende Fallstudie führt Sie durch ein Verkaufsgespräch. Ich begleite Sie mit Kommentaren zur Vorgangsweise des Verkaufsberaters. Dabei kommen mehrere Techniken der Gesprächsführung zum Einsatz: Fragetechnik, Umgang mit Einwänden, Timing im Verkaufsgespräch, Führen eines Erstgesprächs.

Fallstudie

Hintergrund

Der Verkaufsberater hat einen potenziellen Kunden auf einer Veranstaltung angesprochen. Sie haben gemeinsam einen Vortrag über Studienergebnisse zu E-Collaboration besucht und der Kunde hat im Anschluss eine kritische Frage an den Vortragenden gerichtet. Beim Netzwerken im Anschluss zum Vortrag hat der Verkaufsberater diese Frage aufgegriffen, um ein Gespräch zu beginnen. Es hat sich herausgestellt, dass der Kunde grundsätzlich Interesse an diesen Möglichkeiten interessiert hat, aber skeptisch über die Praxistauglichkeit ist. Der Verkaufsberater hat daraus eine Geschäftsmöglichkeit identifiziert und einen Termin vereinbart.

Für dieses Erstgespräch setzt sich der Verkaufsberater das Ziel, den Kunden zu motivieren, das System mit einigen Mitarbeitern auszuprobieren.

Verkaufsberater (VB): Guten Tag, Herr Kunde. Danke für die Einladung. Wie bereits bei unserem Gespräch letzte Woche vereinbart, würde ich Ihnen gerne einen Überblick über unsere »Collaboration«-Systeme geben.

Kunde (K): Dann schießen Sie mal los. Ich glaube zwar nicht, dass wir so was wirklich bei uns brauchen, aber nachdem Sie bei anderen Firmen offenbar so gute Resultate erzielt haben, will ich es mir anhören.

VB: In der Tat sind uns bereits einige gute Ergebnisse bei Unternehmen Ihrer Größe gelungen. Um die Möglichkeiten bei Ihnen abzuschätzen, würde ich gerne einige Fragen zu Ihrem Betrieb stellen. Ist das in Ordnung?

K: Über meine Geschäftszahlen werde ich Ihnen keine Auskunft erteilen – andere Infos kann ich Ihnen vermutlich geben.

VB: Das sollte vorerst reichen. Wie viele Mitarbeiter beschäftigen Sie?

Kommentar

Der Verkaufsberater setzt nun Informationsfragen ein.

Erstens will er Daten und Fakten aufgreifen, aus denen sich ein Nutzen ableiten lässt. Ebenso ist dies eine einfache Möglichkeit, mit einem skeptischen Kunden eine Beziehung aufzubauen. Es ist unwahrscheinlich, dass ein skeptischer Kunde sich durch Präsentationen beeindrucken lässt. Insbesondere in diesem Fall hat der Verkaufsberater ja bereits erlebt, dass er damit vor allem kritische Fragen provoziert.

Als weitere Vorteil gilt, dass der Verkaufsberater sich dadurch positionieren kann: als fachlich kompetent und als Führer des Gesprächs.

Fallstudie (Fortsetzung)

K: 24.

VB: Haben alle Mitarbeiter einen eigenen Rechner?

K: Ja, alle.

VB: Wie viele Standorte betreiben Sie?

K: Diesen einen hier.

VB: Wie hoch würden Sie die Notwendigkeit einschätzen, dass Mitarbeiter an gemeinsamen Dokumenten arbeiten?

K: Schwer zu sagen. Für die Hälfte von Ihnen ist das wohl nicht sehr relevant. Die Projektgruppe hingegen arbeitet sehr intensiv zusammen. Die restlichen Mitarbeiter liegen wohl dazwischen.

VB: Wie viele Mitarbeiter sind in der Projektgruppe?

K: 8.

Kommentar

Natürlich könnte der Verkaufsberater noch eine ganze Reihe weiterer Informationsfragen stellen. Er hat jetzt aber bereits gefunden, was er gesucht hat: Eine Zielgruppe, in der sein System gute Erfolgschancen hätte, weil sich der Nutzen vermutlich gut darstellen lässt.

Er beschließt daher, das Gespräch auf diese Gruppe zu fokussieren, und stellt nun Fragen, um kritische Punkte zu finden.

Fallstudie (Fortsetzung)

VB: Ich glaube, wir sollten uns vorerst auf diese Gruppe konzentrieren. Wie beurteilen Sie die Effizienz in der Zusammenarbeit dieser Gruppe?

K: Im Großen und Ganzen arbeiten die Leute ganz gut.

VB: Wenn Sie sich in einem Bereich Verbesserungen wünschen könnten, was sollte das sein?

Kommentar

Eine sehr wertvolle Frage.

Insbesondere dann, wenn der Kunde noch kein besonderes Problem oder wichtigen Wunsch definieren kann, hilft diese Frage, die besten Verbesserungspotenziale zu konkretisieren.

Diese Frage ist fast universell einsetzbar.

Fallstudie (Fortsetzung)

K: Einige der Projekte haben Terminprobleme und in manchen Fällen erreichen wir unsere Gewinnziele nicht. Da schaffen wir gerade mal eine schwarze Null. Das ist für mich kein Projekt, sondern Beschäftigungstherapie.

VB: Aber nicht in allen Fällen, oder?

K: Gott sei Dank nicht. Da könnte ich ja gleich zusperren.

Kommentar

Bingo! Die Frage hat sich gelohnt, ein sehr konkreter Kundennutzen ist entdeckt worden.

Der Verkaufsberater arbeitet weiter mit Fragen nach den kritischen Punkten und schafft es im Idealfall, den Nutzen zu quantifizieren.

Fallstudie (Fortsetzung)

VB: Wie oft schätzen Sie denn, dass das vorkommt und wie hoch sind Ihre Verluste dabei?

K: Das sind doch eher vertrauliche Daten.

VB: Dann sagen Sie mir keine absoluten Zahlen, sondern ein Verhältnis. Wie oft können Sie keinen Profit realisieren? Ein Projekt von fünf?

K: Eher eins von vieren. Vielleicht sogar jedes dritte Projekt.

Kommentar

Das reicht. Daraus lässt sich ein recht konkreter Nutzen ableiten – auch wenn der Kunde (verständlicherweise) nicht bereit war, die Geschäftszahlen zu nennen.

Die Suche nach dem kritischen Punkt geht weiter, und zwar ist der Verkaufsberater nun auf der Suche nach dem Problem – also dem Punkt –, an dem er mit seinem Produkt besonders effizient ansetzen kann.

VB: Was unterscheidet die guten von den nicht so guten Projekten? Wodurch entstehen die unproduktiven Arbeiten?

K: Da gibt es verschiedenste Gründe. Aber die meisten haben damit zu tun, dass die Leute nicht miteinander kommunizieren.

VB: Wenn ich Sie richtig verstehe, dann liegt eines der wesentlichen Probleme darin, dass Geld auf der Straße liegen bleibt, weil es im Team immer wieder Ineffizienzen gibt. Beispielsweise durch mangelnde Abstimmung, Doppelarbeit oder Behebung unnötiger Fehler. Ist das korrekt?

K: Ja, das kann man wohl so definieren. Es gibt sicher noch ein paar andere Gründe, aber wenn diese Aspekte gelöst wären, wäre das schon ein Erfolg.

Kommentar

Das Gespräch läuft gut für den Verkaufsberater. Hätte der Kunde das Problem beispielsweise auf mangelnde Motivation geschoben, wäre es schwieriger geworden, das Problem mit dem Produkt des Beraters in Verbindung zu bringen.

In diesem Fall kann der Verkaufsberater die Punkte des Kunden zusammenfassen und dabei konkreter formulieren. Wichtig ist, dass er die Zustimmung des Kunden abholt, ob das Problem in dieser Weise richtig beschrieben ist. Bekommt er vom Kunden dazu die Bestätigung, ist das Problem konkret auf dem Tisch und der Kunde wird es auch nicht wieder wegdiskutieren, da es von ihm selbst kommt.

Hätte hingegen der Verkaufsberater das Problem direkt angesprochen: »In Projektteams kommt es doch immer zu Kommunikationsproblemen, oder?«, dann hätte er riskiert, dass der Kunde sich auf den Schlips getreten fühlt und dies abgestritten hätte: »Natürlich gibt es immer wieder Schwierigkeiten in der Kommunikation – wo gibt es die nicht? Aber ich glaube nicht, dass das bei uns schlechter ist als anderswo. Im Gegenteil.«

Damit wäre die gemeinsame Bestimmung des Kundennutzens sehr schwer geworden.

Der Berater versucht nun, die Ansatzpunkte weiter zu konkretisieren.

Fallstudie (Fortsetzung)

VB: Bei anderen Kunden gibt es öfters das Problem, dass zwar Arbeitspakete definiert werden, aber dann nicht klar ist, wer dafür zuständig ist. Daher werden diese nicht erledigt. Tritt das bei Ihnen auch auf?

K: Da bohren Sie in einer offenen Wunde. Gerade das ist ein Problem, das ich nicht loswerde. Dabei haben wir das schon zig Male besprochen.

Kommentar

Wenn der Verkaufsberater Erfahrung mit seinem Produkt hat, kennt er die typischen Probleme der Kunden. Indem er diese Probleme derart einführt (»Bei anderen Kunden ...«), macht er es dem Kunden leichter, diese zuzugeben – denn offenbar haben alle anderen auch ähnliche Probleme, es liegt also nicht an der Inkompetenz des Managers.

Die Wahrscheinlichkeit ist daher groß, dass er nach einigen Versuchen auf eines der kritischen Probleme stößt.

Sobald dieses entdeckt ist, versucht der Verkaufsberater mit dem Kunden die Tragweite des Problems »griffig« zu bekommen. Er stellt daher Fragen nach den möglichen Konsequenzen.

Fallstudie (Fortsetzung)

VB: Was passiert in solchen Fällen?

K: Dann bleiben die Arbeitspakete liegen, bis jemand anderer diese unbedingt benötigt. Dann wird plötzlich jedem klar, dass sich niemand darum gekümmert hat und die große Hektik bricht aus.

VB: Wie gehen Sie in diesem Fall mit dem Problem um?

K: Jemand muss einspringen, vielleicht sogar mehrere Personen. Dadurch bleiben andere Arbeiten liegen oder Überstunden fallen an. Beides frisst unsere Marge im Projekt auf.

VB: Gibt es außer den fehlenden Zuständigkeiten für Arbeitspakete noch weitere Probleme, die Ihnen auffallen?

K: Lassen Sie mich überlegen. Ja, noch so ein Klassiker: Irgendjemand kommt drauf, dass er oder sie für die Arbeit noch eine Vorleistung von jemand anderem benötigt. Das wird dann irgendwie kommuniziert, aber es passiert nichts. Sobald ich dann nachfrage, warum das nicht erledigt ist, wird die Schuld hin- und hergeschoben zwischen der Person, die etwas hätte abliefern sollen, und der anderen Person, die von alledem nichts gewusst hat.

VB: Ja, das Problem kennen wir auch von anderen Kunden. Fällt Ihnen noch etwas ein?

K: Nein, ich glaube, das sind die größten Probleme.

VB: Gut, dann fasse ich zusammen. Die zwei wesentlichen Schwierigkeiten liegen darin, die Verantwortungen für die Arbeitspakete transparent und eindeutig zu machen, sowie in der klaren Kommunikation für Abhängigkeiten.

K: Ja, das klingt vernünftig.

Kommentar

Der Verkaufsberater identifiziert mit den Fragen nach den Konsequenzen die wichtigsten Schwierigkeiten. Als der Kunde keine weiteren Punkte mehr hinzufügt, formuliert der Berater die beiden Punkte deutlich und holt sich erneut die Zustimmung vom Kunden. Damit sichert er sich ab, dass er die Probleme richtig verstanden hat und dass der Kunde mit der Formulierung einverstanden ist.

Nun entschließt sich der Verkaufsberater, die Lösung für genau diese Probleme vorzustellen.

Der Verkaufsberater demonstriert, wie das System die Probleme löst.

Kommentar

Der Kunde bestätigt die Zweckmäßigkeit der Lösung. Der Verkaufsberater lenkt daher die Richtung des Gesprächs auf einen Einsatz des Systems. Er macht dabei einen vorsichtigen Schritt (»Können Sie sich das vorstellen?« statt »Sehr gut. Dann mache ich Ihnen gleich ein Angebot.«).

Der Kunde reagiert nun zurückhaltend.

Grundsätzlich ist dies nicht überraschend, denn plötzlich wird die Sache für ihn unvorbereitet konkret. »Last-Minute-Panik« kann in diesem Fall auftreten. Mehr Details darüber finden Sie in Abschnitt 4.1.

Allerdings ist es auch möglich, dass plötzlich ein bisher verstecktes Motiv wichtig wird. Der Verkaufsberater beschließt, dem auf die Spur zu kommen.

Kommentar

Bei so einer Antwort klingeln beim erfahrenen Verkaufsberater die Alarmglocken. Wäre der Kunde überzeugt, würde er sich von derartigen Gründe kaum davon abhalten lassen, eine Lösung einzusetzen, die nach seinen eigenen Aussagen einige seiner wichtigsten Probleme löst. Die Wahrscheinlichkeit ist hoch, dass es sich also hierbei um einen Vorwand handelt. Der Verkaufsberater beschließt, diesen Vorwand auszutesten mit einer Was-wäre-wenn-Frage.

Weitere Details zum Umgang mit Vorwänden und Einwänden finden Sie in Abschnitt 4.5.

Fallstudie (Fortsetzung)

VB: Angenommen, das mit der Installation könnten wir am Wochenende vornehmen und das Training würde nur sehr kurze Zeit in Anspruch nehmen?

K: Dann kann es ja immer noch passieren, dass die Leute Fehler damit machen. Wir können uns derzeit nicht erlauben, Termine zu verpassen.

VB: Glauben Sie nicht, dass unser System Ihnen gerade dann, wenn Sie sich keine Ineffizienzen leisten können, besonders gute Dienste erbringen könnte?

K: Ja, vielleicht. Schicken Sie mir einfach mal ein Angebot, ich melde mich dann nächste Woche bei Ihnen.

Kommentar

An dieser Stelle zeigt sich die Klasse des Verkaufsberaters.

Anfänger würden nun ins Büro fahren und das Gespräch als positiv bewerten (hohes Interesse, Kunde bestätigt Nutzen und will ein Angebot).

Profis hingegen wissen, dass Sie das Projekt verlieren, wenn Sie den Kunden jetzt verlassen.

Der erfahrene Verkaufsberater hat das Manöver des Kunden entdeckt – ohne ihn zu brüskieren. Sobald der Berater nachgefragt hat, geriet der Kunde in Stress, weil es absehbar war, dass er sich in Widersprüche verwickeln wird, wenn der Berater noch weiter nachhakt. Er sucht daher den Ausweg darin, dass er den Berater abzuwimmeln versucht.

Unser Verkaufsberater-Profi erkennt dies als Stressreaktion und weicht dem geschickt aus. Gleichzeitig versucht er, hinter das wahre Motiv zu kommen.

VB: Das mit dem Angebot erledige ich gerne. Erlauben Sie mir noch eine Frage: Glauben Sie, dass unser System Ihr Problem der Ineffizienz in der Projektarbeit lösen könnte oder haben Sie da noch Zweifel?

K: Nein, nein. Sie haben es doch demonstriert. Ich glaube, das ist genau das, was wir brauchen.

VB: Das Verhältnis des Nutzens zu den Kosten ist für Sie auch attraktiv?

K: Das müssten wir natürlich noch klären. Die Grundkosten hier aus dem Prospekt sind schon nicht ohne. Dann kommt da sicher noch Aufwand für Installation, Training und dergleichen dazu.

VB: Verstehe. Sie machen sich Sorgen, ob sich die Anschaffung für Sie wirklich auszahlt?

K: Ich bin Unternehmer, da muss man hart kalkulieren. So eine Investition muss sich nicht nur rentieren, sondern sie muss auch bezahlt werden. Und das Projektgeschäft ist nicht so regelmäßig, dass ich monatlich mit fixen Geldflüssen rechnen kann.

Kommentar

Na bitte. Dadurch, dass der Verkaufsberater aktiv die für den Kunden wichtigen Punkte angesprochen hat, fiel es dem Kunden leichter, seine Bedenken zu äußern. Indem der Verkaufsberater die Alternativfragen mit »kundenfreundlicher« Formulierung gewählt hat, musst der Kunde nicht selbst seine Schwierigkeiten benennen.

Dadurch hat der Verkaufsberater das Problem entdeckt: Der Kunde macht sich Sorgen, ob er sich das System leisten kann – will das allerdings nicht offen ansprechen. Welcher Unternehmer gibt schon gerne zu, dass es nicht so gut läuft und er sich vielleicht gute Werkzeuge nicht leisten kann? Das klingt als Grund durchaus plausibel.

Der Verkaufsberater macht einen weiteren Was-wäre-wenn-Test, um das neue Motiv zu überprüfen.

Fallstudie (Fortsetzung)

VB: Angenommen, wir würden das Finanzierungsproblem irgendwie lösen. Könnten Sie sich dann vorstellen, die Software einzusetzen?

K: Wie wollen Sie das machen?

VB: Ich weiß es noch nicht, vielleicht klappt es auch nicht. Dazu müsste ich mich mit dem Geschäftsführer absprechen. Aber wir sind schon öfter Kunden mit einer Finanzierung entgegengekommen. Über monatliche Zahlungen statt einmaligen Kosten oder über günstige Zahlungsziele, damit der Kunde saisonale Schwankungen im Umsatz überbrücken kann. Aber bevor ich mit ihm spreche und wir versuchen, eine Lösung für Sie zu finden, möchte ich mich Ihres Interesses versichern. Natürlich bekommen Sie immer noch ein Angebot und treffen erst dann eine endgültige Entscheidung.

K: Also wenn das mit der Finanzierung hinhauen sollte, dann kann ich mir einen Auftrag schon vorstellen. Wenn der Preis stimmt, natürlich.

Kommentar

Das Motiv der Finanzierung hat sich bestätigt – sie ist also mit großer Wahrscheinlichkeit das ausschlaggebende Verkaufshindernis. Wichtig ist, dass der Berater dem Kunden eine plausible Möglichkeit in Aussicht stellt, aber nicht gleich anbietet. Ein konkretes Angebot würde den Kunden unter Druck setzen und da wir zu diesem Zeitpunkt noch nicht sicher sind, ob das Verkaufshindernis korrekt identifiziert wurde, ist das ein Risiko.

Außerdem entscheidet der Verkaufsberater sich, dem Kunden zu versichern, dass er immer noch zurücktreten kann. Allerdings verpflichtet er ihn moralisch dazu (extra Aufwand, zusätzliche Gespräche), dies nicht leichtfertig zu missbrauchen.

VB: Davon gehe ich aus. Aber lassen Sie uns noch einen Zwischenschritt einlegen. Sie geben mir grobe Zahlen der Projektumsätze, dann kann ich aus den Informationen, die Sie mir schon gegeben haben, die möglichen Einsparungen in Euro für Sie ausrechnen. Ich verspreche Ihnen, dass ich die Zahlen sehr vertraulich behandeln werde. Sie haben dadurch den Vorteil, dass Sie Ihre Einsparungen direkt den Kosten gegenüberstellen können. Ich versuche dann, mit meinem Geschäftsführer eine Finanzierung zu finden, bei der die monatlichen Kosten unter Ihren monatlichen Verbesserungen liegen. Das heißt, im Idealfall bezahlt sich die Software direkt von selbst.

K: Das ist ein interessanter Vorschlag. Ich werde die Zahlen raussuchen und Ihnen zusenden. Ich nehme Sie mit der Vertraulichkeit beim Wort.

VB: Das können Sie. Vielen Dank. Ich melde mich spätestens nächsten Mittwoch bei Ihnen mit dem Angebot.

K: Sehr gut. Hier haben Sie meine Nummer, melden Sie sich einfach bei mir. Ab 17.00 Uhr ist am besten.

Kommentar

Der Verkaufsberater glaubt, im Laufe des Gesprächs eine gute Beziehung aufgebaut zu haben. Er fragt also noch einmal nach den konkreten Zahlen für eine klare Nutzenbestimmung. Dafür führt er plausible und attraktive Gründe an, die vom Kunden auch akzeptiert werden.

Ebenso gelingt es dem Verkaufsberater damit, den Kunden aktiv beteiligt zu halten – der Kunde stimmt zu, seine Zahlen herauszusuchen und zur Verfügung zu stellen. Das ist ein gutes Zeichen.

Die Chancen für einen Auftrag stehen daher sehr gut.

5.4 Ziel in Sicht!

Liebe Leser,

auf dieser Seite ist Ihre Reise durch dieses Buch zu Ende und Sie sind im Ziel angekommen. Die Rallye bei Ihren Kunden hingegen beginnt jetzt erst richtig.

Ich hoffe, ich konnte Sie bestmöglich vorbereiten und Sie fühlen sich motiviert und gestärkt. Laufend neue Informationen und Tipps für Verkaufsberater finden Sie in meinem Blog unter *www.alexrammlmair.net*. Schauen Sie doch mal vorbei, ich freue mich über Besuch!

Für die weitere Reise alles Gute und viel Erfolg!

Herzlichst

Ihr Alex Rammlmair

Literatur

Anderson, David J.: Kanban. Evolutionäres Change Management für IT-Organisationen. dpunkt.verlag, 2011.

Block, Peter: Flawless Consulting: A Guide to Getting Your Expertise Used. Pfeiffer Wiley, 1981.

Bosworth, Michael T.: Solution Selling: Creating Buyers in Difficult Selling Markets. McGraw-Hill Professional, 1995.

Cialdini, Robert: Die Psychologie des Überzeugens. Ein Lehrbuch für alle, die ihren Mitmenschen und sich selbst auf die Schliche kommen wollen. Huber Verlag, 2001.

Dawson, Roger: Secrets of Power Negotiating. Career Press, 1999.

Heath, Chip; Heath, Dan: Switch: How to Change Things When Change is Hard. Random House, 2010.

Konrath, Jill: Selling to Big Companies. Kaplan Publishing, 2006.

Pichler, Roman: Scrum. Agiles Projektmanagement erfolgreich einsetzen. dpunkt.verlag, 2007.

Rackham, Neil: SPIN selling. Gower, 1995.

Schlehuber, Elke; Molzahn, Rainer: Die heiligen Kühe und die Wölfe des Wandels – Warum wir ohne kulturelle Kompetenz nicht mit Veränderungen klarkommen. GABAL-Verlag, 2007.

Stahl, Eberhard: Dynamik in Gruppen. Verlagsgruppe Beltz, 2007.

Vigenschow, Uwe; Schneider, Björn; Meyrose, Ines: Soft Skills für Softwareentwickler. dpunkt.verlag, 2010.

Vigenschow, Uwe; Schneider, Björn, Meyrose, Ines: Soft Skills für IT-Führungskräfte und Projektleiter. dpunkt.verlag, 2011.

Vigenschow, Uwe; Schneider, Björn: Soft Skills für IT-Berater. dpunkt.verlag, erscheint 1. Quartal 2012.

Wolf, Henning; Bleek, Wolf-Gideon: Agile Softwareentwicklung. Werte, Konzepte und Methoden. dpunkt.verlag, 2011.

Index

Numerics

3 E (Effectiveness, Efficiency, Economy) 126

4-Phasen-Verkaufsmodell 132

A

agile Methode 121

agile Strategie 128

agile Verkaufsstrategie 132, 138, 139

agiler Projektplan 208, 210

Alternativfrage 205

ambitioniertes Ziel 103

Anbieter 21, 28, 57, 81, 93, 188, 228

Ansprechperson 48

Anwender 36, 71, 226

Aufgabenstellung 10

B

BATNA *siehe best alternative to negotiation agreement*

Beraterhaltung 171

Bereich, betroffener 67, 74

best alternative to negotiation agreement (BATNA) 244

Bewertung des Mehrwerts 42, 48

Budget 170

C

Change Management 73, 124, 189

D

Datenschutzbeauftragter 231

Debatte 38, 90, 202, 216

Durchhalten 5

E

Effektivität 126

Effizienz 126

Eigeninitiative 156

Einkäufer 231

Einwand 214, 215, 222

Einwandbehandlung 214, 215

Elefant 139, 145, 148, 150, 156

Elefanten-Reiter-Modell 139, 140, 146, 156

Empfehlung 144, 157

Entscheidungsträger 51, 59, 64, 170, 175

Erstkontakt 108

F

Fahrer 3, 7

Feedback 29

Fehler, strategischer 111

Fehleranalyse 259

Fixpreis 105

Flexibilität 74, 114, 116, 124

flexible Strategie 4

Frage
    Alternative 205
    Entscheidung 205
    Information 204
    Konsequenz 207
    kritischer Punkt 206
    Technik 201

Fragenkatalog 259

Funktion 36, 37

G

Garantie 16, 178, 253
gemeinsame Zukunft 95
Gesprächsführung 101, 113, 118, 262
großes Unternehmen 170

H

Haltung 84
Haltungskonflikt 94

I

Implementierungsprojekt 20
individuelle Verkaufsstrategie 126
Informationsfrage 204
Interessenkonflikt 81, 94, 259
interne Konkurrenz 63
interner Verkaufsberater 166
IT-Projekt 17
IT-Security-Beauftragter 231
IT-System 16, 20
IT-Unternehmen 174
IT-Verkauf 2, 12
IT-Verkaufsberater 2, 3
    Werkzeuge 181
IT-Verkaufsberatung 2
IT-Verkaufsprojekt 23

K

Karriere 66
Killer Feature 112
kleines Unternehmen 170
Kompatibilität 85
Komplexität 23, 70
Konflikt 72, 88
Konkurrenz, interne 63
Können 5
Konsequenz
    negative 159, 162
    positive 165
Kultur 91
    Unterschied 90
Kunde 21, 28, 30, 48, 49
    Logik des ~ 53
    Situation des ~ 159
Kundennutzen 36
    darstellen 185

Kundenrisiko 79, 259
Kundensituation 10, 159

L

Leistung 20
Lock-in-Effekt 74
Logik des Kunden 53

M

Mechaniker 3, 7
Mehrwert 32, 36, 37
    bewerten 48
Methode, agile 121
Minimalziel 103, 136
mittleres Unternehmen 170
Multitalent 4

N

Nachfragen 41, 117
Navigator 3, 6
Negativkonsequenz 159, 162
Nicht-IT-Kunde 41
Nicht-IT-Unternehmen 174
Nutzen 39, 182
    ableiten 185
    berechnen 185
    darstellen 185
    übersetzen 185, 189
Nutzen und Mehrwert 259

O

Opportunitätskosten 39
Opportunitätsrisiko 76

P

Pannen 4
Partnerschaft 90
Personalverantwortlicher 234
Plan 125
Positivkonsequenz 165
Preis 182
Preisverhandlung 236
Presales Consultant 2
Problemanalyse 23
Problemlöser 199
Produkt 15, 20
Projekt 20

Projekt-Know-how 15
Projektleiter 232
Projektplan, agiler 208, 210
Projektrisiko 59
Projektverlauf 17
Prozessmanager 233

R
Rallyepilot 3
realistisches Ziel 103
Reiter 139, 141
Reputation 66
Ressourcenkonflikt 77
Risiko 57, 58, 182
    für das Unternehmen 75
Risikoverhalten 58
Rolle 6
Routenplaner 3, 6, 121

S
Schlüsselperson 224
Schönreden 28
Situation des Kunden 159
Softwareentwickler 230
Stakeholder 21, 49
    Management 223
Strategie 101, 110, 125, 130, 139
    agile 128
    flexible 4
    im Verkaufsprozess 131
strategischer Fehler 111
Struktur 125
Systemadministrator 228

T
Taktik 130
Teilstrategie 130, 131, 133
    im Verkaufsprozess 131
Teilziel 129, 130, 136
Timing 57, 114, 182
Tit for Tat 239

U
Unternehmen 75
    großes 170
    IT-~ 174
    kleines 170

Unternehmen (Fortsetzung)
    mittleres 170
    Nicht-IT-~ 174
    Risiko 75
unternehmensinterner Verkaufsprozess
    165
Unternehmenspolitik 77

V
Veränderung 5
Verantwortung 88
Vergleichswert 194
Verhandlungstipp 236
Verkaufsberater 3, 19, 121
    interner 166
    Rolle 6
    Werkzeuge 181
Verkaufshindernis 30, 31
Verkaufsmethode 8
Verkaufsprojekt 20
Verkaufsprozess 98, 121, 156, 259
    unternehmensinterner 165
Verkaufsrallye 4
Verkaufsrallyepilot 4
Verkaufsstrategie 108, 125, 262
    agile 132, 138, 139
    individuelle 126
Verkaufssysteme 8
Vertriebsingenieur 2
Visionär 199
Vorteil 36, 37, 38
Vorwand 216

W
Weitsicht 5
Wertkonflikt 94
Wirtschaftlichkeit 126

Z
Ziel 101, 104, 127
    ambitioniertes 103
    minimales 103, 136
    realistisches 103
    Teil~ 129, 130, 136
Zu teuer! 249
Zukunft, gemeinsame 95

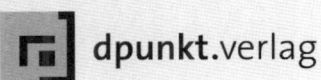

Uwe Vigenschow · Björn Schneider · Ines Meyrose

Soft Skills für IT-Führungskräfte und Projektleiter

Softwareentwickler führen und coachen, Hochleistungsteams aufbauen

Soft Skills sind gerade für Projektleiter und Führungskräfte einer der maßgeblichen Erfolgsfaktoren.

In diesem Buch werden Techniken zur Führung und Weiterentwicklung von Mitarbeitern sowie dem Aufbau von Hochleistungsteams aufgezeigt und anhand konkreter Beispiele aus der IT erläutert. Die Autoren geben Antworten auf die Fragen, was Software-entwickler motiviert, was moderne Führung gerade in den immer agiler werdenden Projekten bedeutet und wie das komplexe Miteinander überhaupt funktionieren kann. Dazu werden die Mechanismen iterativen Vorgehens und des Lernens über Retrospektiven erläutert. Auch auf Techniken zur effektiven und effizienten Gestaltung von Besprechungen wird eingegangen.

2009, 364 Seiten, Broschur
€ 36,00 (D)
ISBN 978-3-89864-584-3

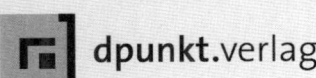
dpunkt.verlag

Ringstraße 19 · 69115 Heidelberg
fon 0 62 21/14 83 40
fax 0 62 21/14 83 99
e-mail hallo@dpunkt.de
http://www.dpunkt.de